한국사학사학회 총서 4

우리시대의 역사가 2

황원구 · 박성봉 · 김운태 · 임동권
천혜봉 · 박병호 · 이상현 · 조동걸
윤병석 · 송병기 · 이성무 · 박성수

경인문화사

1. 본서 〈우리시대의 역사가2 −20세기 후반의 역사가들〉은 한국사학사 학보에 게재된 〈나의 역사연구〉 특강 중 일부를 묶은 것이다.

2. 제9집에 실린 황원구黃元九의 〈나의 역사연구〉부터 제21집에 실린 박성수朴成壽의 〈나의 역사연구를 뒤돌아본다〉까지를 대상으로 하였다.

3. 향후 22집 이후에 실린 강연 원고를 대상으로 계속 출간할 예정이다.

4. 본서에 실린 원고는 필자(사망한 경우 유족)의 동의를 구했음을 밝힌다.

5. 문장과 문체는 원본에 충실하고자 하였으나, 필자의 요청에 의해서 일부 수정·보완된 부분도 있다.

6. 필자 근영은 가장 최근에 간행된 책(기념논문집), 필자 혹은 가족, 제자나 측근이 제공한 것 중 취하였다. 제공받지 못한 사진도 있다.

7. 본문에 수록된 사진은 저작권에 위배되지 않은 범위 내에서 사용하였다.

　우리 한국사학사학회는 창립 이후 20세기 후반 현대사학의 정립에 기여한 우리나라 역사가들을 모시고, 그분들의 학문적 역정을 본인들께 직접 듣는 특강 프로그램을 운영하여 왔다. 이 프로그램은 한편으로는 후학들이 역사연구에서 방향을 정립하는 데에 도움을 주게 하려는 생각에서 기획되었고, 다른 한편으로는 앞으로 우리나라 현대사학사 연구를 위한 기초 자료를 만들어 두기 위한 것이기도 하였다. 이렇게 행해진 특강들을 본인들께서 수정 · 보완하여 우리 학회지 『한국사학사학보』에 실어 왔고, 이들을 순서대로 모아 다시 수정 · 보완을 하시게 한 뒤에 하나의 책으로 모아서 이미 『우리시대의 역사가』(1)을 간행한 바 있다.

　이를 이어 다시 20세기 후반에 활동하신 다른 역사가들의 원고를 모아서 『우리시대의 역사가』(2)를 간행하게 되었다. 이번 책에서는 황원구, 박성봉, 김운태, 임동권, 천혜봉, 박병호, 이상현, 조동걸, 윤병석, 송병기, 이성무, 박성수 교수님께서 옥고를 주셨다. 필자의 구성에서 알 수 있듯이 한국사, 동양사. 서양사 분야의 교수님들 외에 서지학, 민속학, 법제사를 연구하는 분들께서도 참여하셨다. 이것은 우리나라 역사학과 사학사의 폭을 확장하는 데에 기여할 수 있으리라 여겨진다. 필자들 가운데 이미 작고하신 분들도 있으며 우리 학회를 위해 특강을 계획하셨으나 미처 하시지 못하고 돌아가신 분들도 있다. 따라서 우리는 이 작업에 좀 더 박차를 가해야 할 필요를 느낀다.

앞으로『우리시대의 역사가』시리즈는 일종의 무크지 형식으로 계속될 것이고 대상 영역과 시기를 점진적으로 확장하여 역사학과 사학사의 범위를 꾸준히 넓혀가는 작업을 하게 될 것이다. 그리고 주로 20세기 후반에 활동하신 하신 분들 외에, 멀지 않은 장래에 1970년 말~1980년대 초 대학원에 진학하는 것으로 연구 활동을 시작하여 현재까지도 연구 작업을 계속하고 있는 해방 후 3세대에 속하는 분들도 대상으로 포함되게 될 것이다. 이 작업은 우리학회가 존속하는 한 계속될 작업이기 때문이다. 이렇게 하여 축적된 자료는 당장 후학들로 하여금 올바른 연구 방향을 정립하게 하는 데에 도움을 줄 뿐 아니라, 우리가 민족통일을 이룬 뒤에 통일조국 역사학의 방향을 자기 성찰의 토대 아래 정립하는 데에도 적지 않은 도움을 줄 수 있을 것이라고 믿는다. 그리하여 길게는 100년 혹은 200년 후에 우리나라 사학사를 연구하는 분들을 위한 가장 기본적 자료 가운데 하나가 될 것을 기대한다.

끝으로 이 작업에 참여하여 주신 황원구, 박성봉, 김운태, 임동권, 천혜봉, 박병호, 이상현, 조동걸, 윤병석, 송병기, 이성무, 박성수 교수님과 본서의 간행을 위해 진력해 준 곽승훈 편집이사 및 이은지 김근하 간사, 그리고 경인문화사 편집부 여러분들께도 감사의 말씀을 드린다.

2014년 9월 하순
후학 조성을 삼가 쓰다.

차 례

나의 역사연구 8
| 황원구 |

자료작업과 사상사·고구려사 연구회고 20
  −연중당研中堂 구락九樂 희수참喜參의 중中 중심논리 모색−
| 박성봉 |

나의 한국정치행정사 연구 58
| 김운태 |

나의 민속학연구 80
| 임동권 |

나의 한국서지학사 연구 100
| 천혜봉 |

한국법사학과 한국고문서학 116
| 박병호 |

역사 그 이론의 길을 찾아 한평생 134
| 이상현 |

다국적 국제인 사회의 실현을 위한 꿈을 키우는 역사연구 160
| 조동걸 |

역사학계 주변에서 지내온 나의 학행 190
| 윤병석 |

나의 한국근대사 연구 216
| 송병기 |

나의 한국사연구 236
| 이성무 |

나의 역사연구를 뒤돌아본다 272
| 박성수 |

황 원 구

1. 학력

1929년 10월 14일 전북 고창 출생

1954년 9월, 연희대학교 사학과 졸업(문학사)

1957년 2월, 연희대학교 대학원 사학과 석사과정 졸업(문학석사)

1983년 8월, 연세대학교 대학원 사학과 박사과정 졸업(문학박사)

2. 경력

1957년 3월~1977년 5월, 연희대학교 동방학연구소 연구조교, 연세대학교 동방
학연구소 간사, 총간사.

1958년 3월~1961년 2월, 서울시립농업대학 강사.

1960년 3월~1995년 2월, 연세대학교 사학과 전임강사, 조교수, 부교수, 교수.

1977년 5월~1980년 3월, 연세대학교 국학연구원 부원장 및 총무부장.

1979년 5월~1981년 5월, 동양사학회 회장.

1981년 9월~1989년 8월, 연세대학교 박물관장.

1986년 1월~1989년 2월, 역사학회 회장.

1989년 9월~1993년 7월, 연세대학교 문과대학장.

1995년 2월, 연세대학교 정년퇴직 및 명예교수.

2004년 6월 8일, 지병으로 별세.

3. 저서와 논문

1) 저서

『中國文化史略』, 연세대 출판부, 1968.

『東亞細亞史硏究』, 일조각, 1976.

『中國思想의 源流』, 연세대 출판부, 1976.

『東洋의 智慧』, 박영사, 1976.

『韓國思想의 傳統』, 박영사, 1976.

『東洋文化史略』, 연세대 출판부, 1980.

『東亞史論攷』, 혜안, 1995.

『歷史에서 배우며 오늘을 생각한다』, 혜안, 1995.

2) 논문

「韓致奫의 史學思想」, 『人文科學』7, 1962.

「李朝禮學의 形成過程」, 『東方學志』6, 1963.

「王夫之의 史學」, 『史學會誌』9, 1965.

「儒學思想에서의 復古主義」, 『東方學志』8, 1967.

「韓中關係로 본 韓國人의 對外意識」, 『東方學志』14, 1973.

「實學派의 歷史認識」, 『韓國史論』7, 1979.

「朱子家禮의 形成過程-中國에서의 王法과 家禮」, 『人文科學』45, 1981.

「東西文化의 交流-交通路와 그 周邊」, 『東洋史學硏究』16, 1981.

「海東繹史의 文化史的 理解」, 『震檀學報』53~54, 1982.

「韓國에서의 實學硏究의 成果와 課題」, 『東方學志』58, 1988.

「東西文化의 空間的 克服」, 『中國學報』31, 1991 외 다수.

나의 역사연구

황 원 구

　　지난 모임에서 내가 걸어온 길을 간단하게 이야기하기로 했는데, 이런 식의 회고담은 이번이 세 번째가 된다. 97년 봄, 명청사 연구회에서 한번 살아온 이야기를 부탁받아 이야기한 적이 있고, 『금호』에서 또 한번의 원고 청탁이 있었다. 이번에는 권중달 선생이 내가 공부해 온 것을 중심으로 강연을 부탁했기 때문에 주로 어떤 공부를 해 왔는지를 중심으로 이야기할까 한다.

　　나는 전쟁통에서 자라난 셈이다. 3살 때인 1931년에 만주사변이 났고, 그 뒤 국민학교 2학년 때 다시 중일전쟁이 발생했다. 국민학교 5학년때, 태평양전쟁이 일어났는데 어린 시절의 일이라 전쟁의 영향을 그다지 많이 받지는 않았다. 그러나 중학교에 들어가면서 전쟁의 참상을 실감하기 시작했다. 1950년, 한국전쟁이 일어난 해에 중학교를 졸업했는데, 당시 중학교는 6년제였다. 중학교 저학년 시절부터 역사에 남다른 흥미가 있었고 세계사를 가르치던 선생님의 영향이 컸던 터라 사학을 전공하기를 희망했다. 하지만 선친께서 법학을 희망하셔서 1차인 서울대학교 법학과를 지망하고 당시로서는 특차였던 연희대학교 사학과를 내 나름대로 지망했다. 입시를 위해 서울에 왔는데 수학여행 온 것을 제외하면 그 때가 처음이었다. 공교롭게도 특차인 연 희대학교의 면접시험과 서울대학교 의 필기시험이 중복되는 바람에 초 지일관 역사전공을 밀고 나갔다. 이 때문에 선친께 꾸지람을 들었지만 나로서는 후회되지 않았다.

연희대학 학생증

그 당시는 학기가 지금과 달라서 6월에 입학을 하고 4월에 졸업을 했다. 6월 5일에 입학을 했는데, 바로 그 달 25일에 6·25전쟁이 발생했다. 그때 나는 명륜동에서 하숙을 하고 있 었는데 피난을 못 갔다. 6월 27일에 북한 군대가 들어왔다. 머리가 짧았 던 나를 보고 인민군이 군인으로 생각하고 잡아가려고 했는데 학생이라 고 이야기하자 빨리 집으로 가라고 해서 살아날 수 있었다. 요행히 본가 로 피난을 갔는데, 집 보는 사람만 있고 아무도 없었다. 마침 군산에서 학 도의용군을 조직하고 있었던 터라 반강제로 징집되어 11사단 13연대로 들어갔다. 고등학생은 15중대였고 대학생은 13중대였다. 군사고문단들은 학생들한테 참 잘해주었고 자신들과 비슷하게 배급을 주었다. 대전에 집 결해 있다가 교대하기 위해서 강원도 간성으로 가게 되었는데 가족들이 백방으로 나를 빼내려고 노력을 한 모양이었다. 당시는 군번도 없었으니 비교적 용이한 일이었던 것 같다. 그래서 교대 직전에 군대에서 나오게 되었다. 당시 상당수가 같이 나왔는데 제대증을 가지고 육사로 간 사람도 있었다.

나는 마침 전주에 연합대학이 생겼다고 해서 그 학교에 다니게 되었는 데 부산에서 연대가 개교를 했다는 소식을 듣고 거기로 찾아가서 다시 공 부를 했다. 전주 연합대학에 다니고 있을 때, 서울에서 학교를 다니다가 내려온 사람 몇 명이 모여서 운영하는 꽤 큰 책방이 있었다. 나한테 대학교 몇 학년이냐고 묻길래 신입생이라고 했더니 책을 빌려주고는 마음껏 갖다 읽으라고 했다. 그때 일본에서 번역되어 나온 『북방 퉁구스의 사회구성』을 읽고 노트에 베껴서 초록을 만들었는데 아직도 그 중 한권을 소중히 간직하고 있다. 처음에는 인류학에 관심이 있었던 터여서 그쪽 방면의 책을 즐겨 읽었다.

나는 어릴 때부터 책을 늘 가까이 해 온 셈이다. 자라면서 익히 보던 터라 사랑방 벽장이나 미닫이 등에 장식된 족자 몇 점의 어울림 정도는 분간할 줄 알았고 내방소설에도 관심이 많았다. 당시 새댁들이 시집올 때 소설을 적어 와서 누워 계신 어른들한테 읽어주었던 것을 인상 깊게 보아왔기 때문일 것이다. 그러면서 중학교 때에는 장서를 갖게 되었는데 당시에 모아두었던 것들 중 204번이라고 적어놓은 게 남아 있는 것을 보니 꽤 많은 책을 모았던 것 같다. 개조사, 백양사 등의 출판사에서 나온 사회과학 관계의 이념서적 들도 구입해서 멋모르고 책장에 꽂아 두었다. 사실 당시 중학생들 사이에서는 이념서적을 보는 것이 대유행이어서 이런 서적을 가까이하지 않으면 사람 취급도 하지 않는 분위기가 있었다. 몇 권을 읽고 가서 친구한테 자랑하기도 했고, 친구들은 그 책을 어디서 샀냐고 묻곤 했다. 그밖에도 사상, 민속, 역사 관계에도 관심을 가졌다. 한번은 앞집 남로당의 간부의 집을 수색하던 경찰이 담 너머의 내 방까지 조사하면서 이들 국내 번역물들을 모두 압수한 일이 있었다. 이때 경찰서에 불려가서 '이런 책을 왜 갖고 있느냐'고 문책 받는 바람에 혼비백산한 일도 있었다.

환도 후, 당시 연희대 도서관은 다양한 개설서 이외에 깊이 있는 전공서적은 거의 갖추지 못한 터라 전공책은 대부분 선생님께 빌려서 읽었다. 대만의 중앙연구원中央研究院 『역사학연구집간歷史學研究集刊』에서 진인각陳寅恪씨의 논문들을 처음 접했던 것이 기억에 깊이 남아있다. 공부하면서 한 가지 고충은 중국어를 해독하느라 처음에는 고생한 일이다. 원전읽는 데는 별다른 고생이 없었지만 백화문으로 된 중국논문이나 저서를 읽기에는 몇 년인가 숨은 공부가 뒤따랐다. 중국어를 청강해 가면서 진인각陳寅恪씨의 논문을 거의 2개월에 걸쳐 읽었는데 참 감명 깊은 글이었다. 그 논문을 읽고 나서, 도교道敎관계에도 관심을 갖게 되었다.

또 우연히 가토우(加藤常賢)의 예禮에 대한 논문을 읽고 흥미를 느꼈는데 마침 이홍직 선생댁에 책이 있어서 빌려다 읽었다. 그 당시에는 닥치는 대로 읽었던 셈이다. 『동양사조東洋思潮』, 그리고 중국책으로는 『관당집림觀堂集林』의 논문들을 구해 보았다. 이런 것들을 섭렵하면서 논문이라는 것은 굳이 길게 쓸 필요가 없다는 생각도 했다. 당시 모 선생님께서도 요새 논문은 각주를 쓰기 위해서 논문을 쓰는 것인지, 구별할 수 없다는 말씀을 하시기도 했다. 즉 각주는 지류에 지나지 않기에, 초보자가 얼마나 책을 읽었는지 공부했는지를 알 수 있는 것일 뿐 각주를 다는 것에 너무 급급하지 말라는 말씀이셨다. 그 때에는 학부 때에도 논문을 썼는데, 이병도선생의 논문을 보며 참 재미있다고 생각해서, 『태극도설太極圖說』에 관해 썼다. 논문을 쓰면서 이병도선생을 찾아가서 말씀드렸는데 선생님께서는 어려울 텐데 하시면서도 쓰라고 하셨다. 그래서 사학과 논문으로는 어울리지 않지만 「태극설太極說의 전개」라는 200페이지에 달하는 논문을 써서 제출하고 졸업을 했다.

그 당시 대학원은 3월에만 입학할 수 있었다. 9월 졸업을 하고 그 다음해 3월에 입학해서, 논문을 무엇을 쓸까하고 고민을 하기 시작했다. 그 때는 서양사, 동양사, 국사가 같이 있어서 하나를 꾸준히 한다기보다는 여

1975년 답사

러 분야를 섭렵하며 공부했다. 희랍사도 재미있었고 미군들이 보는 책 중 세계문화사 관련의 책을 구해서 읽었는데 이것을 알게 된 모 선생님께서 번역을 해보라고 하셨다. 10여 페이지 가량 번역을 했는데 다른 공부도 하고 있던 터이라 너무 시간이 걸려서 번역을 마무리 짓지는 못했다. 그 당시에는 숙제도 없었고 선생님도 많지 않으셨다. 국사에 이홍직, 홍이섭 선생님, 동양사에 민영규 선생님, 서양사에 조의설 선생님 등 너댓분이 계신 정도였다. 정월에 세배를 다녀도 몇 댁에 다녀오면 그만이었다. 그런 만큼 선생님들께서는 학교 안나온다고 꾸중하고 도서관에서 보이지 않으면 꾸중하셨다.

그러다가 졸업논문을 예禮 관계로 쓰게 되면서 이홍직 선생님이 지도

교수로 배정되었다. 이홍직 선생님은 당신이 그쪽 분야를 잘 모르지만 써보라고 격려해주셨다. 막연하긴 했지만 학부시절, 전우田愚(간재艮齋)의 제자인 집안어른 댁에 갔을 때 그 분에게서 책을 많이 받았는데 그 책속에서 유교의 학맥에 관한 것을 본 바 있다. 학맥에 관한 부분은 당신 자신이 만든 것은 아니고 아마도 몇몇 공부하는 사람들이 만든 것 같았다. 그런 인연으로 이 문제에 착수했는데, 일본에서 나온 『예禮의 기원과 발달』에서 예의 원초적 의의를 탐구하는 한편 한국에서의 예의 흐름을 이 책 저 책을 뒤지면서 공부했다. 고생은 고생대로 했는데 성과는 별로 없었던 것 같다. 꿈속에서 목차가 왔다 갔다할 정도였고 자다가도 벌떡 일어나서 고치곤 했는데, 사실 체계적으로 지도를 받았더라면 하는 아쉬움은 남는다. 원고지에 써서 3부를 제출하고 대학원을 졸업하게 되었다.

　졸업 후, 동방학연구소에서 조교를 맡게 되었는데, 연구소가 돈이 없어서 무보수였다. 이 연구소에서 『고려사高麗史』 색인을 맡았고 출판에 관련된 잡일을 했다. 그러다가 백낙준 선생님이 한국사 사전을 만드는 일을 도우라고 하셔서 참여했는데 주로 출판과 관련된 뒷마무리 일을 했다. 이름을 밝히기는 곤란하지만 어떤 분의 원고를 약 1000장 가량 대필하기도 했다.

4·19 이후, 연구조교 위에 간사라는 직책을 두게 되어 조교에서 간사가 되었다. 그 때부터 선생님들께서 연구소 일보다는 무조건 공부를 하라고 배려해 주셨다. 60년 말에 고병익 선생님이 동국대로 가시게 되었다. 그래서 61년 봄학기에 고병익 선생님께서 맡았던 과목 중 『명이대방록明夷待訪錄』 강독을 내가 맡게 되었다. 학생들에게 이미 책을 사라고 하신 터라 불시에 맡게 되었지만 강의하느라 상당히 고생을 했다. 그 책이 한문인데도 일반 한문이 아니었고 여러 자료에서 고증을 해야 하는 것이었는데 당시는 색인이나 사전류가 갖추어져 있지 않았던 것이다. 민영규 선생님은 동양사 개설 과목만 강의하셨는데 강사를 쓰지 않았던 관계로 나머지는 모두 내가 맡게 되었다. 그래서 시대사로는 현대사를 제외하고 고대사와 근세사만 하고 사상사와 한중韓中관계사도 강의를 했다. 중국 고대사는 은주殷周시대만 했는데 그것만으로도 1학기가 지나갔다. 사상사는 원래 관심이 있는 분야여서 기꺼이 강의했다.

그 당시는 1개월도 채 공부를 못한 채 휴교하는 일이 많아서 학생들에게 누워서도 읽을 수 있는 책을 내겠다고 약속하고는 『중국中國사상의 원류源流』를 출판했다. 유학儒學과 위설緯說을 중심으로 강의를 많이 했는데, 잘못하면 신비사상으로 흐를 위험이 있어서 주의를 많이 했다. 사학사는 교재를 택해서 주로 사史와 서書, 즉 기록과 역사 관계에 대해서만 강의하고 시험도 거기서 냈다. 강의하다가 휴교를 하게 되면 목차만 내주고 각자 숙제를 해오는 방식으로 공부하도록 했다. 그렇게 하면서 연대에서 강의를 하고 짧은 기간 보직을 맡기도 했는데, 돌이켜보니 그것은 부질없는 일 같다. 한 군데, 즉 공부에만 전념했어야 했다.

한편 사학사관계의 논문은『해동역사海東繹史』를 가지고 했는데, 홍이섭 선생은 강의하시면서 이 책은 거의 언급을 하지 않았고,『동사강목東史綱目』만 강조했다. 그래서 왜 그러셨을까 생각하다가 서점에서『해동역사』 한질을 사서 여름방학 때 다 읽지는 못하고 인용서목만을 정리했다. 그러면서 일제시대 조선사 편수회에서 발간한『조선사朝鮮史』에 한치윤韓致奫의 졸기卒記가 있는 것을 보았고 또 그 책을 편찬할 당시의 원고뭉치에 그의 행장이 자세히 들어있어「한치윤의 사학사상史學思想」이라는 논문을 썼다. 그 당시 조교수 승진 논문을 문교부에 제출했는데, 이기백 선생이 이 논문을 심사, 통과시켜서 조교수로 승진했다. 그 후 사학사 관계 논문을 5~6편 썼다. 그리고 대학원 때 애써 쓴 것을 구석방에 버려 놓는 것이 아까워서 1963년도에 예학관계, 조선예학의 형성관계 등 몇 가지를 썼다. 하지만 일단 어떤 문제에 대해 논문을 써서 발표하면 그 뒤 다시 거기에는 집착하지 않았다. 사학사 관계도 내가 논문을 쓸 때는 논문이 없었는데, 그 후 여기 관련된 논문이 많이 나왔다.

그 다음으로 관심을 가진 것이 실학문제인데, 사실 조선후기에는 실학이 없었다. 요즘 들어서 조선실학이라고 하니깐 실학이지 그 당시 실학은 없었다고 보아도 좋을 것이다. 실학이란 용어에는 상한선과 하한선이 없다. 다시 말하면 종래의 실학연구에서는 개인 연구 또는 단편적인 사실연구만을 가지고 실학의 개념을 삼고자 했다. 여기에서 실학의 초점이 일정하지 못한 경우가 있었고 따라서 그 개념마저도 모호하게 되는 결과를 가져오기도 했다. 누구나 실학이라고 쉽게 말을 하기에 이를 다시 검토하는 의미에서 내놓은 논문이 「18세기 조선조의 학풍규정」이다. 이것은 80년대에 썼는데, 당시의 풍조에 동조를 했더라면 편했겠지만 그다지 동조하고 싶지 않아서 이 글을 썼던 것이다.

그 다음에는 한중韓中관계사에 관심을 갖게 되었다. 여기에 관심을 가진 이유는 청나라의 학풍이 조선후기의 학풍에 어떻게 영향을 미쳤는가를 알기 위해서였다. 먼저 『여유당전서與猶堂全書』 속에 나오는 청대의 자료에 대한 인명과 서명의 카드를 만들어 청대 학술과 저술을 검색했는데, 다산 정약용茶山 丁若鏞이 청학을 어떻게 이해했는지 알기 위해서였다. 처음에는 『황청경해皇淸經解』와 비교하려고 했으나 너무 방대해서 『여유당전서』 속에서 다산이 청학淸學에 대해 어떻게 이해했는지에 대해서만 연구했다. 이것은 객관성의 문제인데, 다산이 아무리 위대하다고 해도 청유淸儒 관계를 모두 섭렵할 수는 없었다. 17~8세기 완당 김정희阮堂 金正喜도 중국에 갔는데 대진戴震과 같은 대가와는 접촉한 적이 없고 북경에 한정된 학자들과만 교류했는데 이들 모두를 1급이라고 말하기는 어렵다. 당시는 이것이 아쉬운 점으로 생각되어 객관성을 유지하고자 했던 것이다.

이런 공부를 하는 와중에도 늘 유학儒學관계, 경전經典관계에 관심이 있어서, 『상서尙書』를 참고했는데, 왜 거기에 집중했냐 하면 『상서』가 곧 기록이기 때문이었다. 내가 공부할 때는 논문이라는 것을 구해볼 수가 없었고, 복사기도 없었다. 그래서 웬만한 논문은 일일이 초록을 하거나, 사진을 찍어서 참고할 수밖에 없었다. 청사진을 떠서 논문자료를 구입해서 보기도 했는데 책을 구하기가 너무 어려웠던 탓이다. 그런데 요즘 학생들은 책을 사지 않고 싼 값에 복사를 한다고들 하니 참 격세지감을 느낀다.

내가 연대에서 35년 정도 있었는데, 아까 말한 식으로 강의를 진행했고 그 외에 국학연구원國學硏究院의 연구 체계를 궤도에 올려놓은 것, 박물관을 만든 일이 기억에 남는 일이다. 연대 창립 100주년 기념행사가 추진될 때, 학교측에서 무엇을 했으면 좋을지 물었는데 내가 종합박물관을 건립할 것을 건의해서 승인을 받았다. 내가 생각할 때 대학은 도서관과 더불어 종합박물관이 가장 중요한 기반이므로 박물관 건립에 꽤 힘을 기울였다. 하지만 초창기라 미진한 것이 너무 많았던 점이 아쉬움으로 남는다.

퇴직하면서 소장하고 있던 8,000여권의 책중 7,000여권의 책을 학교에 기증했다. 주로 전질로 된 자료집들인데 명청시대를 연구하는데 기본이 되는 서적들이다. 돌이켜 볼 때, 나의 역사 연구에서 미진하게 생각되는 것이 세 가지가 있다. 실학문제, 『명사明史』 조선전문제, 그리고 『연행록燕行錄』 문제가 마무리되지 못한 것이 아쉽다. 연대에서 실학 공개강좌가 열리던 중 1~20회까지 내가 관여하면서 진행했는데, 그분들의 뒤처리를 하면서 보니 실학이라는 말을 너무 남용하는 것 같았다. 그런 까닭에 실학 자체가 시들해져서, 20회 정도로 끝나고 말았다. 아직까지도 실학의 개념 규정과 실체에 대해 내 나름대로 불만이 있는데, 미처 마무리하지 못하고 있다. 『명사明史』 조선열전朝鮮列傳의 역주는 내가 했는데, 자료에 대한 교감校勘문제가 좀 더 보충되었으면 싶다. 나이 들어서는 교감이 특히 중요하게 여겨진다. 『명사』 조선전의 성격문제와 관련해서도 몇 가지 덧붙일 점이 있는데 여러 가지 어려운 점이 있어 보류하고 있다. 『연행록』 문제 역시 1960년대에 일본 교토(京都) 대학 인문과학연구소에서 자료와 정밀지도 등을 모두 복사해서 가지고 왔고 그것을 기초로 『연행록』 기사분류記事分類를 시도, 일부는 발표되었지만 그 전모를 간행하지는 못했다. 기회 있는 대로 덧붙이고 싶지만 과욕은 부리지 않으려고 한다. 후학들에게 약간의 참고가 되었으면 하는 마음에서 이렇게 지금까지 살아오며 공부해 온 것, 미진한 것들을 더듬어 가며 술회해 보았다.

박 성 봉 朴性鳳

1. 학력

1921년 11월 17일 출생
1951년 8월 고려대학교 사학과 문학사
1957년 3월 고려대학교 대학원 문학석사
1980년 2월 경희대학교 대학원 문학박사

2. 경력

경희대 사학과 교수(1961년 4월~1994년 2월).
경희대 부설 전통문화연구소장 역임.
한국사상사학회 회장, 고려대 사학회장, 경기 사학회장.
崔冲先生紀念事業會 會長 역임.
경북대 사학과 초빙 석좌교수 부설 영남문화연구원장 역임.
현. 경희대 사학과 명예교수.

3. 저서와 논문

1) 저서
『구한국외교문서』 1~7(日案 1~7), 고려대 아세아문제연구소, 1965~1970.

『중등사회 2(역사)교과서』, 홍지사, 1966.

『새로운 사회 2(역사)교과서』, 홍지사, 1970.

『한국문화사연표』(『한국문화사대계』 7, 분권 14), 고려대 민족문화연구소, 1972.

『교양한국사』, 경희대출판국, 1973(공저).

『한국사연구논저목록(1900~1960)』, 국회도서관, 1973.

「東還封事 譯註」, 『연행록선집 Ⅱ』, 민족문화추위원회, 1976.

『남북한시대별 역사해석의 비교』, 국토통일원, 1977.

『崔沖研究論叢』, 慶熙大 傳統文化研究所, 1984.

『譯解三國遺事』, 서문문화사, 1985(공역).

「新·舊唐書 高句麗傳」, 『中國正史朝鮮傳譯註Ⅱ』, 국사편찬위원회, 1989.

『고구려 남진 경영사의 연구』, 백산자료원, 1995(공저).

『東夷朝鮮傳關係資料註釋』, 백산자료원, 1998.

『韓國史年代對照便覽』, 서문문화사, 1999.

『廣開土太王論著目錄』(부『광개토태왕과고구려남진정책』), 학연문화사, 2002.

『朴竹川研究論叢』, 백산자료원, 2004(공저).

『大東輿地圖 국한문索引』, 백산자료원, 2005(공편).

『韓中日年表』, 서문문화사, 2008(공저).

『완역당 박형덕 연구논총-朴馨德의 생애와 寶城에서의 성취』, 도서출판 선. 비견, 2011(공저).

2) 논문

「國子監과 私學」, 『한국사』 6, 국사편찬위원회, 1975.

「한국문화사상과 밝은사회운동」, 『밝은사회운동의 제의의』, 경희대 밝은사회문제연구소, 1978.

「玄相允선생님을 회상하며」, 『高麗大學校史學科 50年史』, 신유, 1998.

「凝庵 申博士의 人品과 學問世界」, 『申奭鎬全集』 중, 신서원, 1996.

「고구려 남진정책의 성격과 그 영향 -평양기 고구려 천하의 위상과 의의」, 『大丘史學』 96, 대구사학회, 2009. 외 다수가 있다.

자료작업과 사상사·고구려사 연구회고*

－연중당研中堂 구락九樂 희수참喜壽參의 중中 중심논리 모색－

朴 性 鳳

머리말

학회에서 회고담을 발표하도록 요청한 것은 이제 나이가 어지간히 들어 사학계에 몸담은 지 50여 년이 되었으니 지난 궤적을 점검 종합 정리해 보라는 고마운 배려에서 나온 줄 안다. 따라서 좋은 성과를 많이 거두었다면 명예롭고 자랑스러울 수 있겠지만 내 경우는 그렇지가 못하여 어느 면 치부를 드러내고 불명예를 자초할 수도 있겠다. 그럼에도 불구하고 이렇게 제의를 받아들인 연유는 무엇인가. 당장 소수의 잘난 우세자가 못난 짓을 하며 다수의 일반세를 오도하는 우리 근대의 풍토는 속히 조정되어야 하겠는데 여기에는 전통시대 영주英主 고승高僧 석유碩儒 등이 보여준 사상사적 높은 경지가 한편의 기준이 될 것이다. 또 고구려의 슬기로운 발전 실상을 재발견하는 일은 민족사의 기본성격을 일깨우는 데 도움을 준다. 이로써 개인이나 집단의 내외 중심 목표며 방향은 어느 정도

---

* 편집자 주-녹취사정이 안 좋아 형편상 필자의 보충용 초록을 그대로 싣습니다. 이점 필자와 독자의 양해를 구합니다.

가늠할 수 있게 되겠다. 나는 내 나름으로 중심을 잡아 이를 관조 정리한 '중中 중심적 논리'가 이들 과제를 풀어 나가는데 다소나마 유용할 것이 아닌가 믿는 것이다.

우리가 상식으로 알고 있듯이 중中은 겉이 아니요, 속이다. 중中은 알맹이지, 껍질이 아니다. 중中은 안이요, 밖이 아니다. 중中은 중심이요, 주변이 아니다. 중中은 기준, 기점이오, 중용, 중화中和의 중中으로 천하의 대본인데 우리는 이지러진 근대 속에서 이 대본을 일탈한 반대의 늪에서 아직도 허우적거리는 형국을 많이 본다. 중심을 못 잡으니 국망기의 얼이 종종 잔영을 드리우고 있는 것이다. 예컨대 식민지사관을 수없이 비판하는 글이 실은 밖에서 안을 보는 일본측 상황의 범위(반도사관 같은)를 못 넘고, 안을 기준한, 즉 대륙과 해양을 아우르는 우리 중심의 논리(반도중심육해사관半島中心陸海史觀)는 일깨워지지 못했던 것이다.

그리하여 감히 고려사에 대한 미련, 고려대와의 사연을 잠시 들어 못난 제자가 은사의 사랑에 누를 끼친 경위를 언급하고, 미력이나마 공을 드린 자료 정리와 모자란 대로 고구려사 총설 내지 사상사 바로 세우기를 얼마간 서둘러온 경과를 거론하여 민족사의 중심 논리를 새롭게 추구 정립하는데 일조가 되고자 하는 것이다.

1. 도론導論 – 중中과의 중연重緣과 중中 중심 생활

나는 40중반을 넘기면서 민족사의 성격을 더듬는 가운데 우리의 민족·국토·역사·문화의 기본고리를 황인종·한반도·문화사상사·동서고금 문화의 새 승화 등에서 잡아 '중中'중심논리로 풀어나가 보려고 애썼다. 이와 같은 흥미의 집약과 다소간의 진전은 나름의 연륜이나 경험 탓도 있었겠지만 40대에 들어 새삼 우전신호열雨田辛鎬烈 선생 문하에서 서당공부를 다시 하여 칠서七書를 비롯 석로釋老 제서 등도 배우고 익혀서 '동고東古'를 '서금西今'에 조금 보태 생각한 덕분이 아닌가 한다. 그리하여 50 전후부터 유·불·선과 문·사·철을 중점적으로 모색하면서, 중中말고도 무無, 물의 미덕 등을 짐작하게 되어 사상사와 중고中古 전통시대 연구에 치중하는 한편, 당장은 고구려 남진南進 발전사에 전심하게 되었다.

이들 시대와 분야의 연구는 실상 따로 따로가 아니라 민족사의 중심이 문화 활력의 면에서 공통으로 찾아지는 점을 부각시키려 한 것이다. 즉 고구려사마저도 대륙제패의 무武 못지 않게 한반도에 새 중심을 잡은 트인 문文 국가를 겸한 점에 더 의미를 두는 식이다. 고려 무신정권 수장이 일본과 달리 '영공令公'으로 행세하는 것이나 이순신 등 무장이 으레 문에 뛰어난 것 등이 같은 맥락에서 이해되는 것이다. 또 근래까지 벼슬 지체보다 도덕 문행文行을 훨씬 중시하고 각자의 정치 경제적 성패도 배움의 여부에서 찾는 등의 전통은 오늘의 교육열까지 포함하여 모두 민족사상民族史上 문화활력의 비교우위를 보이는 것이다.

나는 중中과의 인연이 유난히 깊은 편이었다. 크게는 우주 대천大天에서 부대불소不大不小의 지구, 그 속의 불강불약不强不弱의 인류, 그 중에 신이 알맞게 구어 냈다는 이성·감성의 균형 잡힌 황인종, 그 안의 대륙 해도를 넘나들면서 대국 중원中原, 강호 일본과 나란히 발전한 반도사람. 또 그 중에서도 온난한 남녘, 그러나 고원高原 산골 출신, 중문중中門中의 중소中小 지주 중가문中家門, 무엇보다 6남매 중 3남으로 5월 중순에 태어난 것 등등, 생각할수록 고루 갖추었다. 거기에 키나 몸무게도 본래 중질中質이어서 초·중등 학교시절에는 학급에서 번호나 자리가 늘 가운데를 차지하게 마련이었으니 더 말해 무엇하랴. 물론 이런 나열에는 안 맞는 구석도 있어 가령 조상의 음덕인지 성적은 중간보다 훨씬 위였지만 체육이나 음악 점수는 반대로 아래를 맴돌기 일쑤였다.

어쨌든 이런 조건들로 해서 일찍부터 내 일은 내 스스로 해결할 수밖에 없었다. 이것이 몸에 배어 남에게는 폐를 안 끼치며 부모에게는 효의 중中을 실행한다고 철저히 자립을 도모하는 괜찮은 소신도 갖게 되었다. 그리하여 집도 월세 전세 소옥으로 키워 나가면서 고생을 넘기기도 했던 것이다.

나는 일찍 중2 사춘기가 되면서 학우들과 서로 아호를 지어 부르는 멋도 부려 청호晴湖라는 별호가 생겼다. 이 청호의 당시 장서 공책이 용케 남아 있어 근자에 들추어보니 1943년 전후부터 구독한 다음과 같은 책들이 눈에 뜨인다.[1] 광주서중光州西中의 역사적 전통으로 보면 당연한 것이기도 하지만, 이미 중3부터는 민족독립운동에 관심이 컸던 증거가 되는

---

[1] 昭和18(1943).10.부터 동20(1945).1.까지 바로 60년전 일인 데다 당시 '讀書新聞'을 사 보고 주문 입수한 묵직한 신간도 제법 있어 기념 삼아 한 20책을 고른다. 『朝鮮人の進むべき道』玄永燮, 綠旗聯盟, 1938—「독립운동 소식 역추적」;『聖雄ガンジ』, 野口米次郎, 潮文閣, 1943;『フィリツピンの偉人ホセ リサル』, 毛利八十太郎, 青年書房, 1942;『ビルマ風雲錄』, モーリス コリス, 伊藤一郎・山口晃二, 愛國新聞社, 1942;『南方民族運動史』, 片山眞吉, モダン日本社, 1942;『全譯 我が鬪爭』上・下, アトルプ ヒットラ, 眞鍋良一역, 興風館, 1944;『フィリツピン獨立論』, ビョ デュラン, 吉田正史역, 博文館, 1943;『滿洲に於ける國際爭覇』, ポル クライド, 植田捷雄 譯, 森山書店, 1935;『高麗史硏究』, 今西龍, 近澤書店, 1944;『思想戰論』, 志村陸城, 赤坂書房, 1944;『三國史記』, 朝鮮史學會, 近澤書店, 1944;『防共戰線勝利の必然性』, 金子斗禎, 朝鮮共協會, 1942—「독립운동 소식 역추적」;『兵法孫子』, 北村佳逸, 立命館出版部, 1943;『近代朝鮮史硏究』, 朝鮮總督府 朝鮮史編修會, 東都書籍株式會社京城支店, 1944;『近代戰爭史略』, 松村秀逸, 朝日新聞社, 1944;『急就篇』,『急就篇 總譯』, 官島大八, 善隣書院・龍文書局, 1943・1944;『東亞植民年表』, 河上光一, 創元社, 1944;『東亞古文化硏究』, 原田淑人, 座右寶刊行會, 1944. 崔南善 교정 『三國遺事』와 동 『故事通』 등은 형들 책을 확보하여 이들 小藏書를 내게 배정된 비들 가방 사물함에 비장했었다.

것이라 다소간 흐뭇한 느낌이 없지 않았다.

나는 위에서 중申과의 인연이 남다름을 열거하였거니와 따지자면 정신적으로 중申의 상을 유지한 대신 육체적으로는 중하의 빈약함을 면치 못했다. 사상四象의학의 소음少陰체질이라던가. 아무튼 이런 환경 조건은 타고난 이상으로 내향성이 커지고 혼자 독서와 사색에 잠기기도 하면서 책을 좋아하고 모으는 재미가 강하게 터 잡았던 것 같다. 이미 중학시절부터 고古서점 나들이를 즐기게 되어 해방 전에 벌써 『삼국사기』 등 국학 서적을 사모아 지금껏 활용하고 있는 것까지는 좋았으나 이것이 벽성癖性으로 굳어져 60년을 헤아리게 되었다. 물론 책 욕심은 확실히 슬기롭고 생산적인 면이 있다고 보아 아직도 자긍심에는 별로 변화가 없다.

어쨌든 책을 좋아하고 각종 국학자료를 많이 접하는 가운데 전통적 균형감각이나 물정의 중심을 옳게 잡는 실효도 거둔 것 같다. 예컨대 30세가 된 1956년부터 대학 강단에서 민주화의 필연을 설파하여 다가온 4·19혁명에 도움을 줌은 물론, 그 해 6월에는 「비혁명적非革命的 혁명의 혁명적革命的 성취」라는 논고를 대학지 『문리학총文理學叢』(경희대)에 발표하였으니 지금 봐도 무던한 느낌이 든다.

한편 이러한 조건들은 또 참을성을 기르며 순수 정직한 속 갖춤을 촉발시키는 데 도움이 되고, 다른 면으로 내연內燃 내실로 작용하여 대인對人 의식화보다 내면 본말선후本末先後의 옳은 자각에 많은 자극을 입은 것이 사실이다. 그래서인지 8·15후 고려대 재학 중에는 과격 우파에 식상했고 반대로 시골 현장에서는 무인재無人材 좌익에 비판적이었다. 4·19 전후에는 민주를 극찬하여 '지난행이知難行易'를 역설하면서 주변 계몽에 힘썼다. 그러나 80년대 운동권에는 언행합일을 강조하고 90년대이래 진취 면을 함께 지향하는 편이다. 애초에 동학사에 흥미를 가졌지만 그 전 단계로 유교사에 손댄 것이 본업의 일부가 되었다.

지금 가만히 생각해 보면 우리 민족은 원래 핏줄기로는 북방계인데 농경시대에 접어들면서 일찍 온대 중앙 한반도를 중심으로 정착하여 북녘의 수렵 군사적 웅비 대신 남녘의 농경문화민족으로서 더욱 성공을 거둔 새 출발이 아주 좋았다. 이어 불교문화를 수용하여 시원始原 무선巫仙 문화단계를 넘어서고 최고 수준의 불교문화시대를 이 세상에 실현시켰다. 다시 신유학을 받아들여서는 또 한번 높은 경지의 선비문화시대를 보편화 시켰는데, 18세기를 고비로 침체되어 새 과학문화기의 현출은 아직 머나먼 듯 느껴진다. 21세기 새 시대를 위하여 우리는 이 시대구분과 특성 전통(후출 시대구분표 참조)을 재창조, 재정립하지 않고서는 실패와 오욕의 늪을 벗어나기 어려우리라 믿는다. 첨단정보화와 통일 공생共生의 중심목표에 온 민족이 매진하지 않으면 안되는 당위성과 요긴성이 여기에 있는 것이다.

2. 고려사와의 인연과 미련 및 외교문서 작업(50년대~)

나는 1945년 안암 골에 진학하였다. 해방 전 광주서중은 불령不逞 불손의 본산으로 지목되어 상급학교 전학에는 사립학교를 택하게 마련이었다. 거기에 나는 고려대와의 인연이 남달라 교주와 멀리 연척이 될 뿐 아니라 선친도 보전普專 개교 30주년 기념사업에 참여하여 유명한 석탑石塔 도서관 사진이 어린 내 책상머리에 이미 붙어 있을 만큼 각별한 터였다. 그래서 두 말 없이 먼저 동교 법과에 들어갔다가 이듬해 사학과가 개설되면서 예과를 거쳐 평소 좋아하던 역사공부에 전념하게 되었던 것이다.

원래 어린 서석瑞石초등 시절 5·6학년 담임 선생과 죽이 맞아 지리 역사를 선호하게 되고 호기심 많은 지적知的 욕구가 발동하여 『지리부도』나 『학습연감學習年鑑』 등에서 상식수준이나마 이 방면 각종 지식을 살찌우는 즐거움을 맛보았다. 한반도만이 아니라 남만주 북중국과 일본 전 지역을 〈지도〉를 통해, 나중에는 〈기차시간표〉 등을 들추어 가면서 직통 급행 열차로 지상紙上여행을 곧잘 했으니 아련한 추억이나마 지금도 역력하다.

아무튼 예과 시절 현상윤玄相允총장의 『삼국유사』를 수강한 것이 한국 사와의 본격적 첫 인연이 되었다. 이어 사학과 진입 후에는 역시 현총장의 조선유학사와 사상사를 연속으로 들을 수 있었다. 그 동안 유교 보학 譜學을 많이 들어 왔던 참이라 바짝 흥미가 당겼지만 현총장은 대학 경영에 골몰하여 학과에는 수업하지 못하고, 6·25 납북 이후에는 영영 끊기고 말았다. 하지만 국사학의 터주대감은 처음부터 치암癡庵 신석호申奭鎬 선생이었고, 다행히 초창기 십수 명의 재학생은 주야 없이 선생님을 모시고 낭만적인 학부생활을 마칠 수 있었다.

한 예로 1948년 9월에는 이 사학과생들이 '고대사학회高大史學會'를 조직하고 치암 신선생과 행주幸州산성 답사에 나섰는데 그만 늦어져 통금通禁시간 때문에 충정로 선생 댁에서 뒤풀이를 하면서 밤샘까지 하였던 것이다. 49년 5월에는 경주와 한산도·진주 등 남해안을 돌아보고 가까운 개성은 1년 뒤로 미루어 두었었다. 그러나 6·25가 발발하여 불발이 되고 말았다. 1951년 8월 대구서 졸업식이 있었지만 난리 중이라 참석할 수 없었다.

그 해 2월부터 중등(6년제) 역사 교사로 취임하여 3년 피난살이를 마치고 1954년 4월 서울로 전근한 다음 9월 고려대 대학원에 진학하였다. 중단되었던 사학회 활동도 재개되고 1955년 12월에는 전국 대학 사학회지

史學會誌의 효시인 『사총史叢』이 창간되기에 이르러 첫 논고 「최충崔冲연구」를 발표할 수 있었다. 1956년 3월 동 석사과정을 수료하면서 신흥대(현 경희대)에 출강하였는데 위선線에서 나도 모르게 전임의 승낙을 받았다고 들려와 놀라기도 하였다.

1957년 3월 고려대에서 고려사 「사학私學12도연구」로 석사학위를 취득하고, 동년 6월 새로 설립된 고려대 고전국역위원회(현 민족문화연구원의 전전신前前身)에 치암선생 보조연구원으로 참여하였다. 이듬해 봄부터 선생님과 『고려사』 역주를 진행시키니 새삼 철저한 원전공부가 되고 성과불成果拂인 원고료도 무던하여 9월 새 학기부터는 교사생활도 청산하고 본업을 바꿀 계획까지 세웠다. 그런데 웬 날 벼락인가. 나와 고려사와의 좋은 인연에 첫번째 마가 닥쳐왔다. 동아대(강진철교수 주관)와 중복을 피하여(한 학기 늦은 연유) 역주사업을 수개월만에 중단하기로 한 것이다.

한편 1957년 4월이래 고려대사학회를 주도하면서 월례 학술발표회도 시작하고(제1회를 내가 「사학12도연구」발표, 그 후 몇 년간 10수회 계속됨) 11월에는 1년 미루어진 『사총』 2집을 속간시킬 수 있었다. 이어 1958년 3집부터 횡서체제로 바꾸고 제서題書(학남鶴南 정환섭 글씨)도 새로 받아 이후 현재까지 매년 정기 간행되게 되었다. 1957년 9월 치암선생은 고려시대사 강의를 내게 맡기려 하였는데 미국서 막 돌아온 김정학선생께서 당신이 하겠다고 하여 차질이 생겼다면서 책망인지 격려인지 이례적인 인사문제 내면의 유감 표명을 하였다.

김선생은 그 후 얼마간 강의하다가 새로 들어온 이홍직교수에게 중세사 강의를 넘기게 되는데, 두 분은 이때부터 첨예한 대립을 보여 사학과의 큰 불행의 씨앗이 되었다. 이래저래 내게도 고려사 인연의 연속적 장애가 된 셈이었다. 하기야 이때 과科 재임교수가 거의 40대 전후였고, 실제로 제자들이 문화사 강의라도 맡기 시작한 것은 또 수년 뒤의 일이었으니 치암의 배려는 성패간에 그 자체가 전에 없던 감동적인 발론이었다. 따라서 고대 전근을 희구하는 저명 학자가 많았던 당시 사정으로 보아 그 뒤 경과는 알 수 없는 일이기는 하지만, 자신은 물론, 과를 위해서도 그들의 과욕을 사전에 제어하는 방패막이가 되었더라면 하는 아쉬움은 남는다.

1958년 1월 전국 사학과를 망라한 한국사학회가 출범하여 치암이 이사장이 되었는데, 4월에는 상기 연세대 이교수가 3년 만에 고려대 비상 전입을 달성하여 고려사와 사상사 강의가 돌아갔다. 이선생은 한일회담위원으로 1961년 4월 후 몇 차례 동경東京에 출장 갔는데 그 동안 대강은 내 몫이었다. 동 11월 한국사학회가 제1회 학술토론대회를 열면서 제1주제(「고려중기 관료귀족의 자기항쟁」)를 맡아 발표하니 나의 고려사 연구는 제 궤도를 달리고 있었다.

1962년 9월에 고려대 아세아문제연구소亞細亞問題硏究所(아연亞硏)가 미국 포드재단과 특별연구약정을 맺고 대대적인 연구사업을 전개하였다. 미화 3만 불이 배정되어 역사(구한국외교문서 정리), 사회과학(한국정치·사회·경제문제), 공산주의(북한문제)의 3개 분야에 수십 명의 전문학자가 참여하였다. 보조자까지 합치면 그 연구인력도 대규모였거니와 이듬해 환율이 1불 130원에서 250원으로 오르면서는 그 자금력이 대학 전체 예산에 작용을 미치는 수준이었다니 막강한 위용을 미루어 짐작할 만하였다.

나는 이 제1분과 구한국외교문서舊韓國外交文書 정리에 연구위원으로 위촉되었는데 그 중에서도 전체 문서의 30% 분량을 점하고 가장 복잡다단한 대일외교문서對日外交文書 『일안日案』 정리를 맡았다. 당대 석학인 정재각(청안淸案), 손보기(미안美案, 외 각국안), 김용섭(영안英案), 고병익(덕안德

案, 아안俄案), 강만길(법안法案), 김준엽·이장희(색인 목록, 부속문서)교수 등과 더불어 당시로서는 최상의 연구비를 받은 만큼 거기에 걸 맞는 책임과 노력이 크게 요구된 것이었다.

치암선생은 "너의 학교 네 일이라 잘 해야 한다"고 격려와 당부까지 하시고, 나는 나대로 어떤 자부의식에 잡혀 있던 참이라 성실 수행을 자임하고 나선 터였다. 하지만 시대도 분야도 생소하고 워낙 얼기설기 얽힌 초유의 문서 정리라서 애로가 이만 저만이 아니었다. 65년 6월 제1책을 시작으로 70년 5월 제7책 완간까지 만 8년에 걸쳐 정성을 쏟은 만큼 연구비 보상은 충분하였으나 한편으로 제3차의 절명적 마가 끼어 들었다. 즉 모교와 특히 고려사와의 인연에 돌이킬 수 없는 소용돌이가 휘몰아와 뜻밖에 내가 횡액을 입게 된 것인데, 그 후속담은 우선 두고 『일안日案』 정리 연구 성과를 열거하면 다음과 같다.

> 1965. 6. 1 『구한국외교문서』 1(일안 1) 국배판 751면
>
> 고대 아세아 문제연구소
>
> 1967. 9. 9 동 2(일안 2) 국배판 741면
>
> 1967. 12. 20 동 3(일안 3) 국배판 762면
>
> 1968. 3. 20 동 4(일안 4) 국배판 748면
>
> 1968. 5. 21 동 5(일안 5) 국배판 830면
>
> 1969. 11.30 동 6(일안 6) 국배판 791면
>
> 1970. 5. 31 동 7(일안 7) 국배판 882면

국배菊倍판 총 5,505면에 달하는 이 『일안』 전 7책(이것을 『구한국외교문서』 1~7책으로 칭하나 실은 부제副題로 삼아야 옳다)의 종합후기는 당시 필

자의 고심부분을 비교적 자세하게 적은 것이거니와 지금 봐도 그 노다공 小勞多功少의 엄청난 정력소모가 아깝게 여겨진다.

그 동안 관계 근대사 내지 정치외교사 연구자들의 수도 많지 않아 이용 빈도가 낮은 편이고 무엇보다 이런 기초작업과 연구는 아예 업적으로 쳐주지 않는 우리 학계의 후진성 때문에도 더욱 그런 것이다. 공 드린 것을 감안하여 웬만하면 이 분야에 더 관심을 쏟을까 했다가도 우리 한말의 외교부재가 영 마음에 안 들어 그만 두고 말았다. 제2분과 결과물은 담당 연구원의 단행 저서 내지 학위 저술이 되었던 것과는 너무나 대조가 되었다. 나는 이 사업 수행 중에 전언한대로 쪽박을 깨뜨리는 파국에 휘말리니 운명으로 돌려야지 남을 탓해 무엇하랴. 다만 치암선생의 은공을 되새기며 고대 전통의 계승을 위하여 그 당시의 경과는 역사 사실로서 남겨야 할 것이기에 약술해 둔다.

1965년 1월 신선생은 국사편찬위원회를 정년 퇴임하고 1966년 7월 성균관대 학장에 스카웃되어 고려대를 떠나게 되었다. 그런데 후계 조선시대 전임 자리를 놓고 교우간에 치열한 경합이 벌어지고 예전에 없던 후속 인사 발령의 유보사태까지 발생했다.

여기에 또 딱한 일은 치암 이임 후 고대사 전공 두분 교수의 다툼이 혹심해진 것이다. 급기야 김선생은 1966년 12월 일본 출장 중 어찌된 일인지 현지에서 사표를 우송하고 즉각 수리되었다는 것이다. 더욱 모를 일은 이런 사실이 극비에 부쳐지고 1주일만에 인사회의에서 후임이 천만 뜻밖에 강진철교수로 결정 났다는 후문이 돈 것이다. 이때 사학과장은 나를 경희대에 끌어준 김학엽교수였는데 고정직한 분이라 인사 과정을 미리 알릴 수 없었노라고 몹시 미안해하였다. 그야말로 귀신이 곡할 노릇인가. 당사자인 김선생은 숙대 출강 중, 강교수에게 빌미를 주고 그의 친절에 말려 선뜻 사표를 던진 것으로 보인다. 그리하여 강교수는 이처럼 일사 불란하게 미리 판을 짜서 사학과내 단 한사람의 국사전임이던 이홍직 교수의 추천을 받아 발령을 따낼 수 있었던 반면, 김선생은 믿었던 숙대도 심지어 충남대에도 못 들어가는 수모를 당했다. 후일에 알려진 거지만 한 제자에게만은 사직서 낸 사실을 동경東京서 바로 편지 했었다는데 역시 밖으로는 무소식으로 지냈다니 겹겹의 실수라 할밖에 없다.

사후에 벌떼 같은 이교수 공격 데모가 일어났다. 하지만 나는 불가담하고 고려사 전공마저도 정을 떼기 시작하였으니 미구에 고대(고구려 전심) 중세(1986『고려사의 제문제』게재논문 외 소수) 양다리 신세가 된 점에서도 잘된 일은 아니었던 것 같다. 하여간 이듬해 1967년 3월 두 강교수가 발령됨으로써 단락이 지어졌으나 전후하여 고려대 사학과는 이웃 학과나 여느 대학과는 다른 초전통적 구성과 발전을 거듭하게 되었던 것이다.

이와 같은 고대 넘두리는 무엇보다 1)고려사 원전을 파고들어 상당한 연마를 한 것이 헛되게 되는가 하는 아쉬움이 있었지만 2)치암이 거듭거듭 점지하고 권면해 주신 은공을 어쨌든 불찰로 허사가 되게 한 안타까움이 컸고 3)치암이 보여준 사제 일체화를 통한 좋은 후배들과의 유대를 확고히 하지 못해 음양의 제약을 받은 고충 등도 경험했기 때문이다. 특히 50·60세가 되면서 좋은 꿈 실현(가령 의천義天이나 대장경大藏經의 공동연구, 중대 연구사업 참여 추진 등등)에 의외의 시련과 난항 미진이 생길 때면 더 큰 미련으로 회상되었던 것이 사실이다.

겉으로 보기에는 무르익은 조건을 활용하지 못하고 중급교수에 머문 것같이 미급하게 생각할 점도 없지 않지만, 내 중中 논리로 치면 더 인간미 넘치고 불변의 따뜻한 참 제자를 많이 길러낸 점에서 어쩌면 편안하고 행복한 귀결이었는지도 모를 일이다. 구체적으로 『경희사학慶熙史學』은

1967년 대학의 지원을 얻어 창간되었으나 2집 이하 17집 정년 때까지 내가 성금과 교양교재 인세 일부를 돌려 간행하였다. 그 중 14·15합집 특대호는 회원들만의 성의가 뭉쳐져서 나의 '회갑기념논총'으로 꾸며진 것인바, 당시 경희대 사학회의 저력을 보여준 것이다.

3. 기초문헌 정리와 민족사의 중심 논리 추구
  〈사상사와 고구려사〉(70년대~)

1950~60년대 역사학도들에게는 6·25를 비롯한 남북 갈등 속에서 통일까지의 중심을 잡는 바람직한 새 사관과 방법론의 모색이 절실하였다. 여기에 8·15후 일본학계의 동향 내지 성과물은 좋은 참고자료가 되었다. 그러나 당시만 해도 새 소식이나 책을 접하기가 무척 어려웠다. 이에 45~55 10년 간의 일본에서의 한국사 연구 상황을 국회도서관, 서울대·고려대도서관 및 연구소에서 찾아내 관계 문헌목록을 카드화하여 폐쇄적인 학계에 공개할 생각을 가졌다. 이 작업은 일단 한국사학회『사학연구史學研究』3·4호(1957)에 발표되어 큰 반향을 일으켰거니와 이 한국사 카드 작업은 국외목록에서 국내외 근대 이래의 전 성과물로 확대되었다. 대학원 시절 연구열기가 가세하면서는 도서관 출입과 고古서점 나들이를 최우선으로 삼고 닥치는 대로 카드에 옮기다 보니 약 2만 매를 넘기게 되었다. 이것들은 경희대『문리학총文理學叢』(1960년대) 등에 정리 게재되고 국회도서관에서『한국사연구논저목록韓國史研究論著目錄』(1973)으로 출간되기에 이르렀다. 이런 가운데 관계 자료 등 책 모으기에 열이 더욱 솟구친 것도 사실이다.

한편 1950년대 석사논문 시절만 해도 서울대 규장각을 비롯하여 유명 대학 도서관의 서고 안까지 드나들어 문헌 이용에 어려움이 적었다. 그러나 점차 제도가 까다로워지고 1970년대 박사논문 때는, 특히 고구려 관계는 미국 국회도서관과 하버드 옌칭도서관까지 가서 허리가 끊어지도록 복사해온 자료에 많이 의지할 수밖에 없었다. 이런 국내외에 걸친 문헌수집과 구독은 그 자체가 집서 집념과 연구의욕의 생산적 발산이었던 것이다.

나와 이런 일의 인연은 이처럼 세월이 오래고 특별했다. 이래저래 이 방면 목록카드의 대량 보유자가 되면서 또 원자료原資料 색인 정리나 『문화사연표文化史年表』 작업 등에 자의반 타의반으로 매달리기에 이르고 자연히 관련 도서의 탐색 구독에도 더욱 힘쓰게 되었다.

1) 이제 기초문헌 정리 쪽의 당시 작업성과를 대략 추려본다.

위에서 이미 언급한 「한국사연구문헌목록」 - 8 · 15후 일문편日文篇 (1959)과 「한국사연구문헌목록」(1961~1967, 1972)을 비롯 여러 목록 색인 작업이 진행되었다.[2] 또 주석 정리 작업으로 「구한국외교문서 일안日案 편찬본의 종합정리」(1970)와 『한국경제사문헌자료』(1970, 1974)에다가, 「동환봉사東還封事 역주」(1976)도 냈으니 학자로서 해야 할 부분을 일부 한 것이기는 하지만 대다수가 꺼리는 미련한 짓만 골라 한 듯싶다.[3]

---

2 「韓國史硏究文獻目錄」 - 8 ·15후 日文篇, 『史學硏究』 3 · 4, 1959; 「韓國史硏究文獻目錄」, 『文理學叢』 1~4, 慶熙大, 1961~1967; 『慶熙史學』 3, 1972.

3 舊韓國外交文書 日案 編纂本의 綜合整理」, 『慶熙史學』 2, 1970; 『韓國經濟史文獻資料』 1·5, 1970, 1974; 「東還封事 譯註」, 『燕行錄選集 Ⅱ』, 民族文化推委員會, 1976.

나의 직성 소치인데 글을 쓰려면 예전에 PC를 하기 전에는 특히 주변정
리부터, 또 기본자료 목록과 책 등을 잘 갖추고서 시작하는 못 말릴 결벽
증?(좋게 말해 완벽주의) 버릇으로 골치를 썩히면서 일을 수행하게 마련이
었던 것이다.

　이리하여 편저본으로, 문화관계 저술과 유산은 물론 누가 정승이 되
었는가보다는 정승 아무개가 무슨 뜻 있는 일을 했는가를 밝히고자 한
『한국문화사연표』(1972)와 상기한 『한국사연구논저목록(1900~1960)』
(1973), 그리고 연표는 사항의 연대 일람 대조가 대종임을 감안한 『한국
사연대편람』(1975), 조선시대 지명사전 구실도 하는 『대동여지도색인』(공
저, 1976), 중국 각 정사에 분산되어 나오는 동이전을 우리나라 본위로 정
리하고 색인 효과도 노린 『동이전고구려관계자료』(1982)에, 최고最古 만
송본晩松本을 영인 첨가하여 동경대東京大에서 지금도 대본으로 쓰고 있는
『역해 삼국유사』(공역, 1985)와 『동이전백제관계자료』(1986), 『동이전신
라관계자료』(1988)을 편간하였다.[4] 이 외에 「신·구당서 고구려전」 역주
(1989)나 『동이전의 발해말갈자료』(1990)도 낸바 있다. 이상의 동이전 정
리는 다시 대학원 강독 교재로 백산자료원이 한데 모아 『동이조선전관계
자료주석』(1998)이라는 이름으로 출간하기도 했다.[5]

4　『韓國文化史年表』, 菊判 532면, 高大 民族文化硏究所, 1972(『韓國文化史大系』 7, 분
　　권 14); 『韓國史硏究論著目錄(1900~1960)』, 46倍判 207면, 國會圖書館, 1973; 『韓
　　國史年代便覽』, 菊判 99면, 慶熙大 傳統文化硏究所, 1975; 『大東輿地圖索引(共著)』,
　　菊判 180면, 동 硏究所, 1976; 『東夷傳高句麗關係資料』, 크라운판 134면, 동 硏究所,
　　1982; 『譯解三國遺事』(共譯), 菊判 498면, 瑞文文化社, 1985; 『東夷傳百濟關係資
　　料』, 46倍判 90면, 동 硏究所, 1986; 『東夷傳新羅關係資料』, 크라운판 64면 동 硏究
　　所, 慶熙大 出版局, 1988.

5　「新·舊唐書 高句麗傳」, 『中國正史朝鮮傳譯註 Ⅱ』, 46倍判 70+68면, 國史編纂委
　　員會, 1989; 『東夷傳의 渤海靺鞨資料』, 同 硏究所, 1990; 『東夷朝鮮傳關係資料
　　註釋』, 백산자료원, 1998.

이러한 자료 작업 버릇은 나이가 많아져도 불변하여 1998년 경북대에 정착한 이듬해 출판사의 권유를 받아들여 『한국사연대대조편람』(국판 168면 서문문화사, 1999)을 꾸며 내고, 다시 개정 증보 별본別本을 준비하여 완간 단계에 있으며 역시 출판사 요청으로 『대동여지도 국한문 색인』을 이번에는 단독 작업하였다. 이어 『광개토태왕논저목록』(『광개토태왕과고구려남진정책』과 합집)을 1년 꼬박 주어 모아 출간하였는데 책은 요긴하게 이용하면서 업적으로는 괄시하는 추세가 아직도 여전한 듯하다.[6]

東夷 朝鮮傳 關係資料註釋

朴性鳳 編著

高句麗
百 濟
新 羅
渤海 · 靺鞨

白 山 資 料 院

동이전 자료 정리

2) 다음 한국사상사 면의 종사 경위와 성과물을 모아본다

나의 사상사에 대한 흥미는 10대 소년시절에서 발원된 듯 싶다. 집 사랑방에서 우산牛山선생이 하서河西 · 고봉高峯 · 일재一齋 · 미암眉巖에 죽천竹川 선조까지 소위 '호남湖南 5현賢'을 추장했다는 말을 자주 들어 지금도 각자 이력까지 웬만큼 기억하고 있다. 그도 그럴 것이 이런 류類의 대화가

---

6 『韓國史年代對照便覽』, 국판 168면 서문문화사, 1999;『大東輿地圖 국한문索引』, 백산자료원, 2005;『廣開土太王論著目錄』, 46배판185면,서울: 學硏文化社, 2002(『廣開土太王과高句麗南進政策』과합집 453면).

고장 보학譜學의 핵심이며, 커서는 진학進學·전공專攻·혼인婚姻 등에까지 큰 영향을 입었던 것이다. 그리하여 하서 등 5현의 연구는 꼭 해보고 싶었는데 대학원 시절에는 고려 유학 연구에 매달려 기회가 없었다. 그러다가 1980년대에 막상 이 방면 과업을 맡아 진행시켜보니, 그 질質과 양量이 막중 막대하여 행行의 관조와 언言의 규명이 다각도로 차원 높게 축적되어야 함을 느끼게 되었다. 앞으로 각계의 본격적 인물사人物史연구는 물론, 거국적 전통지도자 연구사업이 다산茶山의 경우만큼 활발하게 전개되었으면 한다.

또 나는 사상사 분야에 인연이 많아 유교공부 외에도 불교, 선도仙道사상의 섭취에 친인척 선문禪門 도사의 은덕이 적지 않았다. 또 민족문화나 종교의 수련 등은 역시 주변 상하의 알선 권면이 계기가 되었으니 그 면의 인덕이 많았던 것 같다. 나는 지금도 내 아우(박성배교수)와 더불어 제법 동서고금의 여러 원리와 진수를 중심적으로 경험하고 정진중인 것을 가장 자랑스럽고 큰 행복으로 여기고 있다.

그리하여 시류는 다수가 새 사회경제사로 치닫고 있었지만 비주류인 사상사, 인물사, 교육사, 사학사 등 문화사 쪽에 관심이 갔다. 이에 사학·철학·문학 등의 좋은 지성들과 손잡고 1984년 한국사상사학회韓國思想史學會를 창립하여 제1회 연구발표를 맡아서 했다. 이 때 결론으로 제시한 한국사 시대구분時代區分 시론試論표를 참고삼아 아래에 들어두거니와 제4대까지 회장단에 참여하면서 초창기 기초를 다져 성장시키기도 하였다. 아직도 소수파를 면한 시세時勢는 안되었지만 A급 학회로 판정 받고 더욱 이론과 사史 양면의 균형 잡힌 안배 전개도 많이 좋아진 듯하다. 그 동안 정기활동 외에 특집으로 신라중대 조선중기의 참교육 문제나 야은冶隱, 제봉霽峯, (박죽천은 따로 진행) 등 선현 및 현상윤玄相允, 천관우千寬宇, (신치

時　代	文 化 期	中 心 思 想	主　業
① 三國初期以前 原始社會 - - -	始原文化期	仙道 · 巫教 支配	초기農(粟麥作)牧 수렵기 武우세적

巫 · 佛交替過渡期〈삼국불교전래〉

時　代	文 化 期	中 心 思 想	主　業
② 三國中期~ 高麗中期 王族 · 貴族 社會	佛教文化期	教禪佛教 中心	農耕

佛 · 儒交替過渡期〈高麗中期 性理學 전래,　（벼농사）
高麗後半 禪宗宣揚時代〉

文우위적

時　代	文 化 期	中 心 思 想	主　業
③ 高麗後期~ 朝鮮 18세기 士人 兩班社會	儒教文化期	朱子學 中心	

儒 · 西交替혼돈기〈西學東漸, 東學發生
18~20세기〉

時　代	文 化 期	中 心 思 想	主　業
④ 朝鮮 18세기말~ 20세기 民主化社會추진	科學文化지향기	東西古今승화	産業化 情報化 崇文兼武적

암은 별도 추진중) 등 큰 학자를 기리는 학술대회와 한·일간의 사상사 국
제학술회의를 개최하며, 젊은 박사를 대상으로 논문상 제도를 창설하는
등 내외의 조건이나 관심이 고조되고 있다. 막이 오른 21세기에는 정치외
교사나 사회경제사 못지 않은 문화사상사로 발전할 전망이 커가고 있어
장래가 기대된다.

이제 민족사의 활력은 권력자 금력자나 민중적 계급세력만이 아니라
지知·덕德·예禮·체體 등 문화창조인의 노력이 더 크게 좌우한다는 것을

모두가 알아차리게 될 것이다. 우리는 지금 나날이 유사이래 초유의 정보화 혁명의 대전환 속에서 어느 때보다도 이 방면 문화의식의 제고와 변환, 재정립이 절실한 터다.

원래 내가 전통시대 사상사에 더 힘쓰게 된 것은 1970년대 경희대에서 '밝은사회연구' 일을 맡으면서부터이다. 모범적인 밝은 사회의 실례를 신라와 조선조에서 찾을 수 있다고 보았기 때문이다. 즉 신라 불교문화와 조선 유교문화의 토착화과정을 통하여 가장 대표적인 전통문화의 성공사례를 살핌으로써 그 가능성을 더듬어 본 것이다.

근자에 북한을 비롯 남한에서도 통일기 대신라를 폄하하는 풍조가 일반화되고 있지만 신라 폄하의 북쪽 발해 현양보다는 모두 높여서 동쪽 일본진출까지 아우르는 '속續 삼국론三國論'이 훨씬 민족사적 의의가 부각되는 것으로 본다. 사실 신라는 통일 후 안정과 번영 속에서 귀족 중심이나마 우리 문화사상 가장 빛나는 한 창조기를 이루게 되었는데 당·서역 등과 활발히 교류하면서 삼국의 문화유산을 높은 단계로 잘 정리·발전시켰던 것이다.

특히 원효元曉·의상義相·원측圓測으로 대표되는 스님들의 활동은 더욱 높은 경지로 승화되어 이론과 실천에 있어서 사상 최대 최고의 성과를 올리게 되었다. 이에 따라 불교 내부에서 수많은 고승 대덕이 배출되고 경론經論에 대한 주소註疏가 계속 활발하여 한국사상 신라 중대 이상이 없는 성황을 이루었다.

나아가 이러한 불교철학은 신라 각계각층의 행동과 사색을 율律하는 창조와 생산성으로 활력화하여 당시의 국왕과 지도층에게 삼국통일의 신념과 사기를 불어넣어 주었을 것임은 의심할 바가 없다. 여기에 신라인이 10중 8·9는 불교에 귀의케 되었음은 당연한 결과였던 것이다. 이상의 문화토착화상 한 표본이라 할 신라불교, 화랑도 등을 보면 이 문화 통합과 재창조는 국토 문제의 미흡과는 별도로 엄청난 민족사적 의의가 있는 것이다.

이 대신라를 이은 다음 사례는 조선유교에서 찾을 수 있다.

15세기 조선왕조에서는 초기부터 문화 분위기가 성장하여 세종世宗조 전후에는 자주·민본의 문화정책 아래 전통문화를 비판적으로 계승하려는 노력이 보였다. 그 결과 사학·농학·천문·지리·언어 등 여러 분야에 걸쳐 많은 성과가 나오고 이로써 조선조 문화의 기반이 확립되었다. 특히 한글의 창제는 당대의 문화창조 능력을 유감 없이 발휘한 결정체로서 향후 민족문화의 핵을 이루는 것이었다.

그리하여 16세기에는 사림파 선비들이 『소학』서의 일부인 향약 실천운동에 열성을 보여 수기치인의 참 실천을 통한 유교사회의 흥기와 내적 충실을 기하였다. 그 중에서도 퇴계退溪·율곡栗谷 등 통유通儒 석학이 주자의 경지에서 진일보한 조선 성리학체계를 성립시키면서 앞뒤의 도리를 체득한 사림들이 대거 등장하여 사림의 시대를 성취시키고 서원 서당과 향약을 통하여 향촌사회에 파고 들어가 농민생활을 이끌어 나갔다. 이에 16세기 후반에 접어들어 집집마다 그 가문의 중中시조가 되는 도학군자가 쏟아져 나오고 그들 중심으로 유교사회가 나름대로의 생산적 도덕적 정상기능을 발휘하였다. 이제 성리학은 조선 사회 전반을 지배하는 이념체계가 되어 앞서의 불교 토착화를 이은 사상사적 대전환을 보게 되었다. 이후 부분적으로는 중화사상에 흐르기도 하였지만 성리학을 통해 사회질서의 법제화가 이루어지고 예악문화가 지방 속속들이 확산되었으며, 또한 가족주의와 명분중심의 생활양식이 보편화되어 조선시대 내내 상하백성에게 신봉되었던 것이다.

왜란·호란을 겪으면서 성리학에 새로운 반성이 일어나 실학實學이라는 새 학풍이 전개되었는데 이도 조선사회의 문화력을 보여주는 것이다. 당시 실학자들은 정치·경제·문화의 여러 분야에 걸쳐 역사와 현실을 새로운 안목으로 밝히는 데 관심을 집중시켰다. 그들은 학문적 연구를 토대로 이상적인 사회실현을 위한 구상을 펴나갔다. 그러나 실학운동은 학문이상을 넘지 못하고 더욱 새 시대에의 주체적 세력기반도 형성되지 않아 근대로의 전환에 실패하고 말았다. 그리하여 결국 일제의 정치·경제적 침략아래 역사상 처음으로 문화력에서도 참패의 늪에 빠진 식민지로 전락하게 되었던 것이다. 여기서도 우리는 새 문화의 창조능력이 역사발전에 얼마나 중요한 것인가를 새삼 통감하게 되는 것이다.

광복 이후 50수년이 지난 오늘에도 서구문명의 토착화가 많이 진행된 듯하지만 실제에 있어서는 내면적 의식과 알찬 결실을 동반하는 문화적 토착화가 아직 요원한 느낌이다. 참다운 토착화가 없는 이식문화의 단계에서는 양적 확대는 가능하지만 질적 전환을 동반하는 근본 변화는 되기 어렵다. 보다 본질적인 서양문화의 흡수와 동양문화의 재창조를 위해서는 모든 정치 경제 사회 활동이 문화적 단계에서 새롭게 평가되어 하나하나가 창조적인 의미를 내포하여야만 할 것으로 보인다.

예로부터 이야기되고 있는 중中의 근원적 파악이나 본말 선후의 원칙이 더욱 실천되어야 하는 것이다. 깨달은 사람일수록 자기 희생이 자기 투자가 되고, 자기 저항이 남에 대한 저항에 앞서야 참 저항이 되며, 이기利己는 결국 해기害己가 되고야만다는 원리를 명심해야 하는 것이다. 또 자기의 자유의식이 자신을 가눌 수 있어야 남의 자유를 침해하지 않으며, 자기 마음의 평화가 앞서야 세계평화에 기여할 수 있는 것이다.

여기서 이 방면 연구사업으로 경희대 부설 '전통문화연구소'를 설립하여 20 수년간 운영한 경과와 업적을 일별 해야겠다. 이는 위 사상사 내지 문화사 선양의 맥락에서 이루어진 것이기 때문이다. 그 동안 타대학 유명 연구소 연구원 생활과 학내의 연구소 설립 운영을 함께 해본 경험이 바탕이 되었지만 증원이 어려웠던 조교를 확보하고 더욱 지난한 중앙도서관 방을 배정 받아 1975년 4월 행운의 출발을 보았다. 당장은 민족사 관련 자료의 수집 편찬 간행과 고전 강독 훈련을 정기적으로 진행시키게 되었는데 여기에는 학내외 교수 학생의 지원 협조가 필수적이었다. 또 국사전공 대학원생의 조교 기용이 제도화되어 사학과로서는 이후 줄곧 안성맞춤의 수련센터가 되기에 이르렀다. 연구소의 역대 간사는 이래서 준재가 뽑히고 나는 정년 때까지 이들의 보좌로 10여권의 좋은 간행물(전출前出)을 출판할 수 있었다.

그중 대표적인 것으로 이미 앞에서 말하였지만 먼저 민족사의 가로(시대)와 세로(공간)를 가늠하는 『한국사연대편람』 편저와 『대동여지도 색인』 작업을 들 수 있는데 지금껏 널리 애용되고 있다. 이어 중국 정사正史 여러 책에 분산되어 있는 『동이전東夷傳』을 우리 각 나라 별로 종합 분류 정리하여 '한국연구자료총서韓國硏究資料叢書'로서 계속 꾸며내니 그 편리함은 더 말할 것도 없고 연구소의 본령을 잘 실행한 것이라고 자부해도 좋을 것이다. 또 전통지도자 연구 부분에서 『최충연구논총崔冲硏究論叢』과 『길야은연구논총吉冶隱硏究論叢』 등을 도하 유명 교수들의 연구와 자료정리를 모아 간행한 것인데 당국의 관심과 후원이 그토록 아쉬울 수가 없었다.

이리하여 「국자감과 사학」(1975), 「한국문화사상과 밝은사회운동」(1978) 등과 「한국사상사에서 본 참교육 총론」(1990), 「한국사상사와 현상윤 박사」(1994), 「현상윤선생님을 회상하며」(1998) 및 「치암 신박사의

인품과 학문세계」(1996) 등이 그 일부로 쓰여지게 되었지만 훨씬 확대 심화되어야 마땅한 것이었다.[7]

3) '70년대 이후는 고구려사 연구에 주력하였다

한국 고대사古代史 강의와 연구에서 고구려사의 비중은 생각만큼 크지 못하였다. 신라에는 물론 백제에도 밀린 것은 그 동안 현장성이 약한 먼 나라 처지에 놓였기 때문이었다. 그 점에서는 나도 예외일 수 없었는데 강독 시간에 국강상광개토경평안호태왕릉비國岡上廣開土境平安好太王陵碑(호태왕비)를 다루면서 생각이 크게 바뀌었다. 특히 '1970년대 박사 논문을 준비하는 과정에서 고구려사 연구의 필요 적절성을 감지하게 되었다. 무엇보다 장수왕長壽王 갑인년(414)에 집안集安에 건립된 근 6.4m, 약 1780자의 호태왕비는 더 없는 자료로 보였다. 그 업적 실모가 너무나 이때까지의 상식과 다르게 파악될 수 있었기 때문이었다. 즉 놀랍게도 태왕의 주력이 서북쪽이 아니라 남쪽 한반도에 쏠려 그 중북부에 진출한 훈적勳績이 유달리 중시되고 취득한 성·촌이 1~3면에 걸쳐 돋보이게 열거되어 있는 것이다. 또 서단序段의 총평은 '국부민은 오곡풍숙國富民殷 五穀豊熟'이라고 내면의 알찬 발전을 찬양하고 있다. 그리고 더 모를 일은 이 엄연한 금석 대문을 접한 뒤에도 아직도 후대『삼국사기』식 '광개토' 왕호나 북

---

7 「國子監과 私學」,『한국사』6, 국사편찬위원회, 1975;「한국문화사상과 밝은사회운동」研究所叢書 5.『밝은사회운동의 제의의』, 慶熙大 밝은社會問題研究所, 1978;「韓國思想史에서 본 참교육總論」, 韓國思想史學會 '89 學術會議「傳統思想과 科學文化의 統一教育命論」,『韓國思想史學』3, 한국사상사학회, 1990;「韓國思想史와 玄相允 博士」幾堂 玄相允선생 탄생 100주년 기념 학술회의, 1994;「玄相允선생님을 회상하며」,『高麗大學校史學科 50年史』, 신유, 1998;「凝庵 申博士의 人品과 學問世界」,『申奭鎬全集』중, 권두, 신서원, 1996.

편향적 '개토開土' 의식이 남북한 모두 우세하여 원래의 발전 의의 등이 미진한 상태에 있는 것이다.

우리는 그 동안 고구려가 북방족 중 아주 독특하게 일찍 남녘 진출을 도모하고 특히 4~5세기이래 한반도 중심의 본격적 온대 농경문화農耕文化민족으로 성공한 알찬 면을 소홀히 생각해온 병폐가 있었다. 이제 고구려를 언제까지나 구시대적 비주체적 관점에서 바라볼 것은 아니다. 당연히 원래 고구려가 머리를 잘 써 중심을 잡고 남북 문무 내외南北 文武 內外를 겸해서 발전시킨 알찬 면을 그대로 살피며 질적 생산적 문화 대국으로의 진전을 온전하게 따져 보아야 하는 것이다. 그런 연후에야 아직도 수그러들지 않는 들뜬 외화外華적 편파적인 역사인식 내지 역사교육의 잘못을 반성하고 개선하는 계기가 마련될 것이다.

광개토호태왕廣開土好太王은 재위 22년 동안 정치·사회·문화 등 전반에 걸쳐 중앙집권적 지배체제를 짜고 국력을 총집결하여 내정內政을 정비하고 외정外征을 성공시켜 동북아의 패자覇者가 되었다. 이로써 위세를 내외에 떨치고 백제에 원수를 갚으며 황해도 등 서부평원을 확보함으로써 『삼국지』의 "무량전-부족이실구복無良田－不足以實口腹"의 곤경을 확실히 극복하기에 이르렀던 것이다. 그러니 고구려민에게는 결정적 업적이되고 그 사실이 능비에 남아 내려온 것이라 생각된다. 또 수묘인守墓人 단에서도 북 구민舊民은 시들어들 것이 염려되어 전적으로 남민 신래한예新來韓濊에 의지할 것을 유언하게 되고 결국 2대 1 비율로 안배 조치된 것을 보게 되는 것이다.

잘 알려져 있는 바와 같이 호태왕비는 현존 최고最古 최대의 비로 형상이 거대 독특하고 글과 글씨가 모두 당대 문화의 독자적인 수준을 상징적으로 보여 주는 금자탑이다. 그런데 이 비는 태왕이 남진에 치중하여 스

경희대학교 사학과 답사(고령 지산동 고분군)

스로 걱정했던 대로 천 수백년간 잊혀진 운명에 놓였다. 거기에다 또 일본 군부가 비의 재발견에 관여하여 처음 그들 본영에서 4~5년간 비밀 연구 끝에 1888년 공표한 이후 내외의 주목을 받게 되었다.

이리하여 능비문은 판독에 이설이 많이 나오고 변조문제까지 제기되었다. 특히 신묘년 조는 일본 주도로 줄곧 관심을 끌었는데 1959년 수곡제이랑水谷悌二郎의 원석原石탁본 판독은 큰 성과로 친다. 어쨌든 일본인들은 거의 왜倭기사를 변용한 데 골몰한 느낌이며, 1930년대에 정인보鄭寅普가 '도해파渡海破'의 주어主語를 고구려로 바꾸어 이 독법讀法은 북한학계〈1966년 박시형 등〉에 많이 계승되고 고대 한일관계사의 획기적 재조명 성과(1966년 김석형 등)로 이어졌다. 또 일본군의 석회 칠 변조설은 1972년 이진희李進熙가 제기하여 비 연구에 큰바람을 일으키고 1986년 이형구李亨求 부부도 '왜倭'는 '후後'자의 변조라고 지적하였다. 그런데 1984년 중국 왕건군王健群 등은 탁본 편의를 위한 것이라고 이에 비판적이다.

끝으로 왕호문제인데 비 연구가 100년이 지났는데도 한·중·일이 무원칙이다. 정식 왕호가 있고 5C 몇몇 금석문은 용례가 비슷하며 9C 일본 기록에 보이는 '호태왕好太王' 칭호는 중·일이 고래로 통용중이다. 그런데 후대 『삼국사기』에 '광개토왕'이라고 나와 남북한이 관용하고 있으나, 북진 팽창주의적인 데에 문제점이 있다. 당시 남진 치중의 본의를 오도할 소지가 있고 '광개토' 부분은 늘 '호태왕' 부분과 짝지어 쓰인 용례를 주의해야 한다. 그러니 내외 문무를 갖춘 영주英主의 시호답게 그때 고구려인이 지어 올린 본의를 되도록 살려야 하는 것 아닌가. 호태왕대 영락기 년법永樂紀年法처럼 중·일이 고래로, 또 현행 약칭으로 쓰이고 있는 점을 감안, '광개토'에 '호태왕'을 더하여 통칭은 '광개토호태왕廣開土好太王', 흔히는 '호태왕'으로 했으면 좋겠다.[8]

이보다 앞서 전연이나 백제 등 수준 높은 외세에 밀린 고구려는 지배체제를 한 차원 높게 바꿔야 했으므로 소수림왕小獸林王(371~384)은 새 제도 문물인 불교나 유교를 수입 활용하여 집권화를 시도함으로써 이후 사회 문화 전반에 크나큰 변화를 초래하였다. 이에 고구려 전성기의 내면적 계기가 일단 성숙된 것이다. 호태왕기에 정치·사회·문화·군사 등 국정전반에 걸쳐서 거의 모든 제도가 정비되어 지배체제를 공고히 다지니 이것이 군사력의 뒷받침이 되어 외정의 큰 결실로 매듭지어졌던 것이다.

다음 장수왕대의 평양 천도와 백제 제압은 실제적이고도 실리적인 남진 발전을 달성한 것으로 이 전후에 황해도 재령 땅 장수산성에 남평양

---

8 졸고, 1979년 이래의 廣開土好太王期 고구려사에 대한 일련의 연구가 인연이 되어 고구려연구회(회장 서길수)는 모처럼 제2회 국제학술대회(1996. 8. 9~11)의 주제로 '廣開土好太王碑研究 100年'을 내걸어 큰 성과를 올린 바 있었다.

(남경南京으로 삼경三京의 하나가 됨)이란 부도읍을 마련, 한층 남하한 전진기지로 삼았다. 이런 남진책은 부왕 호태왕과 맥을 같이 한 것이며 전성의 '5세기 고구려의 발전'을 가져왔다. 문자명왕대에도 남진을 계속하여 평해·영덕 등 동해안 일대까지 장악, 백제 신라를 한반도 3분의 1속에 몰아 부침으로써 상하 판도가 40만~56만 평방km에 달했다.[9]

이러한 고구려 남진에 따라 삼국간의 상쟁과 교류도 활발하게 되고, 잦은 전쟁에 따른 주민이동과 문물유통으로 피차의 사회적·문화적 동질성을 두텁게 하는 계기가 되었다. 그리고 고구려의 남진 정착 후 일단의 국가 성격이 변화하여 종래의 불안정한 국가 발전에서 인구집약적 농경정착적 성격이 쌓여 국내성시대와는 다른 '민개토착民皆土着'의 변화를 보였던 것이다.

4~5세기 고구려의 남진정책은 반도 중앙지대에 파고들어 터를 잡고 대륙과 해양까지 아울러 장악하게 되는 당시 나름의 최상의 방책이었다. 그러니 필자의 고구려 남진 발전론은 시류 대세와는 달리 남진 성격 등 고구려사 인식의 근본을 바로 찾은 것이 된다. 따라서 능비의 '국부민은' 이나 '광개토경'의 본의며 천하관, '백잔'과 '왜구' 호칭에 배어 있는 질타의식, 그리고 일인日人 연구자의 대부분과 정인보 이하 내국인의 구구한 비문 해석 기도 등등의 문제점을 원천적으로 풀려면 정치경제사 못지 않게 문화사상사적 접근이 소망스럽겠다.

또 고구려는 중남 만주대륙까지 휩쓴 나라지만 역사인구학적으로 사

---

9 역사인구학적 배려를 동시에 해야 실세를 제대로 파악할 수 있을 것이다. 넓이의 신 빙성도 문제지만(전체 62만평방km중 90%인 56만평방km라는) 고구려가 이미 통일 계제에 다다랐다는 주장도 선 듯 수긍하기 어렵다.(채희국, 『고구려 역사 연구』, 1982)

람은 한반도 쪽에 더 많이 살았던 것 같고, 근자에 그 유적 유물이 남한에서만도 무수히 확인되어 구리시는 그 기념으로 초유의 호태왕 동상도 건립했다. 우리는 북진 지향적 찬사만 되풀이할 것이 아니다. 당연히 문文을 겸하여 기초를 다지고 한반도 중심의 민족적 정체성을 확립해 나온 점에 초점焦點을 맞추어야 사실에 맞고 현재와 미래에도 적절한 이해가 될 것이다.

우리 민족이 안정된 온대 중앙에 터전을 잡아 본격 농경정착을 할 때, 고구려가 그 후발세력으로서 악조건을 극복하고 발전방향의 기본을 주로 남녘에 잡은 것은 특기할 만한 민족적 인연이라 할 것이며 이에 한반도의 주력국가가 되고 북녘 예맥계의 대표로서 남녘 삼한계의 대표격인 백제·신라와 자웅을 겨루게 되어 빛나는 삼국시대사가 전개되기에 이른 것이다.[10]

그 후 누가 한반도를 장악하느냐를 두고 제각기 최선의 노력이 경주된 결과 우리 민족사의 전개는 매우 활력이 넘쳤고, 고구려·백제가 특히 호적수가 되었다. 그리하여 결국 신라가 통일을 성취하였으니 고구려가 남진에 치중한 필연적인 결과인 듯하다. 이에 우리 민족은 절대다수가 결과적으로 농경시대이래 한반도에 중심터전을 잡아 그 개방성과 안정성을 적절히 조화 활용하면서 제대로 된 문화발전을 이루고 선진 외래문화를 잘 소화 섭취하여 그때마다 한층 높은 수준의 전통문화로 키워온 놀라운 솜씨를 발휘하였다. 고구려는 일찍부터 이 대열에 참여하여 고도의 농업

---

10 이 점에서 고구려사를 과거 日帝가 滿鮮사관에 의해 부수적으로 봤다든지, 현재 중국이 그들의 변방사로 보려든 시각은 전혀 성립될 수 없는 것이다. 그러므로 오늘 우리들은 민족사의 전통적 중심성을 한반도에 두고 특히 한·중·일을 가늠하는 틀 잡힌 체계를 세워야만 예컨대 북진 '대륙사관'만이 민족의 영광이라는 풍조가 가져다 주는 뜻밖의 부작용을 미연에 막을 수 있으리라.

생산력을 추구하면서 논밭농사에 맛깔스러운 조미 부식문화를 일구고 자연친화적이며 심미감 넘치는 주거문화, 그리고 자유롭고 멋 덩이인 옷맵시와 놀이문화를 즐기는 가운데 평화롭고 실속 있는 문화발전에 전심하였다. 그 결과 세계 최고급의 전통문화유산을 많이 남기고 뒤를 이어 특출한 인쇄 기록문화를 자랑하는 지식인 주도의 문화대국이 되도록 영향을 미쳤다.

또 역사상 고급 인력으로 짜인 문무 지도자는 많이 높은 경지의 문화활력을 발휘하여 이웃 중국도 놀라는 수준에 올라서고, 전근대 일본을 문명화하는 결정적 주체가 되기도 하였으니 이는 그 동안에도 옳은 설정이었고 장차에도 바르게 내다본 추진이었다고 할 것이다. 이러한 면에서 고구려 백제 신라에서 유래한 우리 민족문화의 차원은 변두리 아닌 중심적 세계적 보편성의 것이며 따라서 거란이나 몽골, 여진족과는 아주 다른 독자적이고 효과적인 발전을 해왔다고 볼 수 있다.

끝으로 나의 이 방면 노력의 일단을 덧붙이겠다. '1979년 경희대에서 고구려사(『고구려남진발전사연구』)로 학위논문을 쓴 다음 같은 논지를 확대해 갔는데 북진 찬양의 세류 속에서 남진 발전론은 너무 생소하고 마음에 안 들었는지 학계의 반향은 아주 부정적이었다. 그도 그럴 것이 남진을 단순한 반전방향의 한 변형 이설 정도로 치부하고 고구려사 전개의 기본 성격 문제라는 주지의 본의를 알려고 들지 않았기 때문이었다. 학계의 신 학설이 시민권을 얻으려면 상당한 시간과 노력이 쌓여야 한다는 것은 익히 알려진 사실이지만 엄연한 금석문 기록을 외면한 재래설의 보수성은 난감한 것이었다. 저서 출간을 되도록 늦춘 한 요인은 학계의 분위기 변화를 기다리려는 속셈도 없지 않았다. 그런 점에서 1995년 『고구려 남진 경영사의 연구』를 뜻이 통하는 동학들과 함께 내게 된 것은 매우 반

가운 일이었다. 같은 책의 내 서문에서도 언급한 바이지만 겉보기와 달리 소장학자 들의 가세로 남진 쪽 연구가 월등 우세해진 한 결실이기에 더욱 그런 것이다. 급기야 2002년에는 '광개토대왕廣開土太王과 고구려남진정책高句麗南進政策'이라는 주제아래 고구려연구회의 국제학술회의가 개최되어 거기에 「호태왕 고구려남진정책의 의의」라는 기조 논문까지 발표하게 되고 여러 중진들의 남진 쪽 논고들과 함께 학술총서로 발간하기에 이르니 나의 남진론은 상당한 진전을 이룬 셈이다.[11] 이 책에는 전언한 바 「광개토(호태)왕 관계 문헌목록」이 합본 수록되고 또 「광개토(호태)왕 관계 문헌목록」을 꾸며 보니라는 광개토(호태) 연구의 경향성 문제 - 능비陵碑 연구 100여 년 성과의 계량적計量的 검토 - 를 다룬 졸고도 합재되어 있어 첨언해 둔다. 그 동안의 논고를 나열하면 주기와 같다.[12]

---

11 『廣開土太王과 高句麗南進政策』, 서울:學硏文化社, 2002.

12 朴性鳳,「廣開土好太王期 高句麗 南進의 性格」,『韓國史硏究』27, 1979;「發展期 高句麗의 南進過程 - 특히 西安平 · 樂浪攻取의 南進的 性格을 내세우며」,『趙永植博士華甲紀念論文集』1981;「高句麗의 漢江流域 進出과 意義」,『鄕土서울』42, 1984;「廣開土好太王期의 內政整備에 대하여」,『千寬宇先生還曆記念韓國史論叢』1985;「高句麗發展의 方向性문제 - 南進發展論의 民族史的 再吟味」,『東國大學校開校八十周年紀念論叢』1987. 이상 朴性鳳,『高句麗 南進 經營史의 硏究』, 1995. 수록. 외「韓國史上 南進 · 北進의 性格問題 - 高句麗의 南進發展史序說」,『慶熙大學校論文集』제9집, 1979 등과 그밖에『南北韓時代別 歷史解釋의 比較』46倍판 117면 國土統一院, 1977;『高句麗南進發展에 관한 硏究』, 46倍판 160면 慶熙大 大學院, 1979; 慶熙史學잔치에서 回甲紀念講演「'三國'期 民族史와 南北國時代論 再考문제」발표, 1987;「『조선전사』北韓의 古代史硏究成果에 대한 一論評 - '三國'의 발전과 '續三國時代'문제」, 韓國史 第13次 學術會議 發表, 국사편찬위원회(1989) 등.

붙임말 – 연중당문고研中堂文庫의 경북대 정착과 영남문화연구원 창립 운영(90년대~)

연중당은 앞에서 언급한 바와 같이 1970년대에 개인문고를 꾸미면서 부쳐진 당호다. '연중'이란 중中의 경지를 연구하고 터득한다는 뜻이 있는 것이다. 그러므로 '연중당研中堂'은 바로 중中의 논리를 세우고 펴나가고자 하는 의욕을 담은 곳이다. 이에 나는 책과의 인연이 깊어지고 장서가 많게 되자 감히 자신의 문고를 후세에 남기고 문화 사상사 중심의 학술사업을 착실하게 펼치고자 꿈을 키워 나갔다.

현실적으로 그런 꿈에 절실하였던 것은 일찍부터 자료 수집의 실효를 안 때문이었는지 모른다. 즉 1965년도 중등 검인정 교과서 공모 때는 그 덕으로 수석 합격하여 가난했던 시절에 봉급 1년 치와 맞먹는 인세印稅를, 유신독재로 판권을 빼앗길 때까지 8년간 꼬박꼬박 받아서 집 칸이라도 마련할 수 있었다. 또 1970년대에는 대학원박사논문의 성취에, 전출한 고려대 아시아문제연구소 주관 구 한말 대일對日 외교문서 『일안日案』 1~7책의 발간에도 큰 도움을 입었다. 뿐만 아니라 수많은 준재들도 학위 논문자료를 내 문고 속에서 찾아갔으니 애서愛書의 생산성은 자타에게 두고두고 뻗쳤던 것이다. 다만 생애 가장 왕성한 활동과 그에 수반한 과도한 몸 혹사로 30대 중반에 우환을 만나 고초를 겪었으나 술·담배를 일체 끊는 등 용단을 부려 고비를 넘겼다.

또 책 인연이 깊어지면서 '한국고서연구회韓國古書硏究會'의 이사와 회장을 맡아 의기투합, 간혹 집서 광기集書 狂氣를 함께 나누기도 하였다. 80년대 이후 고서가 덜 나돌고 기업인들의 대규모 수집바람에 밀려 지방 탐서나 일본원정까지 하기도 했는데 이래저래 정년 후 집에 집결된 장서 수는 어림 잡아 3만 권은 될 듯하였다. 그리하여 장차 더 잘 정리 보완, 활용하는 방책은 시급하고도 머리 무거운 과제가 되었다. 그래서 반생을 보낸 경희대를 비롯, 서울과 수도권 대학 도서관들의 형편을 알아보게 되었거니와 대개 여유 공간이 부족하거나 당국의 수요 열의가 잘 맞아떨어지지 않는 등 사정은 여의치 못했다. 이에 더 먼 데로 눈을 돌리던 차 뜻밖에 무연고의 경북대에서 연락이 왔다.

당시 경북대는 총장과 도서관장이 도서관을 증축하고 장서배가운동을 벌이는 참이었다. 이들과 만나보니 의욕이 대단하고 내 지향과 아주 가까워 바로 의견이 합치되었다. 다음날 경북대 실사 팀이 함께 올라와 둘러보고 1주 후에는 총장 결재가 나서 보름만에 문고는 700포 큰 짐으로 꾸려져 경북대에 이관되기에 이르렀다. 합의 조건은 간단하였다. 석좌초빙 교수로서 건강한 한 편안하게 문고와 더불어 살게 되면 좋다는 것이다. 이리하여 1998년 2월 24일을 기하여 문고는 경북대에 귀속되고 나는 3월부터 사학과에 초빙되어 역사적인 98학번 경북대 생활이 시작되었다.

처음 반년동안은 직원인지 노무자인지 공공 근로요원과 묵은 먼지 뒤집어쓰며 책 정리에 골몰하였다. 내 책을 확인 정리하는데 도와준다고 밥 사주며 고맙다 고맙다했다. 한적漢籍 고서는 그 방면 전문 대학원생과 바로 등록 작업을 함께 했다. 나는 수서 원칙을 실질자료에 국한하였으므로 값나가는 활자본은 적었고 『홍원천지興園遷誌』(황실의 대원군묘 이장보고서)같은 유일본이나 희귀 자료는 그리 많지 않았다. 그러나 정리요원이 고서들을 간혹 평가하면서 수 백, 수 천 만원 나갈 것인데 하는 등 아깝지 않느냐는 표정이었다. 나는 또 신통한 결론을 내려 말하였다. 그것은 교환가치인데 도합 10억대가 된다지만 환금할 필요가 전혀 없으며 그 돈으로 달리 쓸 곳도 없노라고. 이를테면 물욕을 초월한 도사의 경지가 따로 없는 듯한 것이다. 실은 더 좋은 문고로 꾸며 사회에 남기는 것이 의의가 크다고 판단했기 때문인데 의식이 구조에 따라 변화하는 모습을 실감케 하는 대목이었다. 아들 딸 다 자립하고 우리 내외도 그냥 지낼만한 환경조건을 새삼 감사하게 생각할 뿐이다. 어쨌거나 남들이 장하다 하니 스스로 그렇게 대견하고 기쁠 수가 없었다. 이리하여 거의 2년 걸려 3만 1천권의 문고 DB화는 일단 성사되었다.

그런데 막상 약속된 『연중당문고 도서목록』은 쉽게 나올 수 없는 형편이다. 전문 인적자원이 모자라 천연된 데다 위에서 말 한대로 나는 문고와 함께 살러 왔으므로 내 삶의 중요한 부분인 책 수집은 계속되게 마련이어서 문고 총수는 끝이 나지 않았다. 처음 약정 때 원하는 책은 다 사준다고 했지만 그렇게 해서 입수된 분은 국립대 속성상 내 문고에 들 수 없었다. 이에 내 활동하는 동안 한 개인연구자가 뜻하는 책을 몇 만 권까지 모을 수 있을까 하는 과욕을 부려, 주로 서울출장 때마다 내 힘으로 도서관에 책을 사 바치기로 하였다. 이리하여 연중당문고에는 내가 보고싶고 갖고싶은 책이 계속 불어나고 정돈되어 갔다. 여기에 문고의 원주인인 노생이 삶과 책의 여러 즐거움 속에 저절로 당도한 만년의 별호 '구락옹九樂翁'이 태어나고 구락九樂 경지는 점점 무르익어 갔던 것이다. 그 상황 일부를 잠시 늘어놓겠다.

먼저 맹자가 말하는 교육자의 3락은 잘 알려진 일이지만 나는 그 위에 별도로 경북대에서 누리는 3락이 또 있다. 앞으로 오래 오래 초빙교수로 문고 속에서 삶을 안락하게 계속할 수 있는 시간과 공간 그리고 조무원까지 얻은 즐거움이 무상無上의 낙이요, 외빈숙사에 있게 되어 위약胃弱 노인이 입에 맞는 따뜻한 3식을 제공받는 낙이 무변無邊의 은혜요, 부설 영남문화연구원장嶺南文化研究院長으로 동지 교수들과 마음먹는 사업을 전개하는 낙이 무쌍無雙의 도합 3락이다. 거기에 웬 '연중당 6락'이 또 있단 말인가? 일一왈 완서호고락玩書好古樂이니 늘 손때 묻은 고전들을 익히면서 옛 선현의 경지에 다가가는 즐거움이요, 이二왈 풍서회통락豊書會通樂이니 동서고금을 꿰뚫어 볼 많은 책 속에서 나날을 보내는 낙이며, 삼三왈 구서안가락求書安價樂이니 몇 몇 단골이 있어 원하는 책을 싸게 사오는 낙이다. 사四왈 충서완질락充書完帙樂이니 세월이 흐르면서 결본을 하나 하나 온전하게 채우는 재미고, 오五왈 대서이타락貸書利他樂이니 요긴한 책을 빌려 보게 해서 고마움을 나누는 낙이며, 육六왈 활서저작락活書著作樂이니 장서를 활용하여 글을 쓰고 책을 꾸미는 즐거움이다.

이 저작락처럼 아직 불충분하고 또 두고두고 이루어야할 미래적인 것도 있지만, 가령 2002년만 해도 전언한 바 '고구려남진정책高句麗南進政策의 의의意義'같이 학계의 기조가 될 논문을 비롯하여 '광개토(호태)왕 문헌목록廣開土(好太)王 文獻目錄'이며, '동 목록目錄을 꾸며보니'처럼 노다공소勞多功少이나마 사계斯界에 봉사함으로써 반성을 촉구하는 글을 쓰기도 하고, '대한민국大韓民國의 생일生日과 나이 챙기기'같이 현실 미진한 광복운동 내지 역사의식의 정립을 갈망하는 논단도 벌여 나름대로 자적自適하고 있으니, 이런 즐거운 경지를 늘 맛보는 이가 세상에 얼마나 있을까?

거기에 더하여 이 고장 애서가 동학들이 내게 호응 동참, 장서 기탁을 원함에 따라 순리적으로 풀어 나가고 있으며, 또 학계와 문중이 문강공죽천文康公 竹川선조 학술대회 개최를 전폭 지원해주니 역사적인 발표 행사를 마치고 그 총집(『박죽천연구논총朴竹川研究論叢』)을 기쁨 속에 꾸미면서 일생 일대의 뜻깊은 기회를 주신 선영께 감읍하고 있다. 이리하여 자연 일상 나날에는 외부 출입을 거의 안하고 넓은 캠퍼스에서 젊은이들과 어울려 지나노라면 어디 옷차림이나, 용돈 쓸 일, 교통 혼잡이 문제되겠는

가. 저절로 마음이 그렇게 신선하고 편안해지며 속이 훈훈해질 수가 없다.

한편 즐거움 뒤에는 애로 사항도 적지 아니 있다. 게스트하우스 주거공간이 다소 비좁은데다 증축관계로 외부 아파트 전세살이를 경험해야 했다. 그 후 집을 마련하여 명실상부한 대구사람 자격을 갖추게 되었지만 집 없는 이의 쓸쓸한 처지를 알만하였다.

또 정년 후 동지들과 다시 한국학연구소를 함께 운영하고 싶었는데 2000년에 드디어 당국과 3억 연중研中학술기금을 마련하고 연구원研究院을 개설, 마침내 한국학술진흥재단의 10억 큰 연구사업을 따내기까지 하였다. 정기 연례 학술대회와 정례 한국학 콜로키움 등을 개최하며 한문연수 과정을 진행시키고 특별 연구원研究員·연구교수 초빙과 연구보조원 및 상근 조무원 채용 등도 이루었다. 그리하여 논문집『영남학』이 연 2회 발간되며 학술연구총서 작업도 진행중이고 무엇보다 박물관 3층의 더부살이도 면하여 전용 방까지는 마련되었으나 면적도 시설도 많이 모자라다.

동시에 처음 계획한 '영호남문화의 비교연구' 사업도 지지부진한 상태에 있으며 '한국학자료센터' 사업도 아직 길이 먼 형편이다. 또 한 수 더 대학 당국에 건의한 학생들의 심신 단련(재학중 고전 외우기와 무술 유단자 의무화) 인성교육안은 새 총장 팀이 강력 추진해 주면 얼마나 시의 적절하고 뜻깊은 일이 될까 싶지만 일단 접어 둔다.

이렇게 풀어야할 숙제는 아직 많이 있다. 하지만 이런 과업을 위해 활기차고 보람 있는 삶이 계속되는 것이니 이 또한 즐거운 소임이 아닌가. 그런 중에 연중당문고는 더 충실해질 것이고 연구원研究院은 젊은 인재가 많이 참여하여 영남의 확고한 대기관이 될게 자명하니 이제 구락옹은 온전히 마음을 비우고 결과를 다듬는 외에 또 바랄 것이 무엇 있으랴. 이 만년에 오늘도 생활 리듬이 순조로움을 감사하면서 좋은 나날을 보내고 있다.

다음은 고희 때 마련한 회고담의 끝 부분이다. 그때 다짐을 언급한 대목은 '희수喜壽'인 지금에도 유효한 것이 많거니와 정말 더디고 산만한 삶을 맹성하면서 한편으로 건강이 웬만한 것은 천만 다행임을 거듭 거듭 감사히 여긴다.

1990년대에 들어 나는 정년이 가까워지면서 마음을 비우고 일체의 얽힘을 달관, 초탈하는 저력을 회생시켜 30년 묵은 소화불량도 면하게 되었다. 특히 척추동물 중의 최령最靈 최귀한 인간의 유소년기 원력元力의 자각과 매일 아침의 요가 내지 걷기로 심신수련을 힘쓰니 속이 그렇게 편하고 몸이 가벼울 수가 없다. 분당 신도시에 함께 사는 엄청난 학문, 예술계 동지들과 손잡고 학예, 문화봉사운동을 벌려 그 단체의 장長노릇을 하는가 하면 경기지역 중견교수들이 맹활약하는 경기사학회京畿史學會의 회장직을 맡기도 해, 그 동안 경희대, 고려대 사학회장, 한국사상사학회장 때의 경험을 살려 열성을 다하고 있다.

끝으로 구락옹九樂翁의 희수년 저술락은 바야흐로 누언한 『박죽천연구논총朴竹川研究論叢』의 완성에 있거니와 차제에 각자가 관련된, 노력하면 가능도 할 자서自敍 몫을 비망備忘삼아 나열해 본다. ①일기日記, 개인사 ②부모·형제·자매 가족사 ③숙질~3종從 소小문중사, 동파同派 중中문중사, 동본同本 대大문중사 ④동창 동학同學사, 동직 동료사, 동호동락同好同樂사 ⑤시군市郡향토사, 동편同便지역사, 일반민초사 ⑥국가흥망사, 민족문화사, 외국관계사 ⑦동양문명사, 서양발전사, 세계연계사 ⑧인류변천사, 우주생명사.

누구나 여기 한 20가지를 다 손대기는 어렵겠지만 나는 자의와 타의가 합쳐져서 전반前半 9가지 정도만이라도 세상에 남겼으면 하여 애를 쓰고 있다.

김 운 태

1. 학력

1921년 11월 17일 출생

1946년~1948년 서울대학교 문리과대학 정치학과 졸업(학사)

1957년~1958년 미국 미네소타주립대학교 대학원 행정학 졸업(석사)

1968년~1968년 서울대학교 대학원 졸업(문학박사)

2. 경력 및 수상

1954년~1962년 동국대학교 법정대학 조교수~교수.

1961년~1972년 내무부 지방행정 연구위원회 전문위원.

1962년~1962년 제3공화국 헌법심의위원회 전문위원.

1962년~1987년 서울대학교 행정대학원 교수.

1966년~1969년 한국행정학회 회장.

1970년~1972년 서울대학교 행정대학원 원장.

1970년~1973년 행정개혁조사위원회 비상임위원.

1971년~1973년 동북아시아 국제행정학회(EROPA) 이사회 부의장.

1972년~1975년 세계행정학회(IIAS)제도 학교운영위원회 위원.

1973년~1975년 한국정치학회 회장.

1982년~1983년 한국정신문화연구원 부원장.

1984년~1986년 한국정치외교사학회 회장.

1990년~1994년 대한민국 국사편찬위원화 사료연구위원.
1995년 9월~1995년 11월 광복 50년사 편찬위원회 위원장.
2001년 7월~2003년 8월 25일 대한민국학술원 인문사회과학부 회장.
1976년 12월 5일 국민훈장 목련장.
1987년 2월 28일 국민훈장 모란장.

3. 저서

『행정학요론』, 민중서관, 1959.
『정치학요론』, 박영사, 1961.
『행정학원론』, 박영사, 1964.
『조직관리이론』, 박영사, 1966.
『현대관료조직론』, 일조각, 1968.
『조선왕조행정사(근대편)』, 일조각, 1969.
『조선왕조행정사(근세편)』, 박영사, 1970.
『4정판 행정학원론』, 박영사, 1975.
『해방삼십년사(제2권) 제1공화국』, 성문각, 1976.
『조직론(전정판)』, 박영사, 1979.
『정치학원론(제3정판)』, 박영사, 1985.
『일본제국주의의 한국통치』, 박영사, 1986.
『한국현대정치사 제2권 제1공화국』, 성문각, 1986.
『미군정의 한국통치』, 박영사, 1992.
『조선왕조 정치·행정사(근세편)(第二全訂正版 증보)』, 박영사, 1995.
『일본제국주의의 한국통치(개정판)』, 박영사, 1998.
『조선왕조 정치·행정사(근대편)(개정판)』, 박영사, 2001.
『한국정치행정사전집(1~5집)』, 박영사, 2002.
『고려 정치제도와 관료제』, 박영사, 2005 외 다수.

나의 한국정치행정사 연구

김 운 태

　일제 식민지배하에서 1920년대에 출생한 우리 세대는 제2차대전말기의 강제동원 등의 피해와 해방후 건국을 전후한 내외의 정치혼란과 국토분단의 심화 및 한국전쟁의 발발과 전후 복구건설 그리고 근대화를 위한 산업화 및 민주화 단계에서 남다른 시련과 수난을 경험하면서 살아왔다.

　나는 해방 직후 전시 강제동원되었던 중국으로부터 귀국하자 우선 대학에 복학할 뜻을 두고 경성대학 경제학과에 편입하였으며, 미군정하에서 '국대안國大案'이 실시되어 신제新制 서울대학교 문리과대학 정치학과에 편입하였다. 대학을 졸업한 후 친근한 선배교수들의 지원과 격려에 힘입어 연구기회를 충족하고 대학강좌도 담당하게 되었다. 특히 1949년에 연희대학교 문학원 정치외교학과에서 한 학기동안 「구주歐洲근대정치사」강의를 처음 담당하게 됨을 계기로, 17·18세기 영국, 프랑스, 독일, 미국 등 선진국의 근대정치사를 개략적으로나마 참구할 수 있었다. 이는 이 분야의 연구를 더욱 밀도있게 연구하는 귀중한 계기가 되었으며, 나의 1960년대 이후의 한국학연구에서 근대화를 위한 보편적 이론의 모형을 구성하는데 기초가 되었다. 그러나 6·25한국전쟁의 돌발로 각 대학의 휴교로 인해 학업이 중단되었으며, 1953년 휴전이 성립되고 피난도시 부산시에서 각 대학이 개교하기까지 연구생활은 공백상태를 면치 못하였다.

나는 당시 부산에서 개교한 서울대 문리과대학 정치학과와 동국대학교 법과대학 정치과에서 각기 강의를 담당하면서 피난중에 본격적으로 연구생활을 다시 시작하였다. 이때 나의 연구계획은 강의준비를 위한 연구와 아울러 당분간 서구의 저명한 정치학자의 주요저서를 번역하는 일이며, 이어서 적당한 자료준비가 마련되는 기회에 개인저서를 저작하는 것을 목표로 삼았다. 번역작업을 하는데 가장 중요한 것은 번역의 대상이될 원서原書를 선정하는 일이었다.

첫 번째 번역서로 메리암(C. E. Merriam)의 『체계적 정치학(Systematic politics, 1945)』을 선택한 것은 주변의 권고도 있었지만, 초창기 한국학계에 소개하는 것이 가장 적합하다고 생각하였고, 또 나의 개인적 이론연구 구상에도 가장 마음에 들었던 저술이기 때문이다. 또 그 서장序章인 「정치학입문(prologue to politics)」은 현대 정치권력의 체계적 분석을 시도한것으로 교재로 활용하고자 하는 필요에 의해서 먼저 번역간행한 부분이다.

두 번째 번역서는 마키버(R. M. MacIver)의 『정치학원론(The web of Gervernment: 1947)』으로 본 저술은 마키버의 초기의 국가다원론을 비판적으로 수정 저작한 것으로 현대 다원사회에서 통합의 위기를 극복하기 위하여 공동사회 내에서 정부의 구심적 통합의 지위와 기능을 강조하는 논지이다.

세 번째 번역은 솔토우(R. M. Soltau)의 『정치학 입문』(An Introduction to politics: 1952)이었다. 이 원서를 선택한 이유는 저자 솔토우는 중동 베이루트대학 교수로서 광범한 동서세계의 참신한 사실과 자료에 입각하여 공정한 판단과 흥미있는 이론전개를 시도하였고, 한국의 후진적 정치를 연구하는데 적합한 이론으로 생각되었다. 그는 "현대정치가 진실성이 결여되고 등장인물의 활동은 모두 '인형극'과 같이 막후의 '잠재적 지배권력'에 의하여 조정됨으로 지성으로 조직화된 여론의 통제가 없이는 민주정치를 지탱할 수 없다"고 보았다.

이상 휴전후 몇 년간에 걸쳐 수행한 일련의 번역활동을 통한 학술연구는 그 후 계속된 나의 저술활동을 위하여 긴요한 결실이었다. 이러한 번역활동을 1957년에 일단락 매듭짓고 다음 연구과제는 저작 작업에 착수하는 일이었다. 그런데 당시 내가 동국대학교 법정대학 정치과 부교수로 재직할 당시 마침 서울대학교와 미국 미네소타 주립대학교간에 체결된 ICA 기술원조 협약에 의거한 교환교수로 도미유학 계획에 참여하게 되었다. 미네소타대학교 대학원 수학기간에는 정규의 수학과 연구와 더불어 나는 개인적으로 정치 및 행정학의 연구문헌 자료수집에 적극 노력하였다.

교환교수로서 미국유학에서 귀국하자 곧 『행정학 요론』의 저술에 착수하고 이것이 내가 처음 시도하는 저술계획인 만큼 최선의 노력을 주입하였다. 저작에 있어 한국의 특수한 상황적 조건에 비추어 일본, 미국, 영국, 독일 등 외국의 이론과 기술을 비판적으로 수용하여 한국 실정에 적실한 이론과 기술을 모색하였다. 특히 일본의 전통공법학풍을 탈피하여 사회과학의 독립된 일분과─分科로서 또한 당시 미국에서 성행한 Behaviorism 학풍의 한계와 유용성을 비판수용하는 시각에서 이론을 전개하여 1959년에 『행정학 요론』의 초판을 간행하였다. 이 저작은 1964년 전정판부터 『행정학 원론』으로 개재하여 그 내용을 발전시켜왔다.

다음 예정된 두 번째 저작으로 『정치학요론』을 1961년 3월에 초판으로 간행하고 1978년 전정판부터 『정치학원론』으로 개재하여 오늘날까지 계속 발전시켜왔다. 그 기본구조는 서장에 이어서 본론에서 첫째로 「정치상황론」에서 정치가 발현하고 전개되는 장場의 문제를, 둘째로 「정치 권력론」에서는 정치를 추진하는 에너지문제를, 셋째로「정치이념과 형태론」에서는 정치가 일상화되고 제도화되는 정치체제(제도)의 형태와 그 각각 정치형태의 정당제 배경과 아울러 정치운동 또는 제도를 동원하는 이데올로기와 이념문제를, 넷째로「정치과정론」에서는 정치가 여러 국면을 경과하여 균형 또는 변혁하는 전개 양상을, 다섯째「정치체제의 동태론」에서는 정치변동, 발전, 성장 및 근대화의 지표와 한계 및 유형 등의 거시분석을, 여섯째「국제정치론」에서는 국내정치의 연장으로 우리에게 특히 문제가 되는 국제사회의 대립과 협력관계, 냉전체제의 전개, 식민지 민족주의운동 등을 각기 집약적으로 논술하였다.

이상『정치학원론』저술에서 밝히고 있는 정치분석의 방식은 60년대 이후 오늘에 이르기까지 나의 한국학 연구를 비롯하여 모든 저술이나 논문 구성에서 기본적으로 준거해 온 분석의 틀이었다. 즉 연구대상인식에 있어 장場의 논리로써 개별사회의 상황분석을 한 후 권력과 제도 또는 이념 그리고 과정과 변동문제를 차례로 분석하는 방식이다.

이상『정치학원론』의 저작을 60년대 초에 마친 이후 연구의 초점을 민족주체적 시각에서 우리의 전통적문화와 제도를 연구개발하는 한국학연구에 집중하기로 하였다. 이리하여 1960년대 말부터 그간에 발표된 조선왕조의 정치행정사에 관한 연구논문을 정리하여『조선왕조행정사』(근세편과 근대편)를 두권으로 나누어 간행하였다.

1960년대말부터 2001년까지 40여년간 저술한 주요 근현대 정치행정사 저서로는『정산 김운태박사 한국정치, 행정사 전집』(박영사 간행)에 수록되었으며, 그 내용은 5집으로 구성되어 조선왕조 정치, 행정사(근세편 제1집), 조선왕조정치행정사(근대편 제2집), 일본제국주의 한국통치(제3집), 미군정의 한국통치(제4집), 한국정치론 및 한국행정근대화 100년의 성찰(제5집)을 들을 수 있다.

조선왕조 정치·행정사 근세편은 조선조 건국(1392)부터 19세기말까지 조선조 건국과 국민화의 과정과 경제·사회·문화적 상황의 변동과 통치 및 행정구조와 기능의 변천을 중심으로 분석하였으며, 아울러 후기의 중흥기로서 임란 이후 혼란한 사회에 대한 개편 이론을 제시하고 한국근대화의 시발의 계기가 된 실학운동과 정치·행정·사회·문화의 주요 변천에 관하여 논술하였다.

근세편에서 제기된 주요 문제점으로는

1. 한국의 근세국가로써 조선조건국의 특성과 관련하여,

   가. 국가 기본법인 전장典章과 성헌成憲 운영의 성숙성

   나. 외래제도를 도입하여 토착화시키는데 있어 신중성

   다. 전문화된 관료제의 구성-유교적 관료제 통치체제

   라. 주권개념 정립(영토, 국경의 확정과정, 대명관계의 자주지향등)

   마. 사병의 폐지와 국군화

   바. 군현제 실시와 중앙집권적 통치체제

2. 유교정치문화의 수용과 문제점

   조선조의 유교문화는 고려의 사장詞章의 학을 배제한 주자학의 실용주의 경향과 권근이 지적한 수덕정심修德正心하여 병용민족兵勇民足과 예악禮樂이 흥하게 하여 경세치국의 도道를 지향하는 정치사상이라는 점이 한 특성이다.

3. 사회구조의 집권적 봉건제 형성

4. 15세기 중기(세조 1455~1468)경 이후 지방의 소지주 중심 사림士林대두 지방자치적 조직확대, 중기에 연산군의 등장과 사화士禍 및 훈구세력

의 조직화와 중종대 조광조의 도학道學정치 대두

5. 16·17세기 사림세력의 중앙진출과 붕당정치주도, 비변사운용, 임란후 정치지도세력의 교체, 정치행정체제의 재정비

6. 17·18세기 영, 정조대의 실학운동

7. 18세기말 19세기 세도勢道정치의 발호, 행정문란, 대원군의 쇄국정책, 민란의 빈발

8. 조선조 중앙집권적 유교관인官人지배체제의 특성과 정책결정과정의 종합적 분석과 관련해서, 조선의 유교적 정치이론에서는 신분적 계급사회를 전제로 군주중심의 전제적 체제이면서 유교관인 지배체제이기 때문에 인본주의와 위민정치사상으로 해서 지배가 복종에 대하여 져야할 강한 윤리적 책임이 강조되고 있다. 따라서

가. 지배자의 정책결정에 언로言路개방과 중우衆愚를 피하기 위한 박순 채납博詢採納의 수의收議형식이 존중된다.

나. 치자治者로서 현명을 보장하고 수기치인修己治人과 덕치강조, 덕치의 부재로 인한 천경天警에는 왕의 함선減膳 3일과 이재칠사珥災七事 민란에 대한 치자의 책임등 강조

다. 위민사상(피치자의 행복이 치정의 제일차적 기준) 사림정치사상으로 세종조이래 실학으로 승화됨. 이이李珥의 국시론과 공론 그리고 붕당정치와 세도世道정치의 형성과 반응

라. 양사兩司의 서경절차 의첩조, 고신조

마. 경국대전에서 의정부 총재제를 규정하면서 세부규정은 피하고 현실적 권력 관계변천에 대응하는 신축성 용인

바. 유교적 공도公道에 따른 공정한 정책결정을 위하여 독대불허, 국정 심의에서 사관, 승지, 입회하의 기록으로 남기고 공개성 원칙 준수,

시사視事와 경연, 상참, 차대, 인견, 소견, 윤대, 소대, 계언, 복합, 복
궐, 구언, 권당 등 절차, 정당(승정원으로 오른 공사당상이 합의 결정)

사. 고래古來전통으로 묘당 합좌合坐하여 전원일치의 민주적 유산계승하
여 조당의 회의서차제 강조의 합의제, 이조전랑에게 언관삼사 인사
권부여와 당론 통합정책

아. 이조전랑직의 엄선과 붕당정치의 유산, 낭관권을 기반으로 삼사와
이조전랑직의 인사권을 대상으로 당파간 갈등

자. 중앙집권적 지방통치체제하에서 ①관치행정체계는 국왕 – 의정부
– 육조 – 관찰사 – 수령의 명령계통을 이룸. 그리고 ②지방자치적 행
정체계는 경재소 – 유향소 – 향약 – 면리임으로 재경관리와 연결되는
재지在地사림 중심의 지방자치적 행정체계가 있었고, 또한 ③상계리
上計吏, 경저리 – 영리營吏 (감사, 병사밑에 있는) – 읍리(군현의)로 연
결되는 행정실무적 향리계통으로 군현 향촌사회의 자율적 또는 주
체적 통제기능 및 운영기능 수행함. 한·중 양국의 군현제 감사수령
및 향약 등은 법제적 내용과 형식면에 크게 다를 바 없으나, 역사적
으로 조선 경재소는 고려 사심事審관제의 후신으로 여말에 토성품관
이 재경관인과 유향품관으로 분화된 것임. 군현토성郡縣土姓이 상경
종사한 재경관료로서 분류됨. 현지토호자제를 서울에 초치 거경 시
위侍衛하고 벼슬도 주어 지방세력 회유 무마용.

다음 조선왕조 정치행정사 근대편(제2집)은 1876년의 개항전후부터
1905년의 제2차 한일협약까지 근 30년간의 근대화과정을 연구한 것이
다. 이 근대화과정의 단계적 초기에는 소수의 서구적 지식인과 관인 엘리
트가 주동이 되었으나, 점차 그 민중성 참여기반을 확대하며 심화발전시

킨 동시에 후기에 와서는 민중운동을 기반으로 급진파와 온건파 등 각 계보간에 통합이 이루어지고 있는 것이며, 개혁의 실천방법에 있어서도 우리나라에서 급진적 근대형명의 모델인 갑신정변과 온건적 개혁을 추구한 갑오경장의 시행착오를 거친 후 점차 외세에 의한 졸속한 개혁이나 외식적인 개화에 대한 반성을 하는 가운데 민족적 자주성과 민권신장에 의한 자강체제를 바탕으로 소위 '개물화민開物化民'의 정책을 추구하게 되었다.

이러한 역사적 맥락에서 본서의 장별 구조를 요약하면,

제1장「개항이전의 동서국제정치의 구조변혁과 조선왕조의 개국」에서 화이華夷적 세계질서속에 안주하던 한국사회가 19세기후반 서세동점으로 인한 국제적 갈등속에 대전환기를 맞이한다. 이때 대원군의 실각과 민비척신 세도정치가 대두하며 일제의 포함외교로 한국의 개국을 강요하는 후진교섭이 어렵게 진행되면서, 국내외의 위기를 극복하기 위해 위정척사운동과 개화운동이 전개되었다. 그러나 이 두 신구세력의 사상적 대립은 개항을 앞두고 심각한 국정의 분열을 가져왔으며, 양세력간에 형식상 통합이 간신히 매듭지어지면서 개국이 성사되었다. 한국은 한일간 불평등수교와 동시에 한청관계를 다시 정립하고 서구세력과의 수교도 체결되었으나 대외관계에 있어 외세의 압박과 침략을 받게되었다. 열강은 각기 지정학적으로 유리한 한반도를 자기 세력안에 넣으려고 안간힘을 썼으며, 또 한편 그들 상호간에 치열한 항쟁을 벌이기도 하였다.

청일간, 영러간, 러일간의 분쟁은 그 때문에 일어났던 것이며, 열강중에서도 일본의 침략이 가장 두드러졌다. 일본은 명치유신이후 신생자본주의의 돌파구를 얻기 위해 그들의 오랜 숙원인 대륙침략의 야망을 달성하고 해외시장을 확보하기 위하여 재빨리 한반도에 손을 뻗쳐 침략을 기도하고 먼저 한국과 수호조약체결을 강행하였던 것이다. 이상 제1장의

내용을 개관하였으나 다음 장별章別내용을 계속 요약하면,

제2장「개화사상의 형성과 신구사상의 대립」에서는 한말실학사상을 승계한 근대의식의 확대와 신구사상의 대립 그리고 초기 개화파의 형성과 분화 등에 관하여 논하였고, 제3장「개항을 전제로 한 정치문화의 동요」에서는 대일수호조약을 성립시키기까지의 한, 일간의 교섭과 국내합의도출과정 그리고 조약 성립후 내외의 반응과 한말 민족주의의 분화 등에 관하여 논하였다. 제4장「초기 개화파의 정책과 활동」에서는 행정, 군사제도의 개혁과 신사유람단 및 영선사의 파견 그리고 통리기무아문의 개편과 근대문화의 다양한 소개 및 이입에 따르는 파급효과에 관하여 논했다. 제5장「임오군란과 복구적 개혁 및 행정기구의 정비」. 제6장「긍정적 반응론의 대두와 개화론으로의 발전」. 제7장「갑신정변의 좌절과 개화운동의 전개」. 제8장「갑신정변이후의 열강의 침투와 근대문화의 도입 및 정치행정의 문란」. 이상 개국 이래 근 10년간의 초기 개화사를 집약하여 개관하였다. 뒤이어 10년 후에는 온건개화파 및 독립협회 세력에 의하여 주도되는 약 10년간의 후기 개화사가 계속된다. 초기개화운동에서 재빨리 한반도에 손을 뻗쳐 한일수호조약을 강행한 일본은 임오군란(1882)과 갑신정변(1884)을 계기로 청국에게 자리를 빼앗기고 일단 후퇴하였다. 여기서 일본은 후퇴한 세력을 만회하고자 한국진출을 다시 꾀하는 가운데 마침내 국내에서 봉기한 동학운동을 이용하여 침략의 손을 뻗쳤고 급기야 청국과 전쟁을 개시한 것이다.

한편 개화에 반발한 군민의 폭동으로 야기된 임오군란은 당시 조선이 처한 국내, 국제정세에 엄청난 영향을 미치는 중요한 정치적 사건이었다. 즉 계획적으로 준비된 저항운동은 향촌사회조직으로까지 파급되어 이 사태를 진정시키기 위하여 고종은 대원군의 집권을 승인할 수 밖에 없었다.

이로써 대원군과 민비(척족戚族)간에 갈등이 싹터갔으며, 또 임오군란은 외세의 의존도를 더욱 심화시키고 특히 청국의 대조선종방정책을 적극화시키는 도화선이 된 것이다. 군변軍變을 통하여 개화파에 반대하던 대원군 중심의 수구파가 거의 모두 거세당한 것은 사실이나 그 이후 민비 척족과 개화파 관료계층에는 친청, 친일정책을 추구하는 두 부류로 나뉘어져 새로운 반목이 일게 되고, 그 결과 갑신정변이 야기된 것이다.

그 후 10년을 거쳐 1890년대 후기에 봉기한 동학운동이 갑신정변에 뒤이어 발흥한 자율적 근대화 개혁운동이라면 청일전쟁을 계기로 일본정부가 추진한 소위 갑오내정개혁은 일제가 대한對韓 침략을 목적으로 타율적으로 수행된 근대화개혁이었다. 갑오경장이 유산된 갑신정변의 개혁을 위하여 농민운동의 농민들의 요구를 크게 반영시킨 것이었으나, 한편 일본군의 압력과 일제의 간섭을 크게 받아 그것이 한국에 대한 정치적, 경제적 침략목적에 부합되는 방향에서 상충하지 않는 개혁만을 선택적으로 채택하도록 권고하고 당시 한국의 독립과 진정한 근대화 발전에 긴요한 개혁은 시행하지 못한 것이다. 결국 유산된 갑신정변이나 외압에 강요된 갑오경장은 소수 개화파 '엘리트'들에 의한 '위'로부터의 근대화개혁을 시도한 법령의 발표에 그치고 일단 좌절의 비운을 되풀이하였던 것이다. 그러나 한말의 개화운동은 마침내 관엘리트가 주도하고 민중이 참여하는 독립협회의 운동으로 승계되고 대한제국의 선포와 더불어 근대화 자강운동으로 승화하였다.

여기서 다시 후기 10년간의 개화운동의 결말에 관한 개화사를 장별章別 논술을 요약하면 다음과 같다.

제9장 「동학운동과 갑오을미개혁」

여기서 동학운동과 청일전쟁을 통한, 갑오개혁의 강행을 위한 군국기

무처의 설치운영과 그리고 '오토리(大鳥)' 공사가 제기한 제1차 갑오개혁 및 '이노우에(井上)'공사의 제안인 제2차 을미개혁의 추진, 제3차 김홍집 내각의 제3차 개혁의 내용 등을 탐구하였다. 제10장 「독립협회의 운동과 대한제국의 대응」에서는 친러 정부의 등장과 갑오개혁의 보수적 조정 그리고 열강의 이권분할과 근대적 예산제를 비롯한 정치제도, 지방제도, 사회관행의 개혁 그리고 독립협회의 개화운동, 민중운동, 자강개혁과 대한제국의 성립후의 신구파간의 내정분규, 광무년간의 세제개혁운동 등을 연구하였다. 제11장 「러일전쟁과 주권의 상실」에서는 한반도에서 러일 견제체제의 와해와 러일전쟁에서 전승한 일본제국주의의 한반도 독점 지배야욕을 막지 못한데서 주권을 침탈당하고 조선왕조의 종말을 가져왔음을 밝히고 있다.

돌이켜 보건대, 독립협회의 조급한 근대화 자강운동은 반동적인 대한제국정부의 폭압으로 좌절되었으며, 그 후 걷잡을 수 없이 제국주의 열강 정책에 침해 농락당하는 가운데 대내적으로 혼란과 막심한 정치위기하에서 유발된 러·일간의 국제전쟁이 일본제국주의의 승리로 결말되자, '포츠머스조약'과 '을사늑약'으로 이 나라 주권이 침탈당하였다.

일본제국주의의 한국통치(제3집)

본서의 연구는 일제의 식민지 지배기인 1905년 제2차 한일협약부터 1945년 8·15광복까지 40년간의 식민통치사를 대상으로 하였다. 식민지배시대를,

1. 준비기(1905~1910)
2. 식민체제의 형성기(1910~1919)

3. 회유조정기(1919~1931)

4. 병참기지화와 강제동원기(1931~1945) 등으로 구분해서 분석하였다.

제2장에서 일본제국주의 특성과 일제의 대한식민정책의 특성을 연구하고, 제3장에서 식민지배준비기간으로 일제의 한국식민지화를 위한 준비공작으로 '보호' 통치체제의 구축과 한국 '병합'과정 및 경제침탈을 분석하고 이에 대한 항일의병운동과 반일민족운동의 전개를 탐구하였다. 이 시기에 일본지배층 내부에서는 한국식민지배정책과 관련하여 이토 히로부미(伊藤博文)을 중심으로하는 문민파와 죠슈(長州) 군벌중심의 무단파간의 대립이 있었으나 결국 후자의 승리로 결말이 지워졌다. 제4장에서는 일제의 한국식민통치체제 형성을 위한 조선총독부의 기구정비작업으로 조선총독의 지위와 권한, 총독부의 중앙, 지방행정조직의 특성으로 탄압기관, 자문조사기관, '동화同化'정책기관 및 경제침탈기관을 근간으로 하는 무단 군사지배체제를 마련하였으며, 아울러 한국 산업경제 예속화를 위한 기반조성 공작으로 토지조사와 동양척식주식회사를 설립하고 산림을 약탈하고 회사령을 제정하였다. 제5장에서는 1919년부터 1931년까지의 회유조정기에 감행된 정책을 분석하였는데, 여기서 소위 '문화정치'의 기만성과 행정개혁의 허구성 그리고 사이토오총독의 '문화정치'와 행정개혁의 실태, 1920년대의 '산미증산계획'과 일본자본의 한국진출에 따르는 경제침탈자원의 약탈 나아가서 한·일인지주의 토지지배집중과 농민계층분화 그리고 총독부 재정규모의 확대등을 탐구하였으며, 아울러 이 시기에 활기를 띠었던 신간회운동, 민족독립운동과 임시정부의 수립과 정통화 및 개헌과정과 국내외에서 전개된 반일민족운동과 일제의 탄압에 관하여 연구하였다. 제6장에서는 1931년부터 1945년까지 15년간

의 병참기지화 및 전쟁동원과 항일민족우농기의 연구로서 여기서 만주사변이후의 국내정치의 전시체제 전환과 일본대륙침략정책에 대한 국제적 반응 그리고 조선총독부의 소위 '개발전략'을 분석하고 1930년대의 병참기지화 정책과 물적, 인적자원 동원체제의 구축을 위한 농촌진흥운동農村振興運動, 식량증산과 쌀단작單作재배정책, 농공병진정책, 군수공업화정책 강제공출, 공업원료 및 지하자원의 수탈과 전시동원체제, 전체주의적 국민총력운동체제 그리고 황민화정책과 노력勞力, 군사, 학생, 위안부 등 각종의 강제동원정책, 식민정책에 따르는 사회변동, 나아가서는 국내외에서의 항일독립민족운동 등을 연구, 분석하였다. 특히 일제의 식민군사지배체제하에서는 한민족에 대한 소위 '동화정책' 즉 민족말살정책과 일본의 절대주의 천황제 지배체제의 특성과 조선 총독부 관료조직의 전체주의적 직접통치의 실태 그리고 일제식민정책 특유의 침략주의 이데올로기 조작, 식민사관, 정체론, 동조동근同祖同根, 정한론 등, 식민지배 합리화의 상징, 신사참배 등 사회계층의 다양한 분화책(이민인구정책, 민족차별정책, 일인 집주日人 集住 지역 등) 등이 주목된다.

미군정의 한국통치(제4집)

본서는 제2차대전 후 남한에서 실시된 미군정이 한국현대사에서 어떠한 의의를 지니며 한국현대정치행정의 기본적 맥락에서 어떠한 영향을 미쳤는가하는 문제를 종합적으로 분석한 연구이다.

이 시기는 일제식민통치기에 뒤이은 1945년 '8·15' 민족해방에서부터 1948년 8월 15일 대한민국의 건국에 이르는 한국현대사의 시발에 해당한 시기로서 이 기간 미국이라는 또 다른 외세가 남한의 실질적인 통치주체로 등장하여 3년에 걸쳐서 자신의 정치이념과 가치체계 및 사회규범을 남한사회에 일방적으로 주입시키려고 기도하였다. 때문에 한국의 현대 정치와 행정의 기본구조와 통치행정 및 이를 뒷받침하는 경제, 사회, 문화의 모든 원형이 이 기간에 새롭게 형성되어 틀지워 졌던 것이다. 즉 경제적으로 자본주의, 정치적으로 미국식 자유민주주의 그리고 행정적으로 근대적 행정제도와 형태 등을 한국사회에 채택케 하는데 결정적 역할을 수행함으로써 사회문화적으로도 막대한 영향을 끼쳤다. 그 영향은 반세기가 넘은 오늘에 있어서도 하나의 중요한 국정의 기조로서 계승 발전되고 있는 것이다. 본 연구에서 주요한 주제로 삼고 있는 것은 제2차대전 후의 국토분단의 배경과 모스크바 3상회의 결과가 발표되기까지의 해방 직후의 남북한정국南北韓政局의 동태와 남한에서 미점령군이 군정을 실시하는 배경과 그 정책이다. 그리고 '인공'과 '임정'이 해체된 후의 남한정치세력의 재편과 정당의 분출현상 등을 논한 다음 모스크바회의 이후의 신탁통치문제를 둘러싼 국내정치세력의 분열과 미군정의 미소공위운용, 한국통일을 위한 좌우합작운동추진 및 과도입법의원운영 뒤이어 미·소 냉전화에 따르는 미국대한정책美國對韓政策의 변화와 반공정책의 강화 및 1947년 미국의 한국문제 UN상정, 그리고 한편 민족통일정부의 수립을 염원한 남북협상의 개최와 좌절과 한국문제의 UN결의에 의거한 대한민국정부의 수립과정 등을 다루었다. 아울러 이 과정에서 미군정 통치가 초기의 미점령군에 의한 직접통치단계에서 점차로 한국인을 간접적으로 통치에 참여시켜 정권을 한국인에게 이양하는 과정에 관하여 논술하였다.

8·15해방이 되면서, 국토분단 상황하에서 북한北韓에서는 소련군 점령하에서 소련 군정기구를 수립하고 북한에서 국내적 기반이 전무한 김일성을 영수로 하는 빨치산이 주동이 되어 소련의 지원으로 단독 공산정권 수립의 길을 다져가면서, 남한의 정국의 혼란을 틈타 남한의 공산화를 위

한 전략기지로서 북한에 이른바 "민족기지"를 구축한 것이다. 이러한 북한의 위협으로 남북간에 긴장이 고조되는 가운데 남한에서는 미군정이 9월 9일에 선포되어 '인공人共'과 '임정臨政'의 정통성 경쟁과 신탁통치에 대한 찬반의 대립 그리고 이념과 정책노선이 다양한 정당의 분출과 정치 참여의 과열 등으로 정국의 혼란이 막심하였다.

다음 미군정 통치체제가 초기의 직접통치에서 간접통치로 전화하는 단계적인 한국화과정을 살펴보면, 초기의 직접통치기간에는 하지(J.R.Hodge)중장(미군정 사령관)예하의 미군장교의 지휘 통제하에 일제 조선총독부 통치체제를 그대로 습용하여 운용하였으나, 곧 일본인 총독이하 총독부의 국장, 도지사, 도경찰국장 등을 퇴임시키고 기타 일본인 및 친일파 한국인 관리들을 해임시키고, 미군장교를 대치 충원하였다. 뒤이어 10월 5일에 군정장관 아놀드 소장은 김성수 등 11명의 고문단을 임명하고 군정청 부장급 주요 요직을 한국인으로 교체하였다. 그리고 미군정의 자문기관으로써 민주의원을 결성 운영하였다.

다음 간접통치로 가는 과도기의 조치로써 1946년 12월에 남한과도기정부 입법의원이 개원되고 1947년 2월에는 안재홍이 민정 장관으로 취임하였다. 동년 5월 17일에는 '남조선과도기정부'가 조직되어 남한에서의 입법·행정·사법부문을 간접통치하는 미군정청의 한국인 기관이 결성되어 운영되었다.

남조선 과도정부는 안재홍 민정장관 수반 밑에 각 부처의 장 및 도지사를 2월 15일 전부 한국인사로 대치하고 미군인을 순전한 고문으로 일단 인퇴引退케 함으로써 조선인 행정부의 골격을 갖추었다. 미군정청공보부는 민정장관의 취임에 대한 공식 담화에서 "… 그리고 조선정부를 조선인에게 이양하는 중대한 단계는 금번 조선인 민정장관으로 완수되었다"

고 발표함으로써 행정부 내에서 민정장관이 차지하는 위치와 그 역할 그리고 민정장관의 취임이 행정권이양 조치에 어떠한 의미를 지니고 있는가를 분명히 밝혔다.

한편 미군정의 한국민주화정책으로써 미국식 민주주의제도의 이식과정과 정치문화의 민주화시책 등이 분석되었으며, 또한 미군정통치의 총체적 평가로서 미군정의 이원적 조직의 모순과 행정조직관리의 미숙성未熟性, 미국에 의한 한국, 일본의 점령정책과 해방된 한국군정의 혼동문제, 미군인 통치와 한국인관료의 종속화문제, 그리고 통역정치의 폐단과 친일세력의 역기능 등의 문제가 논의되었다.

다음은 학회, 특히 정구복·조광선생의 질의에 대한 응답을 정리한 것으로,

첫번째로. 우리세대는 해방 후 한국사회과학 중에서도 정치학 및 행정학계의 동태를 감안할 때, 1세대 출신에 해당한다. 한국의 정치학 및 행정학은 소위 반항 과학으로 집권자에게는 기피학문으로 간주되어 일제시대에서는 그 연구와 교육이 금지되거나 극히 제한된 분야이었기에 이 분야를 연구해온 선배가 별로 없었으며, 특히 해방 후에도 국토분단으로 이 분야의 연구는 가장 심한 제약을 받았다. 따라서 우리 세대가 새로 연구를 개척하고 학문체계를 새로 세워서 발전시켜 나아가야 할 형편에 있었다. 나의 경우, 국내외 교수로서 연구에 직접 또는 간접으로 영향을 주시고 도움을 주신분을 몇 분을 든다면, 한국학자로서 이선근李瑄根, 민병태閔丙台, 정인흥鄭仁興, 신기석申基碩, 백남운白南雲, 손진태孫晉泰선생 정도이며, 일본인 학자로서는 로야마 마사미찌(臘山政道), 마루야마(丸山眞勇), 쓰지기요아끼(辻淸明), 하라다관(原田環) 등이며, 서구학자로서 C. E. Merriam, D.Easton, K Mannheim, R M. Mclrer, E. Fromm, G. A. Almond, D.

Waldo 등이 우선 부각된다.

두번째로. 나의 사회현실 참여의 경험을 말한다면, 나는 학계의 선후배 동료교수의 후원으로 여러 관계 학회에 참여해서 매우 유익한 연구기회를 가질 수 있었다. 또 여러 학회장을 역임하기도 하였다. 즉 한국행정학회장, 한국정치학회장, 한국정치외교사학회장 등을 역임하고, 60년대와 70년대에 정부의 요구가 있어, 정부시책 평가 자문에 참여하였고, 80년대 초에는 한국정신문화연구원의 부원장으로 관여하였다. 또 정권교체기에는 몇 차례 헌법 심의의 전문위원으로 참여하기도 하였다. 이러한 일련의 현실 참여를 통하여 연구의 폭을 넓히고 각계 인사와 친교하는 등 보람된 일도 경험하였지만, 한편 학자 신분으로 집권자의 당리당약에 이용되어, 윤리적 한계를 벗어날 위험성이 있다는 점도 실감하였다. 1973~1975년 기간의 한국정치학회장으로서 '재미한국인 정치학자회의'와의 한미국제 합동 학술대회를 원활히 수행하여 한미 양 학회간의 친목과 학술교류 및 재미 한국인 학자들의 국내진출의 길을 넓힌 일이나, 또 유신체제하에서 국내 여러 정치학, 행정학자들과 한국정치론의 공동저작을 성사시킨 일 등은 보람된 경험이었다. 회고하건대, 해방 이후 정계의 혼란과 빈번한 정권의 교체, 그리고 권위주의적 현실정치의 고도의 긴장이 교차된 70년대, 80년대의 한국의 정치현실에서 외도外道에 빠지지 않고 학구생활만을 계속해 온 것을 개인적으로 다행한 일이라고 생각한다. 그간에 주변의 많은 동료 후진교수들이 그 개인적 동기는 여하간에 정계에 투신 또는 참여하였으나 그 결과에 관하여 실망 또는 후회하는 경우를 많이 발견하게 된다. 이는 우리나라 정치의 특수한 현실과 문화의 한 일면을 말해주는 것으로 적어도 당분간은 감수할 수밖에 없다고 본다.

세번째로. 내가 조선조 정치행정사를 연구하게 된 동기를 살펴보면, 나는 사회과학의 한 분과로서 한국의 정치학 및 행정학을 전공하면서, 몇 가지 연구계획을 구상하여 순차로 수행하여 왔다. 첫째로 정치 및 행정연구가 지향할 보편성과 특수성의 좌표를 감안하여 한국에 절실한 이론서로『행정학원론』과『정치학원론』을 1959년과 1961년에 간행하였다. 둘째로 앞의 두 개의 원론서를 기반으로 잡아 준거적 한국학 연구를 1960년대말부터 착수함에 있어서, 그 연구의 시점을 한국의 근세에 해당한 조선왕조부터 시작하였다(1970년 초판, 1981년, 1995년 재판 간행). 이와 같이 조선왕조연구를 착수한 것은 이로서 끊이는 것이 아니라 되이어 계속해서 근대화 및 현대사를 연구하기 위한 서장으로써 의미가 있었다. 셋째로 조선조 후기의 개항전후부터 한말까지의 근대화의 시기의 정치, 행정사를 연구했으며(1970년 초판, 1983년, 2001년 재판 간행) 넷째로 일본제국주의의 식민지배 기간과 뒤이어 해방 후 현대기의 미군정의 한국통치(1992년 초판 간행)와 대한민국 건국후의 정치행정을 연구하여 이상 연구는 2002년에 박영사에서『한국정치행정 근·현대사 전집 5집』으로 간행한 바 있다. 다섯째로 현재 한국의 중세 고려조를 대상으로 연구를 진행중이며, 2005년 중반까지는 고려시대 전기의 정치, 행정사부문의 서론을 단행본으로 간행할 예정이다.

네번째로. 본인은 한국정치 및 행정을 위한 역사적 접근을 추구하는데 있어 한국사에 그리 정통치 못한 처지에서 그러한 역사적 접근은 결코 용이한 작업이 아니었다. 역사적 사실 자체를 중시하려는 일반사적 입장보다는 되도록 정치, 행정현상에 관련되는 사실을 사회과학적 논리체계로 정리하려는 특수사적 입장을 취하여 연구해왔기 때문이다. 여기서 정치학 및 행정 고유성을 설명할 수 있는 독자적 모델 정립이라는 이중적 작업이 요구된다. 이 점에서 60년대후반 이후로 우리나라에서 활기차게 전개되기 시작한 한국에서의 종합적 관련학문 개념으로서의 한국학 연구의 대두는 그러한 당시의 시대적 요구의 산물로서 고무적인 경향이었다. 이러한 시각에서 근, 현대 한국정치 및 행정사 연구를 위하여 한국사(일반사) 연구와의 밀접한 공동연구의 필요성을 절실하게 느껴왔다.

한국사 연구와 정치학 및 행정학 연구상호간의 보다 긴밀한 공동연구와 대화가 촉구되는 문제는 대체로 다음과 같은 것들이다.

　　가. 개념정립문제: 평등, 자유, 복지, 계급, 민중 등 개념에 관한 연구
　　나. 이념 정립문제:
　　　　(1) 민족주의 이념과 한국의 분단체제 극복
　　　　(2) 자유민주주의와 자본주의 시장경제 원리
　　　　(3) 세계화와 민족공동체의 정체성 등 문제에 관한 연구
　　다. 방법론 원용문제
　　　　(1) 사회과학적 연구방법을 역사인식에서 원용하는 문제
　　　　(2) 사회과학 각 분류사 시각에서 보편성과 특수성의 조화문제
　　　　(3) 민족과 사회의 위기관리의 이론정립 문제
　　　　(4) 일제 식민통치사 연구의 문제- 한 사례 -

종래 항일독립운동 차원에서 집중적으로 연구되어온 감이 있으나, 사회과학방법을 원용하여 식민지배의 실상과 민족항거운동 그리고 후유증 등을 분석하고 적어도 자립적 민족사관의 명맥에서 여러 식민사관을 극복하고 오늘의 국제화시대에서 민족에 관한 보편성과 특수성을 아울러 파악하는 노력에서 세계사적 연관 위에서 올바른 한일관계를 정립하여 역사상 경계의 대상이며 동시에 협력하여야할 대상으로 일본과 관계정립

을 추구하는 반성이 바람직하다고 본다

다섯번째로. 1400년간 유지되어 온 동양식 유교전통문화의 계승점은 무엇인가를 살펴보면, 동양식 유교전통문화의 일환으로서 한국의 전통문화와 유착발전된 한국의 유교전통문화의 정치적 특성과 현재적 계승점을 다음과 같이 요약할 수 있다고 본다.

  가. 공동체적 친화성親和性과 인본人本 및 민본民本주의의 전통으로써 첫째, 한국의 건국신화(또는 설화)의 세속世俗적 역사관은 예컨대 서구의 신본주의神本主義 종교신념이나 또는 절대주의 국가관과 대조가 된다. 둘째, 한국은 민족적 화和의 원리原理로써 홍익인간弘益人間, 경애정치敬愛政治 및 인본주의와 대동주의大同主義, 또는 군君·민民통합의 '한얼사상' 그리고 셋째로, 화가위국적 국가관化家爲國的 國家觀등이 강조된다.

  나. 근본주의根本主義적 자주의식과 때로는 실용주의 경장更張사상이 특성으로 주목된다. 즉 위정척사적 명분론衛正斥邪的 名分論 그리고 민족적 주체의식主體意識의 전통 또한 정의의식正義意識과 혁신정치사상 및 동학의 혁명사상의 전통 등이 강조된다.

  다. 윤리적 권위주의倫理的 權威主義와 계서적階序的 정치사회질서를 존중하며 따라서 수기치인修己治人의 법치法治논리와 가족 및 소속단체를 우선시하는 질서와 서열을 존중하는 기풍이 배양되었다.

  라. 유교문화의 실천논리實踐論理

첫째로, 교육의 존중, 둘째로 성취의욕, 셋째로 근면절검, 넷째로 의리義理관계의 존중, 다섯째로 개인주의보다 집단주의 지향의 질서. 서열의식의 강조 등을 들 수 있겠다.

임 동 권

1. 학력

1926년 충청남도 청양 출생
1968년 우석대학교 문학박사

2. 경력

1973년~1991년 중앙대학교 국어국문학과 교수.
1969년~1992년 민속학회회장.
1980년 외솔상.
1981년 서울시문화상.
1982년 문화훈장 화관장.
1989년~1994년 한국민요학회장.
1991년 국민훈장 모란장.
2006년 문화훈장 은관장.
2006년 아시아문화대상(일본).

3. 저서

『韓國民謠研究』, 宣明文化社, 1974.

『韓國民謠集』Ⅱ, 集文堂, 1974(편저).

『韓國民謠集』Ⅲ, 集文堂, 1975(편저).

『韓國의 民俗』, 世宗大王紀念事業會, 1975.

『韓·日 宮中儀禮의 硏究: 葬祭儀를 중심으로』, 中央大學校 出版部, 1995.

『옛 삶과 생활의 지혜 민속의 슬기』, 민속원, 2000.

『민속 문화의 탐구』, 민속원, 2001.

『속담사전』, 민속원, 2002.

『민속문화의 현장』, 민속원, 2003.

『한국에서 본 일본의 민속문화』, 민속원, 2004.

『일본에 살아 있는 백제문화』, 주류성, 2004.

『통신사와 문화전파』, 민속원, 2004.

『일본 안의 백제문화』, 민속원, 2005.

任東權 著, 竹田旦 譯, 『日本の中の百濟文化─師走祭りと鬼室神社を中心に』,
第一書房, 2001 외 다수.

나의 민속학연구

임 동 권

  나는 민속학을 공부하였는데 역사학을 전공하는 학회의 연구발표회이
니까 나 같은 사람도 역사학에서 필요한가보다 하고 생각했는데 지금 들
으니 내가 과거에 민속학을 어떻게 공부했는가에 대한 학문의 뒤안길을
많이 얘기해달라는 요청이 있어 그렇게 정리하도록 한다.

  지금 소개가 있었지만, 나는 충청도 청양 아주 시골에서 태어나 전통적
인 유림가정에서 성장했다. 내가 중학교 때 소설을 많이 읽었는데, 유림
가정에서 성장을 했기에 특히 『파우스트』와 『실락원』 같은 소설은 기독
교교육을 받지 않아 잘 이해가 안 돼 대학교에 가서 다시 읽기도 했다. 중
학교 때 건방지게 소설가가 되어 노벨상을 타려고 했는데, 대학교에 들어
와 방향이 바뀌었다. 나를 지도했던 분은 일사 방종현선생으로 부산 피난
때 서울대 문리대학장을 하시다가 돌아가신 분인데, 그 분의 지도를 받게
되었다. 해방직후의 내가 전문학교시절 그때는 대학은 서울대밖에 없고
나머지는 전문학교였는데, 전문학교 2학년 때 이 분이 저를 부르시더니
너는 소설 쓰지 말고 민요를 연구하라고 권유했다.

  나는 처음에 민요가 생소했고, 생각지도 않았으며, 소설을 써서 노벨상
을 받을 생각을 하고 있었기 때문에 반갑지 않았었다. 그런데 이 분이 일

요일마다 나를 부르시기에 청량리의 관사로 찾아뵈었는데 그때마다 과제를 내주셔서 안 할 수 없었다. 그래서 손을 댄 것이 민요연구였다. 그때 일사선생님의 소개로 국립도서관 이재욱선생님이 계셨는데 그분이 서울대 졸업논문을 민요로 논문을 쓰셨고, 사범대 고종욱교수가 서울대 졸업하실 때 민요로 논문을 썼다기에 그 두 분을 찾아갔고 최상수 등 여러분을 찾아가서 인사했고 그때부터 민요를 공부하기 시작했다.

　그런데 학부 3학년 때 나는 난관에 봉착했다. 민요를 공부하다보니 세 가지 접근방법이 있는데, 첫째, 아리랑은 한민족 공동의 노래이기에 서민문학적 접근이 있어야 한다는 것이고, 둘째, 민요는 노래이기 때문에 음악적 접근이 있어야 하며, 마지막으로, 민요는 개인의 노래가 아니라 민족 공동의 노래이기 때문에 생활문화의 현상으로 보아 민속학적 접근이 있어야 한다는 것을 깨달았다. 그래서 나는 어떤 것을 택할 지를 생각했는데, 음악적 접근은 포기하고 문학적인 방법은 이제까지 문학을 공부했으니까 할 수 있을 것 같았다. 그런데 그 때 서울대 사범대에서 고종욱교수가 '조선민요연구'강의를 하기에 청강을 했다.

마침 고종욱교수가 문학적 접근을 하고 있어서 나도 하면 되겠구나 생각은 들었지만 민속학적 방법을 하고 있는 사람이 아무도 없어 기왕이면 아무도 안 하는 민속학적 방법에 의한 한국민요연구를 하기로 했다. 하지만 어디에 가서 민속학을 공부해야할지 문제가 생겼다. 연구실적도 없었다. 물론 육당의 업적이나 이능화, 손진태, 송석하 등의 민속학적 업적은 있지만 민속학적 방법론을 제시한 것은 없어서 독학으로 시작했다. 국립도서관과 서울대 도서관과 일정때부터 전문학교로 있었던 고려대, 연희대, 이대에서 민속학과 관련된 서적을 빌려다가 읽기 시작했다.

민속학적 접근은 가능할 것도 같고, 흥미도 있는데 4학년 때 6·25난리가 터졌다. 그래서 고향으로 피난을 갔는데 마침 예산농업고등학교에서 교사로 오라고 해서 교사를 하게 되었다. 지금 생각하면 가장 불성실한 교사였는데, 왜냐하면 일요일마다 도시락을 싸가지고 예산근처의 민속조사 민요조사를 했기 때문이다. 학생들한테 과제를 내서 동네 노인네한테 민요를 좀 적어오라고 시켰는데 그때 학생들은 교사가 시키면 참 잘해주었다.

2년 7개월 동안 교사로 있었다. 그때 예산을 중심으로 충청남도 일원을 답사하게 되었다. 그때 내가 초안을 잡은 것이 『민족상으로본 색채관』인데 서울에와서 10년동안 발표할 기회가 없어서, 10년 후에 '현대문학'에 발표했고, "청색과 홍색의미가 한민족정서에 어떠한 의미를 지녔는가, 결혼식장에서 연지 곤지를 왜 찍는가, 여자의상의 동정의 홍보색이라든가, 어린애의 정수박이가 팔딱팔딱할때 빨갛게 왜 주사를 바르는가, 아들을 낳으면 고추를 달고, 된장 간장을 담고 항아리에 왜 고추를 넣는가"에 의문을 가지고 시작한 것이 민속의 색채관인데 고등학교 있을 때 집필을 했던 것이다.

1년 8개월 후에 대학으로 빠져나올 기회가 있었는데 나를 지도해주시던 방종현선생으로부터 부산으로 오라는 연락을 받고 내려갔다. 숙대에서 국어교수를 당장 구하니 가보라고 명함을 주셨다. 그때 숙대 총장이 임숙재총장으로 나에게는 대모뻘이니 인사도 드릴 겸 찾아갔었다. 그땐 천막에서 공부하고 있었는데 총장님은 안 계시고 여학생들이 고개를 숙이고 인사를 하는데 나는 도저히 가르칠 자신이 없었다. 왜냐하면 시골 농업학교에서 매일 축산과에서는 병아리가 어떻다, 원예과에서는 호박줄기가 어떻다가 화제였는데 갑자기 부산 가서 여대생을 보니 자신이 없어 돌아와서 못하겠다고 사양하니 그러면 해군사관학교를 가라고 하셨다. 내 취미에 군대학교는 맞지 않아서 게을러서 못하겠다고 하였더니 그러면 고향으로 가겠냐고 하시기에 소개받아 충남대로 찾아갔다. 충남대는 도립대로 막 개교했는데, 풋내기 강사로 민요를 가르쳤다.

그 이듬해 부산에 있던 홍익대와 국학대가 대전으로 옮겨왔고 6개월 후에 전임강사가 되었다. 28살에 전임강사 발령을 받았다. 한 학기 지나 휴전이 되어 서울로 옮겨와서는 환경도 나아져서 본격적으로 민속학을 공부했는데, 초창기에는 일본서적이 많았다. 그래서 연구서적으로 구론의 민속학 방법론을 읽었다. 『한국/조선민요집』은 김소월씨가 엮은 책으로 구비란 말을 쓰지 않고 구전이란 말을 썼다. 『구전민요집』을 읽었고 우리나라 모든 민요를 자료를 수집하고, 한편으로는 서구와 중국, 일본의 서적을 읽었다. 가요연구는 일본보다도 중국이 굉장히 향상되어 있었다. 북경대에는 "가요연구소"가 있었고, 요행히 『중국민요집』이 서울대 도서관에 있어 그것을 보았고 나중에 대만대를 통해서 북경의 자료를 보면서 공부를 시작했다. 그래도 초창기 민요연구였기 때문에 민요수집에 많은 시간을 투자했고 방학 때는 거의 전국을 누비면서 민요수집을 했었다.

그때는 녹음기가 없어 전부 필기를 했다. 나는 60년대 처음으로 녹음기를 사용했다. 국내에 녹음기가 없어서 고려대학교의 김민수교수가 외국 갔다가 오면서 녹음기를 사왔는데 부러웠다. 그때 일본 도시바사에서 녹음기가 나왔기에, 명동의 기쁜소리사에 영업부장이었던 제자를 통해 어떻하든 구입해달라고 부탁해서 손에 넣었다. 그래서 60년 후반부터 녹음기를 사용했다. 56년도에 하바드에서 연구비를 주어서 제주도 종합학술조사단이 구성되었는데 그때 단장이 이숭녕선생이셨다. 서울대에 계시는 분들이 주축이 되어 제주도 학술조사단이 구성이 되었는데 민요를 했기에 나도 오라고 해서 참여했었다. 그때 같이 했던 사람이 정병욱, 정덕준, 정한수, 정한모, 나 이렇게 다섯사람이 구전문학을 담당했는데, 제주도에 가서 나는 노다지를 만났는데, 이분들은 모두 술을 좋아했던 분들이었다. 그래서 나중에 보고서는 내가 썼었다.

그때 제주도 갈 때 녹음기를 가져가야 되는데 녹음기가 없었다. 문교부가 후원을 했기에 문교부에 가서 부탁해 소개장을 가지고 남산에 있는 방송국에 가서 녹음기를 빌려달라고 했는데, 녹음기가 없다고 거절당했다. 그 당시 KBS방송국에 녹음기가 3대밖에 없었는데 빌려줄 것이 없었던 것이다. 제주도 가서는 가사만 적어 가지고는 안되었고, 민요의 분위기를 알려면 꼭 녹음을 해야만했기에, 문교부를 다시 찾아가 차관을 만나서 설명을 하고 다시 부탁을 하니 KBS에 가보라고 해서 가니 한 대를 빌려주었는데 그것이 성능이 가장 나쁜 것이었다. 녹음기는 빌렸는데 그것을 가져갈 수가 없어 택시를 타야했고, 제주도가서는 지게꾼을 사서 지고 다녔는데, 촌에 가서는 사용할 수가 없었다. 왜냐하면 그때는 전지가 없어 반드시 전기에 연결해야했기 때문이며, 그래서 시골 가서 노래하는 할머니 할아버지가 계시면 읍내 여관까지 모셔와서 녹음을 했다.

읍내에 간다고 세수하고 두루마기 입고 나오면 음정이 떨려 제대로 되지 않았다. 그러나 한 시대의 역사라고 할 수 있는 경험이었다. 그리고 녹음기를 쓰니깐 참 편리했는데 녹음해서 연구실에 와 제자들과 함께 작업을 한다든가 혼자 작업을 했는데 가사를 빼먹지 않고 정확히 할 수 있었다. 그 당시 전부 필기를 했는데, 필기는 제법 빨리 했지만 노래를 다 적을 수 없었는데, 녹음기를 쓰니깐 그런 일이 없었다. 그런데 녹음기도 약간의 문제가 있었는데, 시골 할머니들이 처음 녹음기를 보니깐 기계가 빙빙 돌아가도 노래를 하려고 하지 않아 나중에는 책보로 덮어놓고 했다.

그런 고난과 어려움을 겪고 61년도에 "민요카드" 몇 천장이 되어 61년도 처음으로 『한국민요집』 제1권을 냈고, 지금까지 7집이 나왔다. 카드는 2만 5천장 있는데 그중에서 선별해서 책을 냈고 나머지를 어떻게 할지가 고민이다. 왜냐하면 같은 민요라 하더라도 A가 부른 것과 B가 부른 것이 다소 차이가 있기 때문이다. 빠지는 부분이 있고 자기가 즉흥적으로 삽입을 하는 민요의 특징이 있다.

공자는 『시경』 서문에서 가와 요를 구분을 했는데 "합곡왈 가合曲曰 歌요, 도가왈 요徒歌曰 謠"라 했는데 민요는 민요이지 민가가 아니라서 창작에 따라 더하기도 하고 빼기도 한다. 그래서 민요를 많이 수집을 해놓고 보니 하나이긴 하나인데 중간이 빠진 것도 있고 들쑥날쑥해서 비교적 형식을 갖춘 것을 『한국민요집』 7집까지 수록을 했는데, 이것도 언젠가는 모조리 세상에 내놔야 한다고 본다. 왜냐하면 변화하는 공식을 거기서 찾아내야 하고, 어떤 경우 탈락되고 어떤 경우 추가되느냐를 밝히려면 연구자료로써 수집해놓은 것은 모두 활자화해야한다고 본다. 아직 그 작업은 하지 못하고 있다.

61년도 『한국민요집』을 내놓고 67년도 『한국민요사』를 저술했다. 삼국시대의 민요를 생각하면서, 신라의 풍요나 처용가는 민요가 아니면 민요적인 요소가 강한 민요로 취급하고, 고려가요는 경기체가를 제외하면 전부 민요였다. 조선에도 민요가 있어 그것을 골라서 67년도 『한국민요사』를 출판했고, 68년도에 『한국민요의 사적연구』로 학위를 받았다.

숙명여대에서 강의했을 때는 민요도 여성에 맞추어서 강의할 필요가 있었다. 우리나라 민요에서도 남요부요로 나누는데, 같은 여성이라도 성인하고 소녀로 나누는데, 동남동녀요로 나누는데, 숙대에서는 부요위주로 강의했다. 그때 숙대에 있던 여성문제연구원과 연계해달라고 해서 연계했고 이것이 나중에 『한국의 부녀연구』라는 책으로 정리했는데, 우리나라 민요는 남요보다 부요가 질적으로 우수하다는 것을 강조했다.

사람이 아주 절실한 상태에서 노래했을 때, 그것이 진정한 노래가 된다. 우리나라에서는 시집살이라는 고통이 있는데, 시집살이에서 "다홍치마 걸어놓고/ 들어올 적 나올 적/ 눈물에 다 젖었네"라는 구절이 있다. 시집올 때 신부가 다홍치마를 화사하게 입고 다니는 것인데 들어올 적 나올 적 눈물에 다 젖었다는 것은 여성의 시집살이가 얼마나 고통스러운 것인지를 짐작하게 해준다. 그런 고통에서 오는 노래가 진정한 노래였다는 것을 알 수 있다. 또한 여성의 노래중 시집살이를 방귀에 비유한 방귀타령이 있는데, "시아버지 방귀는 호령방귀/ 시어머니 방귀는 요망방귀/ 시누 방귀는 고자질방귀/ 남편방귀는 풍열방귀/ 나의 방귀는 도적방귀"라 했는데 며느리는 방귀를 뀔 자유조차 없다는 것인데, 그런 어려움 속에서 나온 여성의 노래가 아주 아름다운 것이 많다.

한국민요를 말할 때 "산골짜기 깊으면 얼마나 깊고, 계집속 깊으면 얼마나 깊냐"라고 흔히 남자들이 말하는데, 주머니 만든 노래가 있다. 그 노래는 "대전바다 한가운데/ 뿌리없는 남구심어/ 한 가지에 해가 열고/ 한 가지에 달이 열고/ 한 가지에 별이 열었도다/ 해는 따서 거죽하고/ 달은 따서 안받이고/ 별은 따서 수를 놓고/ 무지개로 끈을 했네"이다. 얼마나 큰 얘기인가? 주머니 하나속에 우주를 담고 있다. 언제가 추석명절에 관한 방송에서 8월 추석달이 가장 큰달이라고 말했더니 다음날 서울대 기상학과 조교라면서 항의해왔다. 8월 추석달이 가장 큰달이라는 과학적 근거를 말해달라고 해서 나는 감성의 세계에서 말했고 그쪽은 과학을 얘기한 것이다. 주머니 노래가 과학적 이야기는 아니다. 대전바다 한가운데 뿌리없는 나무를 어떻게 심는가라고 요즘학생들은 모두 거짓말이라고 할 것이고 여기에 해도 열고, 달도 열고, 별도 열었다면 모두 거짓말이라고 한다. 그렇지만 아녀자 노래에는 벌써 큰 세계가 있다. 아녀자들이 뒷골방에서 부엌에 왔다 갔다 한다고 해서 얏볼 것이 아니라 초월적 세계가 있었다는 것을 알 수 있다. 우리나라 부녀요가 아주 우수하다는 것을 얼마든지 찾아 볼 수 있다.

민요를 연구하면서 내 방법이 민요에 나타난 마음을 파악하기 위해 민속학적 접근을 했고, 그러기에 "민요에 나타난 색체감"을 분석도 했다. 민요를 강의하기 시작한 것은 53년도 2학기부터였고, 54년도 봄에 처음으로 민속학을 개강해서 국문과와 사학과의 합동강의로 시작했다. 민속학을 개강하고 보니 공부를 하지 않을 수 없어 귀신론도 쓰고 도깨비불론도 쓰고 무당집과 점쟁이도 찾아가고 했는데 민속학은 현장을 찾아다녀야만 한다. 현장을 다니다 보니 민속현장이 언제부터 있었는지에 대한 문제에 직면했다. 동아출판사에서 나온 『대백과사전』에서 민속학은 민속현장에서 잔존문학 즉 남아있는 것을 연구하는 것이라고 정의를 내리고 있다. 민속학에서는 사라진 것은 손을 안되고 풍속학에 남겨두고 있다. 그렇게 하다보니 전승된 것을 설명하지 않으면 안되었다.

예를 들면 윷놀이에서 그런 경우가 있다. 『대백과사전』에서 "윷놀이에는 도개걸윷모가 있는데 도는 돼지, 개는 개고, 윷은 소고, 모는 말로 전부 동물이고 우리나라에 있는 동물로, 크기와 달리는 것으로 안배해서 배치한 것인데, 걸은 잘 몰랐다. 최상수씨는 그것을 수자 3으로 보았고 김사엽씨는 코끼리로 보아 이미 학계에서 발표되었다. 나도 그것을 읽었으나, 잘 몰라서 걸을 미상으로 했는데, 나중에 책이 나온 것을 보니 『대백과사전』에서 미상이 곤란했는지 코끼리라 했다. 그 후 걸에 대해 항상 의문을 가지고 있었지만, 해결을 보지 못하다가 한번 양주동박사에게 이런 얘기 저런 얘기하다가 걸의 뜻을 물었더니 『삼국사기』를 읽어보라고 하기에 『삼국사기』를 뒤져서 읽다가 3일 후 걸에 대한 기록을 찾았다. "고구려가 백제와 싸우다 남진하다가 도중에 "득신마명거루得神馬名駏驉"이라 즉 신령스러운 말 거루를 얻었다"라는 기록이 있었다.

처음에는 동물원에서 고라니가 있기에 고라니가 아닌가 생각했는데, 고라니는 몸집이 적어서 아닌 것 같았다. 거루는 노새와 암말에서 태어난 것을 걸이라 했는데 당나귀 정도로 생각하면 된다. 이렇듯 현재 전하는 민속은 단순히 기록만을 믿어서는 안되고 경우에 따라 그 유래를 탐색을 해야하는 경우도 있고, 그것이 아니면 현재의 전래하는 것의 원래의 유래를 모르는 경우도 있다.

우리나라는 마을마다 산신당이 있고, 산신은 단군신화까지 거슬러 올라가야 한다. 또 신목이 있어 동네나무 · 군나무 · 면나무라 지정하고 있는데, 명절 때 금줄을 쳐서 황토를 넣고 안에서 고사를 지내고 했는데 단군신화에서 나무 밑에서 기도하는 기록이 있고 마늘과 쑥을 먹었는데 왜 마늘 20개를 먹어야 했고 근거가 무엇인가를 연구하다가 생사와 관련된 다는 결론을 내렸다. 우리가 1, 2, 3, 4, 5, 6, 7, 8, 9, 10은 십진법인데, 하나는 크다는 것을 다 알고 있는데 둘, 셋, 넷도 모르고 다섯은 아는데 양주동박사는 "다섯은 닫는 것이고, 열은 열었다"라 하였는데, 그것이 맞는지 모르겠지만 그 이상은 나도 모른다.

그렇다면 인간의 수지능이 손가락을 접었다 폈다라는 그 시대의 수사법에 있었다는 것인데 그렇지 않다. 호주의 원주민과 고대인들이 하나에는 동그라미를 하나 그리든지 작대기를 하나 그려두었고, 수사의 발달이 자기가 생각하는 물체를 제기하는 것인데 그런데 물체를 많이 가지고 다닐 수도 없고, 그래서 긴 막대기에 수를 표시하고, 3단계에서는 매듭한 긴 줄을 가지고 다녔다.

그렇다면 줄도 아무것도 없을 때는 어떻게 하였는가? 그때는 손가락을 세웠다는 것인데 인간의 지능이 발달했다는 것이다. 민속학에서는 이런 해석도 가능하다. 직립하면서 위의 손가락은 열인데 아래를 보니 발가락도 열이어서 합해서 스물이다. 단군신화에서 마늘 스물을 먹으라는 것은 1인분을 먹으라는 뜻이다. 한국사람 나이 스물은 성인과 소년의 분리점이다. 지금 스무살에는 선거권이 있지만, 옛날에는 소년이 어른이 되어 품앗이를 같이 하려면 스무살 먹은 해에 꼬맹이 술을 한턱내는 두레양식이 있어, 꼬맹이 술을 동네어른들에게 한턱내고 성년 입사식을 했다. 문헌사학에서는 안 되는데 민속학에서는 재구성에 의해 해석이 가능하고, 그것 때문에 문헌사학으로부터 공격을 받기도 했다. 민속학을 하다보니 폭을 넓히지 않을 수 없었고, 여기저기서 원고를 써달라고 청하기에 글을 쓰기도 했다.

문화는 흘러가는 것이 있고 흘러오는 것도 있다. 오고 가는 것이 전파인데 나대로 문화를 창조하는 하는 경우도 있다. 한국문화는 중국문화의 영향을 받은 것도 사실이고, 인종학상으로 볼 때 맞는 말이다. 그래서 잠정적으로 우리가 원래 몽고문화였다가 종국에 중국문화가 들어온 것이 아닌가하는 생각은 있는데 그것을 입증할 만한 근거는 가지고 있지 못하다. 80년대 초 일본에서 츠쿠바박람회 구경을 갔었다. 소련관을 들렀는데 팜플렛에 돌하루방의 사진이 있어 책을 가져오고 싶었지만 책은 버리고 사진만 오려와서 김원룡교수를 만났다. 본인도 그것을 보지 못했으나 시베리아 석인이야기는 들었다고 했다. 몽골에 가서 찾으면 있을 것이고 자료사진을 하나 얻어야겠다고 했다. 맥이 분명 흘러온 데가 있고 가는 데가 있는데, 우리가 중국을 얘기를 하고 인종학적으로 몽골이라고 하는데 여러 성씨의 족보로 보면 중국에서 왔다고 하는데, 그것이 맞는 것인지, 기록에 임강수任强首가 있는데, 신라 때 임씨와 강씨도 있었고 『동국여지승람』에 보면 강씨가 청주출신으로 되어있다. 아무튼 우리가 저쪽의 영향을 많이 받았는데 우리문화의 근원지를 찾기 어렵다.

  냉전시대에는 대만대학을 통해서 북경의 자료를 구했고, 그러다가 일본을 몇 번 드나들다보니 일본의 문화현상 가운데 한국적 요소가 많았다. 73년도 대마도에 가서 10일 동안 있었는데 그냥 두어서는 안되겠다는 생각이 들었고 민속학은 민속현상을 보아 영역을 확장해야하지 않겠느냐는 생각에서 시작하여 여러 번 섭렵했었다. 그러다가 '한국문화의 남한선은 어디까지인가'를 알고자 오끼나와를 조사했다. 대만은 한국과 관련이 없었다. 오끼나와에서는 많이 있는데 국보로 지정되어 있는 조선종이 있고, 수리성의 기와는 고려기와공이 만들었고, 고려 말부터는 왕래가 있었으며 세조 때 팔만대장경도 가져갔다. 북쪽은 갈 수 없어 남쪽만 손을 댔다.

이제까지 일본관계로 책을 쓴 것은 『일본안의 백제문화』인데 이것은 번역이 되었다. 그리고 『대장군 신화연구』도 일본에서 번역이 되었다.

『통신사와 문화전파』는 사학하는 분들의 연구대상이었으나, 나는 민속학을 하기 때문에 통신사가 전파한 가라꼬오도리[당자唐子춤]은 경상남도 오광대놀이, 전라남도 소동패놀이, 경상북도 여원무에서 기원한다고 본다.

84년 일본에 있을 때 『한일궁중의례연구』를 집필했는데, 명치신궁 궁사를 알게 되고 청하기에 산신신앙과 몇 가지를 얘기를 했었다. 그런데 그 분이 한국궁중장례의식을 꼬치꼬치 물어 얘기를 하다보니 나는 의문이 생겼다. "당신이 왜 한국의 국상에 관해 그렇게 묻느냐"고 하니 그분이 잠시 생각하다가 "실은 지금 천황이 고령에 도달해 언제 죽을지 모르는데 천황의 아버지 장례를 집행했던 사람이 아무도 생존하지 않아 천황이 죽으면 자기가 국상을 준비해야 하기 때문에 그 작업을 하고 있다"고 했다. 나는 역사가가 아니니 궁중의례까지 생각을 안 했는데 내가 문화재위원을 30여 년 했고 궁중의례에 관심이 있어, 만약 이방자여사가 세상을 떠나면 어떻게 할 것인지를 국가의식 차원에서 검토해 본 적이 있었다.

세자빈대우로 하자고 해서 이방자여사는 세자빈의식으로 했었다. 가만히 생각해보니 일본이 60여 년만에 오는 국상인데 그것을 조사하면 한국과 비교할 수 있지 않을까 하는 생각이 들었고 그 이전부터 일본의 민속에 손을 대다가 궁정의례서를 보니 일본궁중에선 4대봉사를 했다. 그리고 일본 천황가에서 아들이 나면 여섯 일곱 살 때까지 계집애 옷을 입혔다. 아들 낳았다고 하면 귀신이 잡아 갈까봐 딸이라고 거짓말을 하는데 그런 영화도 있다. 그래서 천황은 다섯 살까지 계집애 옷을 입은 사진이 있다.

이런 것을 조사해보니 한국민속 영역내에서 해석할 수 있는 가능성이 있었다. 그래서 "궁중 장례식에도 영향을 주지 않았을까"하는 생각으로 거꾸로 작업을 했다. 그때 마침 정한모 교수가 문화부장관이었는데, 문화부에 가서, 일본에 가보니 일본 문화 속에 한국문화 요소가 많이 있는데 아무도 연구하는 사람이 없으니 양성하라고 했다. 우선 급한 것이 일본천황이 연로하니 이번 기회에 연구할 수 있도록 과제를 주어서 비교연구하면 반드시 한국 국상이 연장선상에서 해석할 수 있는 요소들이 많이 나올 것이라고 했다. 그랬더니 한 이틀 후 전화가 와서 나보고 하라는 것이었다. 하지만 한 2년 이상 일본에 머물러 있어야 하기 때문에 연구비가 많이 들어 거절을 했더니 연구비를 좀 보조해 주어서, 나중에 손을 대서 일본의 천황이 죽었을 때 여러 번 갔고, 일본의 대정왕이 죽었을 때, 그 장례식을 찍은 필름을 입수했다.

결론은, 일본은 대상이라고 하고 우리는 국상이라고 하는데 일본 대상은 한국의 유교의식과 무속 샤머니즘의 연장선상에서 이해되어야 한다는 것이다. 내 책이 일본에서 여러 권 번역이 되었는데 이 책은 번역이 되지 않았다. 이것이 한국민속학에서는 외도이다. 한국민속학의 근원을 찾을 수 없으니 우선 통과형식을 찾자는 것이었다. 그러다가 냉전시대가 끝나고 몽고개방 후 한달 만에 다행히 기회가 생겨서 외몽고 가서 한 2주 동안 있었고, 그 후 1990년에 내몽고를 한 두 번 다녀왔다.

1992년 중국 남경에 있던 동남대학, 장개석 때는 중앙대학인데 사회주의국가가 되면서 연안의 동쪽에 있다고 해서 동남대학으로 격하시켰다. 원래는 국립대학 1호였는데, 강의를 해달라고 해서 갔었다. 그때 외국사람들은 농촌으로 들어가지 못했지만 대학의 호의로 농촌으로 들어가 보았다. 중국민속에 대해서는 손을 대지 못했는데 더는 손을 댈 기회가 없

을 듯하다.

　몽골에 가보니 여러 가지 문제가 제기되는데 손진태 선생이 제기한 선황당문제, 내가 보니 장승문제도 그쪽으로 연결되었다. 몽고사람들이 무지개를 소롱고스라 하는데, 한국을 뜻하기도 한다. 조사를 해보니 원나라 때 처녀간택을 해서 데려간 고려미인들이 서민층에 돌아가지 않고 지배층에 돌아갔는데 원나라 지배층의 외가댁은 고려인데, 꿈과 같은 나라라고 생각했다. 올도스 사막에 가니 징기스칸의 묘가 있는데 그 묘에 보니 둘째 부인이 고려여자였다. 유럽 원정갔을 때 데리고 다녔고 몽고의 왕실문화에 한국적 요소가 굉장히 영향을 주었다는 것을 알았다.

　이렇게 해서 이것저것 손을 대었다가 우리나라의 장승, 즉 천하대장군을 말하자면 동북아시아에 분포되어 있는데, 1980년도 백제문화연구원의 초대원장을 맡았을 때, 임원들과 함께 일본에 가서 백제문화유적을 답사한 적이 있었다. 일본 시가현의 농촌에서 우연히 귀실신사를 찾게 되었고, 문헌을 뒤져보니 백제 왕족인 귀신집사일행이 정착한 곳이다. 667년 기록에 귀신집사들이 살았다는 기록이 있다. 나는 문화재위원으로 은산별신제를 무형문화재로 조사 지정했는데, 제신이 산신 복신장군과 토진대사이다. 복신과 토진은 백제말기 백제부흥에 힘썼는데 마지막에 갈등이 있었다. 은산의 북쪽 임존성으로 가는 길목인데 큰 별신제가 전승되고 있다. 아버지인 복신장군은 은산에서 별신으로 추대되었고, 일본에 가 있는 아들은 귀실신사의 신으로 숭상되고 있어 흥미로워 관심을 가지고 있었다.

그러다가 90년대 마침 일본에서 대제가 있다고 해서 대제 때 여러 가지 조사를 했다. 백제유민들은 벌목수를 초부라 불렀고, 일본에서는 자로 쓰고 소마라 불렀다. 그런데 그 일대의 지역 및 사람들을 소마라 하기에 그 곳을 조사하다가 17대 무녀를 만났다. 이 무녀는 세습무로 남자로 이어지지 않고 여자에서 여자로 이어지는데, 우리나라도 이와 똑같은 계승양식이 있다. 흥미 있어서 그 집을 조사하러 가는데 여름이라 너무 더워서 잠시 쉬는데 돌 밑에 음각으로 대장군大將軍이라 새겨있음을 발견하고 노인에게 그 사유를 물었더니, 옛날 이곳에 석조대장군石造大將軍이 있었으나 도로공사를 할 때 돌은 다 없어지고 지금 밑둥만 남았다고 했다. 나는 곧바로 대장군신사를 찾아갔고 대장군이란 우리나라의 장승인 천하대장군과 무슨 관련이 있는 것은 아닐까하는 생각에서 노인들을 만나 여러 조사를 했다.

백제의 여인, 니이가사(新笠)의 몸에서 태어난 칸무천황(桓武天皇)은 도읍을 나라에서 교토로 옮긴 것이 헤이안궁으로 그때부터 헤이안시대가 열리는데 그때 처음에 궁성을 짓고 궁성의 진호鎭護의 신神으로써 궁성의 동서남북 네 군데에 장승을 세웠다는 기록이 있다.

그렇다면 백제인의 몸에서 태어난 왕이 궁성의 네 군데에 대장군을 세웠는가? 나는 그 대장군을 우리나라 천하대장군으로 가정을 하면서 추적을 하기 시작했다. 경도에 있던 네 개를 찾아내고 그 일대를 철저히 조사했다. 그런데 점점 더 문제가 커졌는데, 그래서 일본사람들이 이것을 어떻게 해석하는지를 알려고 일본논문을 찾아보니 지방지에 논문이 2개가 있고 중앙에선 손댄사람이 없었다. 나는 노다지가 나올 것이라고 생각하고 6~7년 걸려서 일본의 대장군 780여 개의 일람표를 만들었다. 그런데 780개 중 제일 많은 곳이 시가현(滋賀縣)으로 이 한 곳이 238개로 33%를 차지하고 있었다.

시가현은 일본서기에 나오는 667년에 백제인 남녀 400명 정착, 3년후 백제인 남녀 700명 정착해서 3년 사이에 백제인 1000여명이 이주 정착한 곳이다. 그 마을 근처에 일본대장군이 33%가 있으니, 시가현을 중심으로 도쿄나 나라, 오사까 등지를 현장조사를 했다. 오사까는 옛 가락와지부인데 이곳은 백제인들이 정착한 장소로, 천왕과 귀족들이 매사냥을 자주 갔는데, 매사냥할 때마다 백제인 집에 머물었고, 백제인에게 매사냥을 배웠다. 그 일대를 조사해보니 전국의 87%가 나왔는데, 일본 대장군의 총수가 780여인 점을 감안해 백제사람들이 정착했던 곳에서 87%가 집중했다면 문제가 아닌가하는 생각에 아무래도 백제와 관련된 것으로 생각했다. 그래서 한국은 어떤가 하고 돌아와서 국립민속박물관과 협조하여 조사하니 우리나라 장승이 661개가 나왔다.

고구려권은 손을 대지 않았고, 요새 새로 세운 남북통일대장군같은 것은 제외하고 원래 있던 장승과 장승터를 조사했는데 661개가 확인되었으나 이것이 절대적 수치는 아니다. 조사해보니 전라도가 238개, 충청도

189개로 합계 427개로 백제의 고토에서 전국의 68%를 차지하고 있다.

이것이 우연이냐 필연이냐 하는 것인데, 고구려의 고토는 손을 대지 않았기에 모르고, 신라권하고 백제권을 알아보니 백제권이 압도적으로 많고, 일본도 압도적으로 많은 곳이 백제인이 살았던 곳이었다. 또 일본에서 대장군을 궁성을 지키던 진호의 신으로 맞이했던 사람이 백제의 여인에서 태어난 칸무왕(桓武王)이었다는 것은 우연이 아니라 필연이라고 판단되었다. 일본의 평안시대의 혼인제도는 어린애를 낳으면 외가댁에서 자라고 성장하면 제 집으로 갔다.

조선시대에도 이러한 풍속이 있었다. 그래서 칸무천황(桓武天皇)은 소년시대를 외가댁인 백제인 가정에서 성장했고, 궁궐을 지을 때 백제기술자들이 감독으로 참여했었고 궁궐을 지키는 신으로써 어머니계통의 신인 천하대장군을 궁성을 지키는 신으로 영입한 것으로 결론을 지었다.

지금 매우 거칠게 말씀을 드렸는데 우연한 기회에 대장군이라는 돌 하나를 발견하고 10여 년 동안 씨름을 하고 보니 우리나라 장승문화가 백제인에 의해 일본에 건너가서 일본에 분포가 되었고, 그리고 더 나아가서 일본의 궁성을 지키는 신의 역할을 했다는 것이다.

우리나라에서 장승의 기능은 첫째는 부정을 막는 수호신으로 동네입구에 흔히 세웠고, 둘째는 거리표시이다. 정승에 다음 마을까지 거리를 표시하는 것이었고, 셋째는 경계의 표시였다. 장승 안은 성스러운 곳이고 장승 밖은 외부인데, 향약에 흔히 동네에 몹쓸 놈이 있으면 마을 공론에 따라 장승 밖으로 쫓아냈는데 따라서 장승은 외부와 내부의 경계였다. 이 중 가장 강한 것이 수호신으로 부정을 막는 것이 장승의 역할이었다. 일본에서 궁성사방에 장승을 세웠다는 것은 수호신이었고, 일본에서는 흔히 장승을 마을 동북방 서북방에 세워두었는데 동북방은 귀문이라고 해서 귀신을 막는데 효과가 있다고 믿었고, 서북방은 마마 등 제일 무서운 병이 들어오는 곳이라 병을 막으려고 서북방에 세웠다. 교토의 북쪽인 노도해안지방에서 조상신으로 모시는데 대장군은 원래 야외에 있었는데 이 지방에서는 울안이나 방안에서도 모시고 있어 조상신의 역할을 하고 있다. 그래서 일본에서는 우리나라보다 다양하게 대장군을 활용했다는 것을 알 수 있다.

나에게 주어진 시간이 다 되었는데, 왕조실록이나 명인의 문집 등 문헌에 근거하는 문헌사학에서는 서민의 생활문화를 대상으로 하는 민속학을 얕잡아 보는 일이 있다. 촌부村婦, 무당, 농군 등 문명의 그늘인 농, 산촌에서 연명하고 있는 민속을 천시하거나 얕잡아보고 그 소멸에 무관심하고 때로는 소멸을 거들어 가담하는 일도 있다.

그러나 그러한 현상에 대해서 민속학은 게의치 않는다. 학문은 제각기 대상과 영역과 방법이 있다. 새로운 것보다 유구한 세월에 소멸하지 않고 오늘날에도 전승되고 있는 의미와 역사를 파악하고 지성인 한 명보다 대중의 생활문화 속에서 그 부족, 민족의 생활사를 규명하고 의미를 밝히고자 하는 즐거움이 있다. 한국의 민속학은 해방 후에 새로이 태어난 학문이지만 그 동안 많이 성장했다. 대학에 민속학과가 설치되었고 학회도 여러 모임이 있고 회원수도 600여명에 이르고 있다. 그 동안 많은 성과를 거두었고, 또 현지조사한 자료는 시간이 지나면 지날수록 소중한 자료가 되어 삼국유사나 동국세시기에 버금가는 민족문화 자료로 인정받아 큰 역할을 할 것이 틀림없다. 이쯤 되면 한국 민속학의 미래는 기대할 만하다.

천 혜 봉

1. 학력

1926년 8월 26일 경기 화성 출생
1958년 8월 동국대 문학사
1963년 8월 연세대 문학석사
1977년 2월 성균관대 문학박사

2. 경력

1967년 3월~1991년 8월 성균관대학교 교수.
1971년 8월~2013년 12월 국립중앙도서관고서위원회 위원장.
1974년 3월~1976년 3월 문공부 국학개발 위원.
1977년 3월~1981년 2월 경기도 박물관 자료 평가 심의위원회 위원.
1977년 12월~1980년 1월 성균관대학교 중앙도서관장.
1980년 1월~1982년 2월 성균관대학교 사서교육원장, 박물관장.
1981년 4월~1991년 4월 문공부 문화재 위원.
1984년 3월~1986년 2월 성균관대학교 박물관장.
1986년 1월~1991년 1월 민족문화추진회 기획편집위원회 위원 등 위촉.
1986년 12월~1988년 12월 한국도서관학회 화장.

1989년 1월~1990년 2월 한국서지학회 회장.
1991년 8월 성균관대학교 정년퇴직 및 명예교수.
1994년 1월~1995년 12월 한국학중앙연구원 객원교수.
2000년 3월~2001년 2월 연세대학교 국학연구원 객원교수.
한국해외전적조사연구회 회장 등 역임.
현재 성균관대학교 명예교수.

3. 저서와 논문

  1) 저서

『나려인쇄술의 연구』, 경인문화사, 1996.
『한국전적인쇄사』, 범우사, 1990.
『한국서지학연구』, 삼성출판사, 1991.
『한국서지학』, 민음사, 1991(1997개정).
『국보 12, 서예·전적』, 웅진출판사, 1992.
『한국금속활자본』, 범우사, 1993.
『한국목활자본』, 범우사, 2001.
『한국 금속활자 인쇄사』, 범우, 2012.
『고려대장경과 교장의 연구』, 범우, 2012 외 다수.

  2) 논문

「丁丑字攷」, 『歷史學報』 35-36, 1967.
「『東國正韻』의 書誌的 考察」, 『도서관학보』 1, 1972.
「새로 발견된 고판본 三國史記에 대하여」, 『大東文化研究』 15, 1982.
「세계 초유의 창안인 高麗鑄字印刷」, 『奎章閣』 8, 1984.
「고려 사주寺鑄 활자본 『불조직지심체요절』」, 『湖西文化論叢』 13, 1999.
「삼국유사의 판각」, 인각사 일연학연구원, 2002.
「成達生書 『楞嚴經』 초간본」, 『忠北史學』 14, 2005 외 100여 편.

나의 한국서지학사 연구

천 혜 봉

　나는 일제강점기에 제대로 배우지 못한 우리 역사에 관심을 갖고 광복 이듬해에 동국대 전문부 사학과를 거쳐 학부 사학과에서 공부했다. 당시는 교수의 수가 워낙 부족하여 이름이 알려진 분은 으레 다른 대학을 겸임하였기 때문에, 비교적 여러 교수로부터 국사 동양사 서양사의 각 과목에 걸쳐 수강할 수 있었다. 학과장은 연세대와 동국대를 겸임한 민영규閔泳珪교수께서 전문부와 학부를 오랫동안 맡으셨다. 학과장이 극성스러운 편이어서 다른 학과와는 유달리 사학과의 학생들이 공부할 수 있는 자료실을 따로 마련하여 전공서적을 구입 비치하고 학생들의 학습을 각별히 지도해 주신 당시의 일들이 새삼 떠오른다.

　선생께서는 주로 한국과 동양의 불교사학 관계 강의를 하셨지만, 자료실에 자주 들려 사학전공의 학도로서 사료를 다루는 방법과 고증하는 방법을 지도해 주시었다. 처음에는 잘 이해하지 못했지만 유심히 귀담아 들은 나는 차츰 흥미를 가지고 도서관은 물론, 이름이 알려진 옛 책방인 화산서림華山書林과[1] 통문관通文館에[2] 자주 들려 고전자료를 살펴보기도 했

---

1 李聖儀가 일제강점기부터 작고하던 1965년까지 경영한 우리나라의 대표적인 옛 책방.

다. 또한 선생에게 접근하여 질문하는 빈도가 잦았으며, 학과장선생과의 인연도 여기서 맺어지기 시작했다. 그리고 그 인연이 마침내 나의 석사와 박사과정의 지도교수로 이어졌다.

우리나라의 고전자료는 중국 일본의 것과 달리 필사筆寫와 간인刊印 시기의 표시가 없는 것이 대부분이고, 그것이 있는 것이라 하더라도 최초의 필사와 간인기록만을 되풀이하여 표시하고 있을 뿐, 그 이후 간단없이 전사傳寫되고 번각翻刻 또는 후인後印되면서도 그 표시를 하지 않은 것이 허다함을 비로소 알게 되었다. 그리고 이러한 고전자료의 고증방법은 먼저 그 자료의 필사 종별種別과 간인의 판종版種을 올바르게 식별識別하고 거기에 나타난 형태形態의 특징에 따라 필사 또는 간인의 시기를 객관적으로 파악함이 무엇보다도 선행요건임을 또한 깨달을 수 있었다. 학문에서 이러한 고증방법은 특히 사학, 국어국문학, 불교학, 동양의학 등의 분야에서 중시한 것이다.

우리나라에서 이런 학문분야의 개척은 일제강점기에 일본인 학자들에 의해 이루어져 1938년에 서물동호회書物同好會가 조직되고 광복 전전해인 1943년까지 회보 제1~20호가 출간되었다. 그 동호회에서 활약한 한국인 학자는 송석하宋錫夏선생과 이인영李仁榮선생이 있었다.

광복을 맞자 우리나라에서도 이 두 선생의 제의와 다른 학자들의 동조로 그 해 겨울에 한국서지학회韓國書誌學會가 조직되었다. 초창기의 회원은 회장인 민속학 전공의 송석하를 위시하여 사학전공의 이인영, 이병도李丙燾, 손진태孫晋泰, 이홍직李弘稙, 홍순혁洪淳赫, 민영규, 국어국문학전공의 방종현方鍾鉉, 이희승李熙昇, 이병기李秉岐, 이재욱李在郁, 불교학전공의 조명

---

2 李謙魯가 광복 후 경영해온 규모가 가장 큰 옛 책방.

기趙明基, 박봉석朴奉石, 동양의학전공의 김두종金斗鍾 등 여러 선생이 주축을 이룬 것으로 알고 있다. 발표는 국립중앙도서관의 소공동 구관 회의실과 남산의 옛 왜성대 총독관저를 개조하여 만든 한국민속박물관에서 번갈아 한 달에 한 두 차례 이루어졌으나, 발표지는 당시의 경제사정으로 인해 내놓지 못했다.[3] 다만 한국서지학관계자료전시회韓國書誌學關係資料展示會를 개최하고 그 목록目錄을 내놓았을 뿐이다.

나는 학과장선생의 각별한 호의로 가끔 따라가 방청하는 기회를 가졌었다. 이런 기회가 나에게는 이 방면의 공부에 취미와 흥미를 갖게 하였고, 또한 이 분야의 여러 선생들과 지면이 있게 되자 방문하여 여쭈어 보기도 하고 천거되어 국립도서관에서 이루어진 이 분들의 강의를 듣기도 했다. 그리고 나에게는 이러한 인연이 쌓여져 동국대학도서관에서 아르바이트하며 공부할 수 있는 행운의 길이 열리기도 했다. 그러나 불행히도 학부 3학년 때 6·25동란이 일어나 1·4후퇴하여 대구에서 제1기 통역장교시험에 합격한 후 4년여에 걸쳐 군복무를 하여야 했다. 복학제대가 허용되어 학업을 마쳤는데, 다행히도 전날의 인연으로 동국대학도서관에서 계속 전적을 다룰 수 있게 되었다. 도서관 소장의 귀중한 불교서적을 샅샅이 실사하며 공부할 수 있는 좋은 기회였다. 그리고 그로 인해 1962년부터 매년 개최한 한국대장회韓國大藏會에서 시중의 여러 개인과 다른 도서관의 귀중한 불서를 조사·선정·해제하여 전시하는 일을 성균관대학으

---

3 발표지는 동란 후 수복하여 1960년에 재발족한 한국서지학회에서 내놓은『서지書誌』제1권 제1·2호, 제2권 제1호가 최초이다. 이 당시 회원은 위의 초창기 회원중 1948년에 작고한 송석하, 1·4후퇴하여 부산에서 작고한 방종현, 6·25 때 납치된 이인영, 손진태, 홍순혁, 이재욱, 박봉석을 제외한 다른 회원 전원과 그 외에 김상필金相弼, 김상기金庠基, 신석호申奭鎬, 최현배崔鉉培, 김윤경金允經, 김형규金亨奎, 박종화朴鍾和, 양주동梁柱東, 이상백李相栢, 이선근李瑄根, 이은상李殷相, 황의돈黃義敦, 김원룡金元龍 등 저명한 학자들이 대거 가입하였다.

로 전임한 1967년 5월까지 맡아보았다.[4] 당시는 개인이든 도서관이든 거리낌 없이 귀중자료를 보여주고 또한 그것을 전시기간 중 전적으로 위탁 보존했다. 참으로 호랑이 담배 먹던 시절이었다. 조사한 많은 귀중본 가운데 전시품을 선정하여 해제함에 있어서는 조명기, 민영규 두 분의 지도를 받았기 때문에, 나는 그 행사를 통해 불서판본의 감식 안목과 새로운 지식을 폭 넓게 얻을 수 있었다. 또한 그 과정에서 얻은 큰 수확은 일제강점기에 선학들이 해결하지 못한 국역본『육조법보단경六祖法寶壇經』을 찍어낸 활자를 공부하여 연산군 2년(1496)에 인수대비仁粹大妃의 명으로 만든 "인경자印經字"임을 최초로 밝혀 인정을 받고 1965년에 발간한 불교사학논총에 처녀작 논문으로 발표한 점이다.

나의 서지활동은 1966년에도 순조롭게 진척되었다. 유네스코 본부에 신청한 서지학의 해외연수계획이 승인되어 전반기는 중국에서 송원본宋元本, 후반기는 일본의 북해도대학도서관北海道大學圖書館에서 규슈(九州) 남단의 미야자키(宮崎)도서관에 이르는 전국의 도서관과 문고에서 우리 고전적을 조사할 수 있었다. 이 때 중국에서의 송원본 실사는 우리 고전적에 끼친 영향을 파악하는 데 큰 도움이 되었고, 일본에서의 한국전적 실사는 여말선초에 왜구들이 약탈해 간 것을 비롯하여 임진왜란 때 탈취

---

4 동국대학교 불교문화연구소와 중앙도서관이 공동으로 1962년부터 다음과 같이 한국대장회를 개최하고 전시목록을 편집 발행하였다. 제1회(1962)『高麗寫經展觀目錄』, 제2회(1963)『高麗佛書展觀目錄』, 제3회(1964)『李朝前期國譯佛書展觀目錄』, 제4회(1965)『李朝前期佛書展觀目錄』, 제5회(1966)『韓國撰述佛書展觀目錄』, (이 해에 본인이 해외에서 유네스코 연수중이어서 李載昌교수가 한국승려 찬술서의 전시회를 주관) 제6회(1967)『法華經展觀目錄』, (이 해 3월에 본인이 成均館大 전임교수로 부임하였으나, 전시회만은 沈喁俊主任과 공동으로 주관하여 개최) 제7회(1968)『金剛般若波羅蜜經展觀目錄』, (黃天吾과장이 편집과 전시를 도와 협조함)

해간 것과 일제강점기에 식민지 수탈행위로 마구 휩쓸어간 것을 실사하고 경악을 금치 못했지만, 한편 이들 많은 귀중본을 통해 새로 배우고 얻은 지식이 매우 컸다. 그 가운데 특히 감명 깊었던 것은 숭문호학의 임금인 고려 숙종이 문덕전文德殿, 연영전延英殿, 중광전重光殿에 가득 소장된 역대장서를 친히 검열하고 그중 중광전의 장서에 대하여 "고려국14엽신사세어장서高麗國十四葉辛巳歲御藏書"와 "고려국어장서高麗國御藏書"의 장서인을 찍어 각별히 보존하였는데, 이들 귀중본 중 북송본 『중광회사重光會史』 100권,[5] 『통전通典』 200권,[6] 『문중자중설文中子中說』 10권,[7] 『성해姓解』 3권[8] 전질全帙이 고스란히 전래된 것을 이국땅에서 처음으로 접하고 당시 송나라가 구서목록求書目錄을 만들어 역수입해갈 만큼 고도로 발전한 우리의 고려전적문화를 새삼 되새기며 감탄했던 점이다. 또한 세계에서 유일한 활자왕국으로 알려진 우리나라의 귀중한 활자본을 일본 도처에서 다량으로 실사하고 새로 얻은 많은 지식도 나에게는 값진 수확이었다. 그리고 우리나라에 전해지지 않는 것으로 알려진 초조대장경 판본을 이곳 일본에서 처음으로 실사하고 그 형태의 특징을 파악한 것도 나에게는 크나큰 수확이었다.

나는 귀국하여 먼저 종래 선학들이 밝혀내지 못하였거나, 애매모호하게 여겼거나, 또는 잘못 이해하고 있는 활자에 대하여 연구를 계속해서 "정축자丁丑字"를 비롯한 "경오자庚午字", "무인자戊寅字", "계미소자癸未小字", "동국정운자東國正韻字", "경진자庚辰字", "무오자戊午字", "경서자經書

---

5 日本 尊經閣文庫 所藏.

6 日本 宮內廳 書陵部 所藏.

7 日本 宮內廳 書陵部 所藏.

8 日本 國立國會圖書館 所藏.

字", "인력자印曆字", "율곡전서자栗谷全書字", "임진자壬辰字", "정유자丁酉字" 등을 차례로 잇달아 발표하였다. 그리고 일본의 남선사南禪寺에서 초조대 장경初雕大藏經을 실사하고 그 판본의 특징을 파악한 안목으로 국내에서 최초로 초조대장경 판본을 여러 종 찾아냈으며 이를 1981년 한일고대사 韓日古代史 심포지엄에서 「고려초조대장경의 원류, 영향 및 이설 검토」의 주제로 발표하여 그 고증에 대한 긍정적인 평가를 받았다. 오늘에 이르기 까지 발굴하여 발표한 것은 총 22종 222권에 이른다. 국내에는 전하지 않 는 것으로 여겨 왔던 것을 처음으로 발굴해낸 성과는 나의 연구생활에 있 어서 가장 보람있는 수확이라 자위하고 싶다.

1971년부터는 문화재전문위원을 위촉받고 전적문화재 지정에 참여해 서 국내 소장의 귀중본을 전국적으로 조사하여 지정하는 한편, 장서각藏 書閣의 한국전적을 정리하는 주무위원의 책임을 맡고 수행하는 과정에서 규장각의 모체인 봉모당奉謨堂의 구장서를 두루 실사하는 경험을 쌓았다. 한편 서울대학교로 이관된 규장각奎章閣의 구장서 정리에 있어서는 분류 체계를 자문하였다. 그리고 1974년부터는 정부가 지원하는 국학자료보존 회의 전무이사직을 위촉 받고 산기문고山氣文庫, 성암문고誠庵文庫, 도남문 고陶南文庫, 인수문고仁壽文庫 등 12개의 개인문고와 성균관대학교도서관, 동국대학교도서관의 장서를 정리하여 『한국전적종합목록韓國典籍綜合目錄』 제1~8집을 편집 출간하였다.

1976년에는 우리나라에서 처음으로 국제도서관협회연맹대회가 개최 되었는데, 세계도서관 석학들에게 우리나라의 긍지이며 자랑인 고활자인 쇄문화를 널리 홍보하기 위해 필자에게 『한국고인쇄사韓國古印刷史』의 집 필이 위촉되었다. 나에게는 처녀작 저술인 대형 국배판 단행본이다. 그러 나 애당초부터 지면과 시간의 제약을 받았기 때문에, 우리 고인쇄문화의 전반에 걸쳐 간략하게 소개하는 국영문판國英文版이 되었다. 그렇지만 각 종 활자본活字本의 도판만은 그간 새로 연구한 것을 포함한 90여 종의 활 자인본을 원촌原寸 크기대로 수록 해설하여 우리가 세계에서 그 유례를 찾아볼 수 없을 만큼 일찍이 활자문화를 창안 발전시킨 슬기로운 문화민 족임을 인식할 수 있게 하였다.

나는 우리 인쇄문화사 연구에서 선행적으로 해결해 놓아야 할 과제는 목판 인쇄문화가 언제 남상되었고, 세계 초유의 금속활자 인쇄문화가 언 제 창안되었는가를 밝히는 문제라고 여겼다. 그 시도가 2년간에 걸쳐 이 루어져 1978년에 출간된 것이 『나려인쇄술羅麗印刷術의 연구』이다. 여기서 목판 인쇄술 남상의 전제적 여건을 먼저 다루고, 그 여건 하에서 751년경 에 판각되어 불국사 석가탑에 봉안된 것이 『무구정광대다라니경無垢淨光 大陀羅尼經』이라 하였다. 그리고 이를 종래 세계에서 가장 오래된 인쇄물이 라 주장해 온 일본의 770년경 간행인 『백만탑다라니百萬塔陀羅尼』와 당나 라에서 868년에 왕개王价가 양친을 위해 간행한 『금강반야바라밀경金剛般 若波羅蜜經』을 비교 고찰하고 우리의 것이 가장 오래된 초기 형태의 목판 권축장(卷軸裝)이며, 그 판각술이 고졸하면서도 우아 정교하여 당시의 우 리 인쇄문화 수준을 능히 미루어 알 수 있게 한다고 하였다.

고려 초인 1007년에 개경 총지사摠持寺에서 판각한 『보협인다라니경寶 篋印陀羅尼經』에 대하여도 그에 앞서 중국 오월吳越에서 간행한 같은 판본 과 비교 고찰하여 우리의 판각술이 보다 우수정교하고 새긴 본문에 오각 이 없음을 밝혀 놓았다. 대장경의 판각에서는 그간 발굴한 초조대장경의 현존 판본과 해인사 소장인 재조대장경의 판본을 비교 고찰하여 각각 그 특성과 판각술의 정조精粗 차이를 밝혔고, 아울러 교장敎藏 판각의 다양성 과 그 판각술의 정교도에 대하여도 부각시켜 놓았다. 그리고 고려주자인쇄술高麗鑄字印刷術에 있어서는 종래 발표한 여러 기원설起源說을 분석 검토하여 수정을 가하는 한편,[9] 현전하는 주자인쇄물의 분석과 무인정부의 당시 사정을 아울러 고찰하여 우리나라 금속활자 인쇄술이 13세기 전기에 창안되었음을 밝혔다. 현전하는 인쇄물의 예증으로 최충헌崔忠獻 일족이 무단정치의 토대를 구축하여 안정기로 접어든 13세기 전기에 수도 개경開京에서 주자로 찍은 『남명천화상송증도가南明泉和尙頌證道歌』를 1293년 7월에 천도한 강화江華에서 그대로 번각해낸 판본 2종이 있음을 들었다. 또한 이렇듯 천도 이전에 개경에서 이미 주자인쇄를 실시하였기 때문에 천도하여 결사적으로 항전하는 난리 중임에도 가지고 오지 못한 50권이란 거질의 『상정예문詳定禮文』을 손쉽게 28부를 찍어 여러 관서에 나누어주었음도 그 예증이 된다고 하였다. 그리고 고려사찰高麗寺刹의 주자인쇄는 일찍이 중앙관서에서 창안 보급시킨 주자인쇄술을 본받아 지방 사찰인 흥덕사興德寺가 주자鑄字를 만들어 불서를 찍어냈는데, 그 중 1377년에 찍은 『불조직지심체요절佛祖直指心體要節』이 오늘에 전해지고 있음을 들었다. 이 현전의 흥덕사 주자인본만으로도 우리가 세계에서 금속활자인쇄술을 가장 빠르게 창안 발전시킨 슬기로운 문화민족임이 여실히 입증된다고 하였다.

한편 나는 1970년 이래 문화재전문위원에 이어 문화재위원을 위촉받고 다루어 온 국가지정문화재 중 간찰簡札, 고문서古文書, 고전적古典籍의 자료를 주제별로 도록을 곁들여 해설하여 「서예 전적書藝 典籍」의 제명을 붙여 『국보國寶』 제12로 편집 출간하였다. 이것은 우리나라에서 국보와

---

9 그간 발표한 高麗金屬活字 印刷起源說은 1) 11세기 기원설, 2) 1102년 기원설, 3) 12세기 중엽 기원설이 제기되었는데, 이에 대한 비판적 수정은 나의 글인 「高麗鑄字印刷術」, 『韓國書誌學研究』, 삼성출판사, 1991, 736~748쪽을 참조할 것.

보물로 지정된 고전적문화재古典籍文化財를 전반에 걸쳐 체계있게 살펴볼 수 있도록 엮어 해설해 놓은 것이다. 또한 나는 문화재관리국이 주관하는 전국의 고전적 조사에서 주무위원을 위촉받고 1986년부터 매년 각 도에서 전적을 조사하여『한국전적종합조사목록韓國典籍綜合調査目錄』을 편집 출간하는 데도 참여하였다.

이렇듯 1950년대 후기부터 30년간에 걸쳐 국내와 국외에 소장된 한국 고전적을 두루 실사하여 얻은 지식과 안목과 경험을 바탕으로 우리의 인쇄문화사를 시대별로 체계있게 저술하여 1990년에 대형 국배판으로 내놓은 것이『한국전적인쇄사韓國典籍印刷史』이다. 여기서 목판인쇄의 기원 및 보급, 목판인쇄의 발달 그리고 활자 인쇄의 기원 및 발달의 차례로 벌리고 그 아래서 주제 및 판종을 시대순으로 상세히 서술하였으며, 그 내용의 이해와 고증을 돕기 위해 원촌原寸의 서영書影을 다양하게 수록했다. 또한 전거용典據用의 각주脚註를 원형 그대로 제시하였으며, 부록으로 한국주요활자연표, 글자체로 본 주요활자연표, 재료로 본 주요활자연표, 한국고활자실물대비표 등을 붙여 참용에 편리하도록 하였다. 요컨대 이 전적인쇄사에서 특기할 것은 우리나라의 고대로부터 구한말까지의 인쇄사를 총괄적이며 체계적으로 다루었고, 그 내용의 이해와 대사고증에 도움이 되도록 원자료 크기의 도판을 많이 수록하였으며, 또한 원형의 각주를 자세하게 달아 한국문화사 연구의 전거자료가 되도록 편집한 점이다. 이 저서의 개요와 특징에 대해서는『한국사 시민강좌』제16집(1995)에 기고한 「나의 책을 말한다」를 참고하기 바란다. 그리고 또한 나는 이와 같이 국내외적으로 실사한 자료와 축적한 지식을 바탕으로 그 간 여러 대학의 문헌정보학과, 사학과, 국어국문학과에서 강의해 온『한국서지학韓國書誌學』을 대우문화재단의 연구지원으로 다시 깁고 수정하고 보태서 학문적

체계를 새로 정리하는 기회를 얻었다. 그것이 1990년에 정고되어 그 다음 해에 출간되었다. 한국서지학은 이에 앞서 다른 이들이 지은 개론서가 이미 몇 종 출간되었지만 그 내용을 살펴 볼 때 특정자료에 대한 서지적 해제와 기사를 모아 엮은 것이 아니면,[10] 신간서를 대상으로 한 것이었다.[11] 그리고 내 저서 이후에 나온 다른 이의 서지학을 보면 현대의 문헌커뮤니케이션 이론과 실제를 다룬 것이 아니면,[12] 동양과 서양의 서지학 전반에 걸쳐 간략하게 서술한 것들이다.[13] 내가 쓴 『한국서지학』은 제1장에서 서지학 용어의 어원적 고찰에 이어 동양에서 한자로 번역된 용어의 변천을 살펴보았으며, 제2장은 서지학의 정의에 이어 그 범위를 원문서지학, 체계서지학, 형태서지학으로 구분하여 각 분과학의 정의와 학설의 추이를 서술하고 이를 동양 재래의 교수학, 목록학, 판본학과 연관을 맺는 학문적 체계를 세운 것이다. 제3장은 책의 기원이 죽간목독竹簡木牘을 편철한 데서 유래한 것인데, 그 명칭이 책册 이외에 전典, 서書, 본本, 서적書籍, 도서圖書, 문헌文獻 등으로 다양하게 쓰이며 변천해 왔음을 서술하였다. 제4장은 책의 장정을 권축장卷軸裝, 절첩장折帖裝, 호접장蝴蝶裝, 포배장包背裝, 선장線裝의 차례로 그 변천 과정을 서술하여 장정에 따른 간인본의 시대적 특징을 파악할 수 있게 하였다. 제5장은 책의 종류를 사본寫本, 목판본木版本, 활자본活字本, 석인본石印本, 탁인본拓印本, 검인본黔印本, 유인본油印本, 영인본影印本, 복사본複寫本의 차례로 사적 발달과정을 서술하고, 특히 목판본과 활자본에 대하여 그 종류를 구체적으로 서술하여 간인본의 판종

---

10 安春根,『韓國書誌學』, 통문관, 1967 ;『韓國書誌學原論』, 범우사, 1990.

11 하동호,『서지학』, 탑출판사, 1987.

12 李姬載,『書誌學新論』, 한국도서관협회, 1998.

13 서지학개론편찬위원회,『서지학개론』, 한울, 2004.

고증에 필요한 지식과 감식 능력을 얻도록 하였다. 제6장은 옛 책을 조사하여 형태를 기술하거나 문장을 쓸 때 필요한 책의 판식版式과 여러 서지적 명칭을 들어 설명하고, 그 끝에 한국금속활자연표와 한국목활자연표 그리고 전적용 간지표干支表를 붙여 책을 조사하고 연구할 때 편리하게 참용하도록 하였다. 이 한국서지학은 우리의 옛 자료를 바탕으로 공부하고 연구하는 학문의 각 주제분야에서 입문의 구실을 하는 점에서 예부터 "학문의 입문학入門學"이라 일컬어 중시하고 있는 것이다. 특히 자료 또는 사료의 고증을 필수적으로 요구하는 학문분야에서는 "치학섭경治學涉徑"의 학으로 더욱 중시하고 있는 것이다.

1991년에 정년퇴임할 때는 내가 그간 쓴 논문 가운데서 29종을 가려 뽑아『한국서지학연구韓國書誌學研究』의 제명으로 제1집을 출간하였다. 제1편은 한국학 연구를 위한 관점에서 한국서지학 전개 및 그 과제를 다루고 이어 책의 기원과 명칭, 한국전적의 장황고裝潢考를 실은 것이다. 제2편은 사부분류史部分類의 제문제를 비롯한 고서의 통일표목統一標目, 봉모당고奉謨堂考, 대마도주對馬島主의 종가문고宗家文庫 소장 한국전적을 다룬 것이고, 제3편은 고려 왕장王璋 발원의 금자대장金字大藏 3종에 이어 의안백義安伯 이화李和의 개국공신녹권開國功臣錄券과 김천리金天理의 원종공신녹권原從功臣錄券을 다룬 것이다. 제4편은 11종의 목판인쇄와 간본에 대한 논문이다. 한국인쇄술의 남상을 비롯한 고려 초기 간행의『보협인다라니경寶篋印陀羅尼經』, 초조대장경의 현존본과 그 특성, 일본 대마도對馬島와 일기도壹岐島의 고려 초조대장경『대반야경大般若經』, 고려 초조국전본初雕國前本의『목련오백문사경目連伍百問事經』, 의천義天 장래의 송각宋刻 주화엄경판注華嚴經板, 새로 발견된 고려 중간본重刊本『삼국사기三國史記』, 고려 각판『동인지문사륙東人之文四六』, 조선전기의 불서판본佛書板本, 새로 발견된 초간본 『월인석보月印釋譜』 권제7·8 등이며, 이것들은 모두 최초로 연구하여 발표한 글에 해당한다. 제5편은 활자 인쇄 및 인본에 대한 논문이다. 고려 주자인쇄술을 비롯한 계미자와 그 인본, 이천李蕆과 세종조의 주자인쇄, 동국정운자, 경오자, 정축자, 무인자, 인경자 등의 활자연구이며, 이것들도 모두 처음으로 고증하여 발표한 글에 해당한다.

나는 또한 정년퇴임하던 해에 일본 나라(奈良)박물관의 초청을 받고 일본문부성의 과학연구지원으로 이루어진 "고려사경공동조사高麗寫經共同調査"에 참여하여 일본 방방곡곡의 사찰과 문고에서 귀중한 고려의 금자金字와 은자銀字 사경을 적지 않게 찾아내어 「재일고려사경在日高麗寫經」(일문)의 제목으로 논문을 발표하였으며, 여기서 누락된 것을 그 뒤도 계속 찾아내서 현재 연구 중에 있다. 1991년도부터는 신설된 문화부의 해외소장 전적문화재의 조사사업에서 단장직을 맡고 매해 한 차례씩 해외의 각지에 흩어져 있는 우리의 귀중한 고전적을 조사하였다. 일본에서의 한국전적 조사는 두 개의 목표를 세워 진행하였다. 하나는 임진란 때 왜적이 우리의 귀중한 전적을 얼마나 약탈해갔는 가를 조사 정리하여 목록을 편찬해서 학계에 제공하는 일이었다. 그 대상은 봉좌문고蓬左文庫, 일본공문서관 내각문고日本公文書館 內閣文庫, 궁내청서릉부宮內廳書陵部, 존경각尊經閣, 아시카가학교유적도서관足利學校遺蹟圖書館, 일본국회도서관 등이며, 이들 문고에는 우리나라에 없거나, 있다 하더라도 잔질殘帙뿐인 귀중한 전적이 거의 전질全帙 또는 거질巨帙로 다량 소장되어 있었다. 그 중 궁내청서릉부는 3년에 걸쳐 조사하였는데, 임진왜란 때 약탈해 간 것이 많음은 물론 그밖에도 일제강점기에 조선총독부가 불법으로 기증 처리한 전적이 다량 소장되고 있음을 보고 경악을 금치 못했다. 그 전적에는 주로 왕실관계 자료가 들어있는데, 이것들을 문화재 반환 때 고의로 제외시켜 은닉했음이 드러나고 있다. 이러한 사실을 알려 그에 대한 후속 조처를 취하도록 하는 것도 조사자의 책무라 여겨 이에 언급해 둔다. 다른 하나는 일제강점기에 식민지 수탈정책의 비호 아래 헐값으로 마구 휩쓸어간 전적과 자료 가운데 어떠한 희귀자료가 있는 가를 조사하여 학계에 알리는 일이었다. 그 대상은 경도대학京都大學 중앙도서관과 가와이문고(河合文庫), 천리대학天理大學 중앙도서관과 이마니시문고(今西文庫), 동경대학東京大學 중앙도서관과 아가와문고(阿川文庫)·오구라문고(小倉文庫), 동양문고東洋文庫, 대판부립도서관大阪府立圖書館, 경도부립종합자료관京都府立綜合資料館, 오차노미즈(御茶水)도서관의 도쿠도미문고(德富文庫), 대동급문고大東急文庫, 아이치현(愛知縣)의 이와세문고(岩瀬文庫) 등인데, 이들 도서관과 문고에도 우리나라에서 볼 수 없는 희귀한 간인사료와 필사사료 그리고 고문서가 적지 않게 소장되어 있다. 미국에서는 국립의회도서관, 콜럼비아대학의 동아시아도서관 화산문고華山文庫, 버클리대학의 동아시아도서관 아사미문고(淺見文庫), 하바드대학의 한국학문고 등을 조사하고, 프랑스에서는 파리의 기메박물관과 동양어학교도서관을 조사하였으며, 영국에서는 대영도서관과 대영박물관의 한국전적을 조사하였다. 이들 도서관과 문고에도 우리나라에서 볼 수 없는 희귀한 자료가 많이 소장되어있으며, 그 장서목록을 엮어 보급하여 한국학의 각 주제 분야를 연구하는 이들에게 서지정보를 제공해서 그들이 필요한 자료를 손쉽게 얻어 이용할 수 있도록 할 것이다.

1993년 가을에는 또한 중국 황하黃河 이북의 동북지역東北地域 일대에서 한국전적을 조사하였다. 이것은 중국연변대학의 고적연구소가 삼성문화재단의 지원을 받고 실시한 중국 내의 조선족 고적문화재 실태조사에 대한 성과분석 및 평가를 위한 것이었다. 이 조사에서도 우리나라에서 볼 수 없는 희귀한 자료를 적지 않게 접하였다. 조선왕조에서 간인 또는 필사한 문헌만도 실로 무진무궁함을 새삼 느끼게 했다.

나는 그 뒤도 국내에서 오늘에 이르기까지 문화재청을 위시하여 경기도와 인천광역시 문화재위원회의 위촉을 받고 고전적문화재의 지정 조사에 참여하였고, 또한 국립중앙도서관을 비롯한 국립중앙박물관, 국립민속박물관, 서울시립역사박물관, 경기도박물관, 한국국학진흥원과 그 밖의 여러 특수 박물관 및 문고의 위촉을 받고 수집 자료의 평가 심의에 참여하여 개인과 삼남三南에서 올라오는 것은 물론 해외海外에서 들어오는 희귀한 자료를 다양하게 접해 왔다.

나는 정년퇴임 후 오늘에 이르기까지 국내외에서 고전자료를 다양하게 접하여 축적한 지식과 자료를 바탕으로, 1933년 기존에 엮은『한국서지학』을 깁고 수정하고 보태어 개정증보판을 내놓았으며, 그간의 금속활자와 목활자에 대한 연구를 종합하여 1993년『한국금속활자본』, 2001년『한국목활자본』을 출간하였다.『한국전적인쇄사』는 1990년 출간 이후, 몇 차례 개정증보를 거듭하였으며, 이 책에 수록하지 못하였던 새로운 연구 내용을 종합하여 2012년『고려대장경과 교장의 연구』,『한국금속활자 인쇄사』,『신라 간행의 '무구정광대다라니경'과 고려의 중수문서의 연구』의 세 권의 책으로 출간하였다.

박 병 호

1. 학력

1931년 5월 13일 전남 해남 출생

1955년 3월 서울대학교 법과대학 법학사

1958년 3월 서울대학교 대학원 법학석사

1975년 8월 서울대학교 법학박사(구제)

2011년 2월 명예문학박사(한국학중앙연구원)

2. 경력

1958년~1962년 서울대학교 법과대학 강사.

1963년 3월~1996년 8월 서울대학교 법과대학 교수.

1989년~1995년 한국법사학회 · 한국고문서학회 · 한국가족법학회의 회장.

1996년 8월~현재 명예교수.

2000년 3월~현재 한국학중앙연구원 초빙교수.

2007년 7월~현재 대한민국학술원 회원.

3. 저서와 논문

1) 저서

『한국법제사 특수연구』, 한국사회과학연구도서관, 1960.
『한국 법제사고』, 법문사, 1974.
『근세의 법과 법사상』, 진원, 1996.
『가족법논집』, 진원, 1996.
『한국법제사』, 민속원, 2012 외 11권.

2) 논문

「이조시대의 부동산 소송법 소고」, 『법학』 2-1, 서울대, 1960.
「솔서혼속에 유래하는 친족과 금혼범위」, 『법학』 4-2, 서울대, 1962.
「한국조세의 토지소유권에 관한 연구」, 『법학』 8-1~9-1, 서울대, 1966, 1967.
「조선초 입법자의 법률관」, 『한국사상대계 II』, 1979.
「경국대전의 법사상적 성격」, 『진단학보』 48, 1979.
「조선시대의 왕과 법」, 『애산학보』 2, 1982.
「조선초기 법제정과 사회상」, 『국사관논총』 80, 1998.
「여말선초의 친족의 칭호와 범위」, 『법학』 44-4, 서울대, 2003.
「고문서연구회 현황과 과제」, 『영남학』 10, 2006.
「조선후기 보송의 일사례」, 『한국계보연구』 1, 2010.

한국법사학과 한국고문서학

박 병 호

1. 불행했던 학부생활

나의 세대는 아주 불행하다고 생각합니다. 중학교 2학년 1학기에 해방이 되어서, 일본 교육은 제대로 받지 못했습니다. 우리나라 중학교로 연계되었는데, 그 때 중학교는 6년제였습니다. 국어, 불어, 한문 시간에는 취미가 있었기 때문에 국문과 아니면 불문과를 가겠다고 가친께 말씀을 드렸더니, 당장 서울로 올라오셔서 담임선생님을 만나시고는 절대로 문과계열로는 써주지 말라고 당부하셨습니다. 그래서 법과대학에 들어가게 되었습니다. 1950년 6월 10일에 법과대학에 입학했는데 2주 후 6·25사변이 발발했습니다. 그래서 대학을 다니지 못했습니다. 부산, 광주 등 전시연합대학에서 법학은 주로 판검사, 변호사들이 강의했습니다. 대학도 아니고 강의도 아니었습니다. 2년을 허송세월했습니다. 서울이 수복되어 1년 반을 다니고 졸업을 했습니다. 졸업하는 해 9월에 한 달 동안 광주 육군보병학교에서 대학 졸업자 대상 간부 후보생 전반기 교육을 받고 예비역 일등병으로 제대를 했습니다. 제대 후 한 달을 공부하고 졸업을 했습니다. 대학을 대학답게 다니지 못했습니다. 학부 당시에는 거의 공부를 할 수가 없었고 대학원에 진학한 후에 침식을 잊을 정도로 열심히 공부를 했습니다. 대학원에서 학문적인 분위기에 젖게 되고 지도 교수의 훈도를 받게 되었습니다. 제대로 말하자면 6년의 교육기간에 2년밖에 공부를 못 한 것입니다. 우리 세대가 모두 그러했을 것입니다. 지금도 학부 시절의 기초가 부족했던 것이 아쉽습니다.

법과대학에 입학했지만 법학에는 취미가 없었고 국문학, 불문학 등에 관심이 있었습니다. 반강제적으로 법과대학에 진학했기 때문에 실정법에 대해서는 별 취미를 못 느꼈습니다. 또 한국 법제사도 마찬가지로 자의반 타의반으로 시작하게 되었습니다. 공부를 하다가 취미도 생겼고 또 사명 감도 생기게 되었습니다. 한국 법제사를 직접적으로 전공을 하게 된 계기 는 제가 조선시대의 법전 등 한문 원전을 읽을 수 있다는 것이 대학원 강 사인 전봉덕 변호사의 눈에 띠게 되면서부터였습니다. 법학을 하자면 우 리의 옛날 관습법을 알아야 했습니다. 친족 상속법은 거의 조선시대의 법 이 현행법이었습니다. 일제시대 일본사람들이 만들어놓은 판례법, 관습 법이라는 것이 조선시대 우리의 친족상속법이었습니다. 자연히 『경국대 전』, 『대전회통』(1950년 당시의 현행법으로 규정되어 있었습니다), 『대명률』, 그리고 중국법제사를 공부하지 않을 수가 없었습니다. 다른 사람들은 외 국 원서를 가지고 법률 공부를 했지만, 나는 외국법보다 우리법을 먼저 제대로 배우고서, 외국법을 비교하고 공부하는 것이 좋겠다고 생각하였 습니다. 어느 날, 연구실에서 『대전회통』을 펴놓고 공부를 하고 있는데, 전 봉덕 변호사의 눈에 띠게 되었고 이 사실이 은사이신 정광현 선생님께 알 려지게 되었습니다. 그 때는 제가 가족법으로 석사 학위 논문을 준비하고 있었을 때였는데, 정광현 선생님께서 한국 법제사, 그 가운데서도 재산법 분야로 석사 학위 논문을 쓰라고 엄명을 내리셨습니다. 너무 막막했지만,

우리나라에 토지의 소유권이 있었는지에 대해 법전 규정을 분석하기로 마음먹고, 「이조시대의 부동산 물권에 관한 연구」라는 참 부끄러운 것을 내서 석사가 되었습니다.

또 고문서학은 대학원에서 석사 학위를 받은 후 자청해서 서울대 도서관 촉탁으로 근무하면서 만 4년 동안 5만여 매의 고문서를 정리하게 되었는데 그것이 공부에 큰 도움이 되었습니다. 그 때 규장각에는 장지태張之兌 선생이 계셨는데, 그분은 보성전문학교 법학과를 다니셨고 또 일제시대에 관리를 하셨기 때문에 유식했습니다. 고문서를 연구하는 데는 그분의 도움이 컸습니다.

스승없는 연구입문은 처량하기 그지없습니다. 나의 연구 분야를 직접 지도해 줄 스승이 계시지 않았기 때문에 스스로 관심 있는 분야의 저서와 논문을 찾아 독학을 했습니다. 그 중에서도 니이다 노보루(仁井田陞)의 중국 법제사 연구를 통해 문제의식을 갖고 연구를 했습니다. 그리고 막스 베버(Max Weber)의 법사회학을 통해 방법론을 배웠습니다. 정광현 선생님과 전봉덕 선생님의 강요도 결국엔 크게 고무 되었습니다. 특히, 니이다 노보루의 저서를 접했을 때의 충격은 정말 대단했습니다.『당송법률문서연구唐宋法律文書研究』,『당령습유唐令拾遺』,『지나신분법사支那身分法史』를 처음 보았을 때 받은 느낌은 지금도 생생합니다. 학자로서 최소한 이 정도의 업적은 쌓아야겠구나 하는 오기까지 생겼습니다. 그리고 사후에 출판된『중국법제사연구中國法制史研究』에 수록된 논문도 많은 영향을 주었습니다. 많은 책을 읽었지만 니이다의 3대 저서만큼 내게 큰 영향을 미친 책은 없었습니다. 굳이 학문적 스승을 이야기한다면 니이다 노보루라고 할 수 있습니다. 그렇지만 생전에 그를 만난 적은 없습니다.

2. 문제의식과 연구

1) 토지와 가족

나의 석사학위 논문은 「이조시대李朝時代의 부동산물권不動産物權에 관한 연구」(1958)입니다. 논문을 준비하면서 책을 읽다가 조선 시대의 토지가 국유냐 사유냐에 대해 관심을 갖게 되었습니다. 석사 학위를 받고 바로 1958년 서울대학교 도서관의 고문서정리실 촉탁으로서 고문서를 정리하게 되었는데, 고문서에 나타나는 가족은 책을 읽어서는 습득할 수 없는 우리의 전통적인 관습이나 법을 보여주고 있습니다. 예를 들어서, 분재기 分財記, 별급別給 등이 있고 또 부인이 재산을 나누어주고 증여하는 것이 많이 있습니다. 이를 보니 내가 알고 있던 가족하고 다르다는 생각이 들었습니다. 또 토지문기土地文記나 소지所志가 많습니다. 이것이 토지에 대한 소유 분쟁이냐에 대해 의문을 품게 되었습니다. 왜냐하면 당시에 국사 학계에서는 조선 전기까지 사유가 없었고, 조선 후기에 와서야 사유가 발생했다는 도식이 지배적이었기 때문에 통설에 대해 회의를 느끼게 되었습니다. 그래서 토지 소유에 대한 연구를 하자면 토지에 대한 가족적 구속이 무엇이겠는가 하는 문제에 주목을 하게 되었습니다. 만약 어느 집에 토지나 노비가 있으면 이것이 가산家産인가 아니면 가장이나 가족 구성원의 특유 재산인가를 규명하지 않으면 안 된다고 생각했습니다. 그래서 자연히 가족과 토지소유에 대해 동시에 관심을 가지고 연구하게 되었습니다. 즉, 법에 의한 인격·인간성·인권의 평가의 가족법적 표현이 가족의 존재양태이고, 재산법적 표현이 소유인 것입니다.. 더구나 직접적인 영향을 준 일본 니이다 노보루(仁井田陞)의 「일본·중국 고대의 사유제」라는 논문을 읽고 일본과 중국의 고대에도 사유제가 있었다는 사실을 알게 되어 자극을 받고 토지 소유에 대한 연구를 해야겠다고 생각을 했습니다.

가족과 관련된 일제식민지 당시의 가족법은 관습법, 판례법이었습니다. 조선시대의 법이 현행법으로 적용이 되었습니다. 그래서 토지와 관련해 가족법 자체, 그 가족이 가부장제 가족이냐 그렇지 않느냐, 대가족이냐 소가족이냐에 대해서도 관심을 갖게 되었습니다.

토지 사유 문제를 규명하려다 보니까 토지의 소유나 점유에 대해 분쟁이 발생했을 때, 그것이 어떤 절차로 어떻게 해결이 되는가에 주목을 하게 되었습니다. 말하자면, 개인의 소유가 보장이 된다면 소송이라는 것은 소유권의 법적 실현이다, 그것이 국가 공권력에 의해 소정의 절차를 거친 재판 과정에서 확정이 된다면 거기에서 사유의 싹을 볼 수 있지 않을까 하는 생각을 가졌습니다. 14~15세기 과전법科田法 시대에 어떻게 했는가는 아직 완벽하게 해결되지 않았지만, 어떻든 15세기 이후 국가의 공권력에 의해 토지에 대한 분쟁이 해결되었다는 것은 기본적으로 토지 사유에 입각하고 이를 인정한 것이라는 가정 아래 연구를 시작했습니다.[1]

토지 소유를 논할 때 토지 소유에 대해 가족적 구속이 있는지의 여부에 관심을 가지게 되었습니다. 왜냐하면 독일 법제사를 보면 알 수 있듯이 고대에는 씨족, 중세에는 촌락이나 가족에 의한 구속이 있었습니다. 서양 법제사의 지식을 바탕으로 토지 소유에 대해 어떠한 가족적 구속이 있었는지를 연관지어 연구하게 되었습니다.[2] 그리고 우리 가족 제도, 즉 유교

---

1 「이조시대의 부동산 소송법 소고」, 『법학』 2권 1호, 서울대학교, 1960.7.

2 「한국 근세의 토지소유권에 관한 연구(1~3)」, 『법학』 8권 1·2호, 9권 1호, 1966. 3. ~1967.8 ; 「우리나라 관습법상의 토지이용권과 그 근대화」, 『Fides』 10권 2호, 서울 법대, 1963.6, 이 글은 우리나라에서는 역사상 분할소유제도가 없었다는 것을 논증한 것.

적 가족 제도가 고려 말부터 뿌리를 내리고 있었던 것인가에 대해 회의를 하게 되었습니다. 우선 가계 계승에 대해, 즉 장자, 장손만이 가계 계승을 했는가에 대해 의심을 하게 되어, 이성양자異姓養子가 가계계승, 제사 승계를 할 수 있으며, 어느 정도 행해졌는가를 연구했습니다.[3] 이와 함께 외손 봉사, 서자 차별, 서자의 지위에 대해 구체적으로 관심을 갖고 논문을 썼습니다.[4] 여기서 과전법하의 소유, 실제 소유권자가 누구냐 하는 것을 밝혔습니다. 토지와 가족, 이와 함께 재판 제도에 대해 연구를 하게 되었습니다. 특히 고문서를 정리했던 경험이 더욱 연구에 정진하도록 자극을 주었다고 할 수 있습니다.[5]

1963년 3월부터 법과대학 전임강사로 발령받았고 본격적으로 연구에 전념할 수 있게 되었습니다. 원래 문리과대학 국사학과 전임강사인 김성칠金聖七 교수가 법과대학에서 한국 법제사를 강의했는데, 6·25사변으로 돌아가셨습니다. 한국에, 서울대학교에 한국 법제사 전임 교수가 없을 수 있겠느냐는 교수들 사이의 분위기도 있었고, 또 마침 제가 전공을 하게 되어 전임으로 부임을 하게 되었습니다. 그렇지만 한국 법제사만으로는 책임 시간을 채울 수가 없었기 때문에 서양 법제사(주로 독일 법제사), 한국 법제사, 영어 원서 강독을 맡기로 하였습니다.

---

3 「異姓繼後의 실증적 연구」, 『법학』 14권 1호, 1973.5.

4 「이조말엽의 承嫡慣行과 생전양자」, 『법학』 3권 1호, 1961.7.

5 「현종 2년의 한성부 결송입안」, 『향토서울』 17호, 1963.6 ; 「조선시대의 재판제도」, 『서울六百년사』 Ⅱ, 1978.12 ; 「개화기의 재판제도」, 『서울六百년사』 Ⅲ, 1979.12 ; 「일제침략하의 재판제도」, 『서울六百년사』 Ⅳ, 1981.12.

2) 사적史的 연속성 단절의 극복

우리 법제사에 있어서의 도그마인 법의 '사적 연속성의 단절'을 극복하기 위하여 일제시 연구업적의 근본적 재평가와 아울러 일제시대를 거치는 동안 고정되어버린 '역사적 경과에 대한 도그마로부터의 해방'을 통해서 '우리의 역사발전의 법칙을 인식'하는 데 주력해 왔습니다. 역사의 연속성의 단절이라는 것은 일반 한국사, 사회·경제사 분야에서는 크게 논의되지 않고 있습니다. 제가 이를 주장하고 의식하고 극복하려고 노력한 것은 법제사이기 때문입니다. 법학은 서양법을 계수繼受해 조문 해석을 중심으로 하는 도그마틱(Dogmatik)입니다. 서양법을 수용한 이후에는 제도가 다르고 용어도 달라졌습니다. 그러니까 대부분의 법학자는 완전히 새로운 것이다, 현재의 법과 연결시킬 수 있는 제도나 의식이 없었다고 생각하고 있습니다. 지금은 아닐지도 모르지만 제가 연구할 때는 그렇지 않았습니다. 법은 제도나 용어도 다르고 매우 기술적이라고 느끼겠지만, 오늘날의 법학에 상응하는 제도가 있었으며, 법 의식이나 법 관념도 다르지 않다는 느낌을 받았습니다. 독일도 처음부터 근대 법학이 있었던 것이 아니라 로마법을 계수한 이후 그 바탕에서 근세에서는 게르만 중심의 고유한 역사 법학을 접목해 근대법 체계를 완성하였던 것입니다. 이러한 독일의 경험에 비추어 우리도 마찬가지로 외형적 용어나 형식은 다르지만 유사한 제도나 의식이 있어 역사적인 연속성이 있었을 것이라고 생각했습니다. '역사적 연속성'을 깨우쳐 주기 위해서는 우리의 제도나 의식을 빨리 연구해 알려야겠다는 생각을 했습니다.

극복해야 한다는 것은 다른 역사 분야와는 다릅니다. 특히 법학에서는 심하다고 느꼈습니다. 쉽게 말하자면 현행 법학자는 우리의 전통은 몰라도 되며 로마나 독일 등 모법만 알면 됩니다. 그러나 그런 근대법이 우리나라에서 얼마나 많은 시행착오를 겪었습니까? 또 한국인의 법 의식이 근대적이지 않다고 하는데 그 이유는 무엇입니까? 역사, 법의 역사에 대한 인식의 결여나 부족에서 오는 것입니다.[6] 만약 오늘날의 근대적 또는 현대적 법 제도를 역사적 사실에 바탕을 두게 하면 우리 법이 살 수 있을 것이라고 믿습니다.

국가법적 측면에 있어서의 소유권, 그것은 서구의 법체계를 도입하였을 경우 결코 사멸되고 새로운 근대적 소유권이 창설된 것이 아니라 그러한 과거의 제도에 대응하는 권리의식, 소유의식으로서 새로운 근대적 법체계의 밑바닥에서 연면히 존속했습니다. 따라서 전통적 법체계와 근대적 법체계와의 단절론의 강조 그것은 서구의 경우와도 일본의 경우와도 사정이 다릅니다. 이데올로기적으로는 단절이 강조될 수 있을지 모르나 실체로서는 연속되어온 것입니다. 논리적·의식적으로도 근대법 체계 속의 권리, 소유는 결코 낯선 것이 아니었다고 봅니다.

3) 한국인의 인성人性에 대한 관심

서양사적인 지식으로 역사를 보면 비교하게 됩니다. 역사에는 시기마다 그 수레바퀴를 움직인 주인공이 있게 마련입니다. 그들이 어떤 사상과 의식을 갖고 있었는지, 그리고 당시 민중은 어떻게 대응했을까가 문제

---

6 「솔서혼속에 유래하는 친족과 금혼 범위」, 『법학』 4권 2호, 1962 ; 「한국의 전통사회와 법」, 『법학』 15권 1호, 1974 ; 「한국의 전통가족과 가장권」, 『한국학보』 2, 1976 ; 「한국 전통사회에 있어서의 동족결합의 유형」, 『법사학연구』 6, 1981 ; 「상속법제와 전통가족의 의식」, 『문학사상』, 1981 ; 「한국 가부장권 법제의 사적 고찰」, 『한국여성학』 2집, 1986 ; 「여말선초의 친족의 칭호와 범위」, 『법학』 44권 4호, 2003.

될 수 있습니다. 또 서양에서는 실정법과 다른 관습이 존재하게 된 것에 대해 관심을 갖게 되었습니다. 우리의 경우에도 각 시대에 역사의 주인공이 어떤 사상을 가지고 있었으며, 법에 대해 어떻게 인식했는지, 또 피지배자인 민중은 어떻게 인식하고 있었는가에 대해 생각을 할 수 있었습니다. 지배자와 피지배자의 일반적인 인성人性, 즉 공통적인 문화적 기반에서 형성된 인성이 무엇인가에 대해 관심을 가지게 되었습니다.[7]

대체로 16세기까지는 다양성이 존중되고 자유로운 사고를 추구하는 것이 주된 흐름이었습니다. 그것이 16세기 중반 이후 특히 17세기 이후에는 다양성을 상실하고 특정 이념과 사상에 정신적으로 속박되면서 사회적 융통성이 사라지고 자유로운 인간성을 상실하게 되었습니다. 이에 따라 새로운 인성이 형성된 것입니다. 이는 지배층이나 피지배층이 모두 같습니다. 이렇게 되면 법에 대한 인식이 바뀌고 이에 따라 법 자체도 달라지게 됩니다. 신유학을 수용한 것은 시대적 상황 때문입니다. 임란과 호란은 엄청난 위기 상황이었습니다. 전쟁 자체도 그렇지만 전후의 수습은 더욱 그러했습니다. 이 때 사회를 통합할 사상으로 명분론名分論을 중시하는 신유학, 즉 주자학이 자리 잡게 됩니다. 이전의 자유에서 단체적, 공동체적 통제로 나아가게 됩니다. 이에 따라 종중宗中이 형성되고 확대되어 갑니다. 씨족 공동체를 중심으로 사회를 안정화하려는 노력이 강하게 나타났습니다. 이런 과정 속에서 사회가 점점 획일화되었습니다. 같은 유교이지만 16세기까지의 유교는 개인이나 가족에 뿌리를 깊이 내리지 못했고, 지배층이나 학자층은 그렇지 않았지만, 일반 민중은 자유로운 사고에

---

7 「조선초 입법자의 법률관」, 『한국사상대계』 Ⅱ, 1979.8 ; 「경국대전의 법사상적 성격」, 『진단학보』 48, 1979.10 ; 「한국 법사상의 흐름」, 『공사이론의 현대적 과제』, 1991.8 ; 「조선시대의 왕과 법」, 『애산학보』 2, 1982.12.

바탕을 둔 심성을 가지고 있었다고 봅니다.[8]

다양하고 해방된 사고를 가지고 있는 시대도 말기적 현상에 이르면 무질서로 흐를 위험이 있습니다. 예컨대 사화士禍 등을 말기적 현상이라고 할 수 있고, 율곡도 이런 점에 대한 우려를 표명했었습니다. 그것이 임란, 호란의 대충격을 받으면서 사상적인 전환을 하게 되었습니다. 획일화된 사회로 나아가게 된 것에 대해 선인들을 비난할 수만은 없겠습니다. 지식인들은 사회를 좌시해서는 안 되니까요. 주자학의 지배가 지속되어 말기적 현상을 드러내자 실학이 등장했습니다.[9] 사회가 발전을 해 어느 정도 안정을 이루다가 다시 서세동점으로 중국, 일본, 서양이 침략해 결국 국권을 상실하게 된 혼란기를 맞게 된 겁니다. 어떻게 보면 역사는 충격과 전환의 반복이라고 할 수 있는데 우리의 경우 외부의 지배는 받았지만 굴복은 하지 않았습니다. 외부의 충격이 없으면 어떻게 하느냐, 내부적 개혁 사상이나 민란이 있었지만 제대로 성공한 예는 없고, 이는 민족적 충격에 이르기엔 역부족이었다고 할 수 있습니다. 자체적 개혁보다는 전통에 안주하려는 타성이 있었다는 것을 부인할 수는 없는 것 같습니다.

4) 한국사에 있어서의 자유와 통제

자유의 정신이 시대적으로 어떻게 성숙해 왔는가에 대해 관심을 가져 왔습니다. 내가 느끼기에는 고대에서 고려까지는 자유로웠는데 주자학이

---

8 주 6)의 글들 참조.

9 「다산의 법사상」, 『다산학연구』 1, 민음사, 1985 ; 「다산의 형률관」, 『다산학의 탐구』, 민음사, 1990 ; 「다산의 개혁사상의 주체적 자각」, 『다산학보』 15, 1995.6 ; 「조선후기 변법사상과 법령정비사업」, 『역사학논총』, 민족문화사, 1993.

뿌리를 내리면서 자유가 통제되기 시작했다, 우리의 역사가 자유에서 통제로, 통제에서 자유로, 자유와 통제의 조화, 즉 변증법적 발전을 했다고 가정을 하고 역사와 법사를 볼 수 있다고 생각했습니다.[10] 나는 주로 사법적私法的이며 사회사적인 관점에서 보았는데 정치사, 경제사, 정신사의 관점에서 종합해 보아야 합니다. 그러나 이것은 내가 미처 정리하지 못했습니다. 앞으로도 이 문제는 내가 연구할 수 있을 때까지 붙들고 우리 역사, 법사, 정신사 발전의 자취를 그려볼까 합니다. 화두를 내는 것은 늦었지만, 이런 측면에서 역사 전체를 연구하면 우리 학문의 수준이 높아질 것이라고 생각합니다.

5) 고문서학에 대한 관심

앞서 말씀드린 바와 같이 대학원 수료와 동시에 약 4년 반 동안 5만여 건의 고문서를 정리했던 경험과 지식은 나에게 무엇과도 바꿀 수 없는 보고입니다. 서울대학교 소장 고문서의 상한 연대가 주로 중종대 후반 즉 16세기 초 이후의 것이기는 하지만 여러 종류가 참으로 귀중한 것들입니다.

나는 1980년 4월부터 2년간 한국정신문화연구원에 파견근무하여 문헌자료부장, 연구1부장 등을 맡으면서 고문서학과 전문인력 양성의 중요성을 강조하며 방법론을 건의하였고, 이성무 교수, 최근덕 교수, 강신표 교수와 함께 정구복 교수의 협조를 얻어 영남지방과 호남지방의 고문서 조사도 하였습니다. 파견중 한국학대학원에서 고문서학 강의도 담당하였고 글도 발표하였습니다.[11]

---

10 「한국사에 있어서의 자유과 통제」, 『조선학보』 167, 1998.4.

1996년 서울대학교 법과대학을 정년퇴임한 후로는 국사편찬위원회의 초서연수부 과정에서 한국고문서학과 초서사료강독을 담당하여 오고 있으며, 1997년부터는 2년간 한국정신문화연구원의 객원교수로서 초서고문서강독을 하였습니다. 또한 국교수립을 전후하여 세 차례 중국에 가서 제일당안관, 중국인민대학 당안학원을 방문하여 자료를 수집했고, 대만과 일본국에도 자주 가서 대학이나 연구기관의 고문서 정리를 시찰하는 등 식견을 넓혔습니다.

한편 그동안 고문서에 밝다는 소문이 났었던지 법원에 계류 중인 사건에 등장한 고문서의 감정의뢰를 받아 문서의 진정·성립 여부, 내용의 정서화와 해석 등의 감정을 많이 한 것도 큰 소득이었다고 할 수 있습니다. 각 성씨 문중의 다툼은 주로 18세기 이후, 즉 족보의 발간이 활발하게 되면서 종손권의 다툼, 본관의 다툼이 주된 것이었는데, 각자의 주장을 정당화하기 위해서는 수백 년 동안 고이 간직해 온 고문서를 총동원하였습니다. 조선 초의 고신 교지를 비롯하여 오래된 분재기, 조선조 재판시에 작성된 각종 공문서들로서 아직까지 공표되지 않은 귀중한 것들이었습니다. 특히 문서 중에는 위조문서와 변조문서가 많을 뿐만 아니라 관아에서도 허위문서를 발급하는 예가 많았음을 확인할 수 있었습니다. 물론 고문서학에서는 위변조 여부를 감식하는 방법도 중요한 과제이기도 합니다.

11 「고려말의 노비증여문서와 입안」,『법사상과 민사법』(春齋 현승종 박사 회갑기념), 박영사, 1979 ;「세종 21년의 첩정」,『법사학연구』창간호, 1974 ;「규장각소장 고문서와 그 성격」,『민족문화논총』제13집, 영남대학교 민족문화연구소, 1992.12 ;「고문서자료의 수집·정리 문제」,『정신문화연구』제15권 제1호(통권 제46호), 한국정신문화연구원, 1992 ;「현대의 소송과 고문서」,『고문서연구』19, 2001 ;『조선시대 생활사』(공저), 한국고문서학회, 1996 ;『호남지방 고문서 기초연구』(공저), 한국정신문화연구원, 1999 ;『조선양반의 생활세계』(공저), 백산서당, 2004.

우리나라 고문서학 연구의 실마리가 된 것은 1991년 4월 26일에 우리나라 최초로 한국고문서학회가 창립되어 거의 매월 월례발표회를 열고 매년 2차례 학회지『고문서연구古文書研究』를 발간하여 2006년 8월 현재 29집을 발간하였습니다. 여기에 실린 논문들은 거의 대부분 고문서를 주자료로 이용한 사학논문이며, 순수한 고문서학 논문은 그리 많지 않습니다. 그러나 이 학회가 고문서학 연구에 기여한 공은 지대한 것이고, 고문서학이 국사연구의 보조학문이라는 현실을 여실히 입증하였습니다. 앞으로는 고문서학 본래의 연구 활성화에 본격적으로 기여하리라고 확신합니다.

전형적인 고문서학 연구는 2000년 당시의 한국정신문화연구원의 한국학대학원에 '고문헌관리학 전공'이 창설되어 우리나라에서 역사상 최초로 한국고문서학 전공과정(석박사통합과정)이 창설되어 전공강의가 시작되면서 본격화되었습니다. 나는 학과 청설 당시 초빙교수로서 학과의 교과과정을 작성하고 강의를 담당하게 되었습니다. 입학생은 1기 7명, 2기 2명, 3기 3명, 4기 4명, 5기 1명, 6기 6명, 7기 7명 등 현재까지 30여명에 이르며, 이 중에는 서지학을 전공하는 학생도 5명이 있습니다.

나는 스스로 연구의 필요성을 절감하고 있던 연구과제를 정리한 다음, 1~4기생까지 16명의 학생들에게 입학년 2학기가 되면 박사학위연구논문의 주제를 부과하고 지도하였는데 거의 강제적이었습니다. 왜냐하면 이들이야 말로 개척자로서, 이들에게 창조적 연구를 수행하게 함으로써 고문서학의 기본틀을 구축해야 하겠다고 확신하였기 때문입니다. 그리하여 2003년 박준호가 서명형식署名形式인 착명着名·서압署押·수촌手寸·부인인婦人印 등에 관한 연구, 손계영이 조선시대 문서지文書紙에 관한 실험연구(2005), 김효경이 조선시대 간찰의 서식에 관한 연구(2005), 최연숙이 조선시대의 입안立案에 관한 연구(2005), 김혁이 조선시대 완문完文에 관한 연구(2005), 이선홍이 조선의 대명對明·청淸 외교문서 연구(2005), 조계영이 왕실도서의 장황에 관한 연구로 7명이 박사학위를 받았고, 현재 심영환이 조선시대 문서의 서체書體에 관한 연구를, 김건우가 개화기·대한제국기의 공문서公文書에 관한 연구의 박사학위 청구논문을 제출하였습니다. 그 밖에도 사찰문서(전영근), 문서위조(김은미), 명문 등 사문서류(김성갑), 왕언王言에 관한 문서(유지영), 지방 수령의 제반 문서(이정일), 과문科文(김동석), 한글문헌(김봉좌), 소지所志(채현경), 문서양식의 변화 등에 관한 문서사적文書史的 연구(박성호)와 관인官印에 대한 연구(성인근)가 진행 중에 있습니다. 그 밖에도 금석문, 자체字體, 문서의 보수·보존 등도 연구될 것입니다. 이러한 연구들은 개척적인 연구이기 때문에 연구의 실마리를 제공하는 의의가 있고 여러 주제마다 정치한 미시적인 연구가 요청되며, 더구나 많은 문서들이 발굴되고 정리·출간됨으로써 문서의 종류마다 심도있는 연구가 이루어질 것을 기대해 마지 않습니다.

돌이켜 보면 고문서와의 인연은 숙명적이었던것 같고 그리하여 고문서의 연구와 교육의 조산원·유모 역할을 하였다는 것에 대하여 커다란 자부심을 느끼고 있으며 건강이 허락하는 한 정진하고자 다짐해 봅니다.

3. 끝으로

여러 연구 방법론이나 사관을 취할 수는 있겠지만 그에 입각해 역사를 도식화한다면 진실과는 거리가 멀어질 것입니다. 역사학 방법론, 역사 해석에 대한 이론을 받아들이는데, 이는 신중해야 할 것입니다. 실증적인 연구, 실증사학이 우선 튼튼하게 자리를 잡아야 되고 그 바탕 위에서 새로운 방법론에 따라 연구를 해야 할 것입니다.

다시 한번 이야기하지만 사관에 얽매이면 진실과는 멀어집니다. 예를 들어, 유물 사관에서도 받아들일 것은 받아들이면 되지만 이에 구속되어서는 안됩니다. 북한에서도 이미 1960년대 후반 '주체성'이론을 통해 유물 사관에서 벗어나려는 시도가 토지 분야 연구에서 있었습니다. 물론 그 논의를 주도한 학자들은 곧 숙청되고 말았습니다만, 그래서 최근의 경제사 논문을 보면 불만도 많습니다.

우리의 역사, 문화를 영문으로 세계에 소개하는 것은 다다익선입니다. 그렇지만 문제는 필자가 연구 수준을 객관적으로 평가하고 정확하게 알리느냐가 중요합니다. 학계의 검증을 거치지 않은 필자가 개인 주장, 자신만의 판단을 외국의 요구에 따라 바로 영문화한다면 이는 위험합니다. 그래서 연구 성과를 종합하고 계몽하는 측면에서 진행되어야 할 것입니다. 그리고 이에 대한 대폭적인 지원이 필요합니다.

일본을 통해, 독립한 후에는 미국을 통해 학문과 문화를 받아들였습니다. 그때 우리 역사를 완전히 단절시켜버렸습니다. 법도 없다, 부패의 역사다, 이런 식입니다. 오로지 서구의 문화와 학문이 유일한 선생이라고 믿고 해왔습니다. 그래서 한국의 문화와 역사를 연구하면서도 우리의 정체성에 대해 깊이 생각하지 않은 것이 현실입니다. 이제부터 우리가 할 일은 서양의 문화나 사상이라는 것은 우리를 직접적으로 인도해주는 선생이 아니라는 사실을 직시하고 그 선생을 우리 안에서 찾아야 한다는 것입니다. 그러면 우리 역사 속에서 현재와 미래를 인도할 '정신력', 즉 '자신'을 찾아야 합니다. 우리 역사의 부정적인 측면도 교훈이 됩니다. 이를 위해서는 한국학 연구에 대해 위정자들의 올바른 인식이 필요한데, 기초 분야를 지원하려는 분위기가 형성되어 있지 않습니다. 이 점이 안타깝습니다.

이것이 반복되면 우리의 정체성을 확립하기도 어렵고 여기에 어설픈 영문소개까지 더한다면 정체성의 확립 문제는 더욱 요원해질 것입니다. 우리 자신도 바로 잡지 못하고 있는데, 어떻게 외국의 인식을 바로 잡겠습니까? 21세기라고 하지만 한국학의 정체성을 제대로 인식하고 확립하는 데 노력해야 할 때라고 생각합니다. 세계화의 흐름 속에서 민족의 정체성을 확립하기 위해서 어떻게 해야 하겠습니까? 우리에게는 단일 민족이라는 관념과 식민지 경험으로 민족주의를 대단히 강조한 연구 경향이 있었습니다. 근래에 민족주의에 대한 회의와 반성이 나타나고 있습니다. 그렇다고 해서 민족의 정체성을 확인하는 작업도 소홀히 할 수는 없을 것입니다. 특히 무한경쟁으로 질주하는 시대의 흐름에 민족주의는 여전히 중요한 화두일 것입니다.

민족주의는 우리에게 하나의 숙명인 것 같습니다. 정치적 제국주의는 사라졌지만, 경제적, 문화적 제국주의가 계속되고 있는 현실에서 민족주의는 여전히 중요하다고 봅니다. 모두들 세계화하지만 어느 나라도 민족주의적 면을 벗어나지는 않는 것 같습니다. 그 방면에 대한 연구를 통해 우리가 나아갈 길을 찾아보는 연구도 필요합니다. 나의 연구도 광의의 민족주의 사관에 속한다고 할 수 있을 겁니다.

아주 조심스럽지만 한편으로는 좁은 민족주의 사관도 필요하다고 생각합니다. 이것이 다양성이 아니겠습니까? 고대사 쪽에서는 단군 이전까지 민족사를 확대하려는 시도가 있는데, 이것은 지금까지 우리가 민족의 정체성을 확인하려는 데 소홀히 한 것에 대한 반발이 아니겠습니까? 다양성 측면에서 하나의 흐름으로는 괜찮다고는 할 수 있겠지만 정치와 결합되어 주류가 된다면 곤란합니다.(이상 강연 녹취)

이 상 현

1. 학력

1953년 영등포초등학교 졸업
1956년 서울중학교 졸업
1959년 서울고등학교 졸업
1963년 서울대학교 사범대학 역사학과(문학사)
1966년 성균관대학교 대학원 사학과 서양사전공(문학석사)
1984년 경희대학교 대학원 사학과 서양사전공(문학박사)

2. 경력

1967년~1973년, 공군사관학교 교수부 조교수.
1975년~1980년, 숭의여자 전문대학 조교수.
1980년~2005년, 세종대학교 인문과학대학 역사학과 교수.
2005년~2011년, 세종대학교 인문과학대학 역사학과 명예교수.
2003년~2005년, 한국사학사학회 회장.

3. 저서와 논문

1) 저서

『자유-투쟁의 역사』, 박문각 재판, 1990.

『신이상주의 역사사상』, 박문각 청정판, 1990.

『역사철학과 그 역사』, 박문각 정정판, 1991.

『역사로의 입문』, 박문각 초판, 1993.

『최신 세계문화사』, 박문각 초판, 1993.

『지성사로 본 세계사』, 집문당 초판, 1998.

『역사적 상대주의』, 집문당 초판(학술원 추천도서), 2000.

『역사, 그 지식의 즐거움』, 일송미디어 초판, 2003.

『역사 속 사랑이야기』, 세종대학교 출판부 초판, 2006.

『아버진 홍은동 이발쟁이였다』, 도서출판 순수 초판, 2006.

『세계적 한국사』, 도서출판 삼화 초판, 2011.

『고백』, 도서출판 삼화 초판, 2012.

『종교, 그 벽을 넘어 진리의 세계로』, 도서출판 삼화 초판, 2014.

역서 『역사학의 이상』, 박문각 재판, 1993.

2) 논문

「Benedetto Croce의 歷史思想」, 『서양사론』 제 7-8합, 한국서양사학회, 1967.

「R.G.Collingwood의 歷史思想」, 『서양사론』 제10호, 한국서양사학회, 1969.

「역사와 신화」, 『南溪 조좌호박사 화갑논총』 일조각, 1977.

「로빈슨의 역사교육론과 역사적 상대주의에 대한 소고」, 『역사교육』 57호, 역사
　교육연구회, 1995.

「미국 신사학파의 역사이론」, 『서양사론』 51, 한국서양사학회, 1997.

「신사학파의 보편사론」, 『역사학보』 158, 역사학회, 1998.

「포스트모더니즘 시대의 역사학-역사학의 실용성 문제-」, 『역사교육』 70, 역사
　교육연구회, 1999.

「한국서양사학의 반성」, 『한국사학사학보』 5집, 한국사학사학회, 2002.

「한국 서양사학과 역사관의 문제」, 『한국사학사학보』 7집, 한국사학사학회, 2003.

역사, 그 이론의 길을 찾아 한평생

이 상 현

1. 학부시대

인류의 역사가 아담과 해와가 지은 원죄로 시작되었다면, 나의 삶과 40여 년의 교단생활은 콤플렉스로 엮어진 삶이라 할 것입니다. 그 중 하나는 개인적인 것으로 권세 있고 돈 많은 가정에 태어나지 못하고 '이발쟁이 셋째 아들'로 태어났다는 것이고, 두 번째는 한반도의 가난한 후진 저개발의 작은 나라에 태어났다는 민족적인 콤플렉스입니다.

이러한 개인적인 콤플렉스를 극복하려면 돈을 벌고 출세를 위한 삶을 살았어야 할 터인데, 나는 그렇지 못했습니다. 교수라는 직업에 충실하려면, 가난을 천직으로 삼으려는 자세가 우선되어야 하기 때문입니다. 그 중에서도 인문학의 역사학 교수, 국내에서 시장을 찾기 어려운 서양사학을 전공하는 교수의 길은 더욱 그렇습니다.

어쩌면 내가 이러한 삶의 길을 택하게 된 것은 민족적 콤플렉스가 작용하였기 때문이 아니었나 합니다. 일제 36년과 8·15광복에 대한 흐릿한 기억을 안고 태어난 나로서는 '피는 물보다 진하다'는 좌우명을 가지고 소년시절을 살아야 했고, 다시 6·25의 참상을 겪어야 했던 삶의 체험은

'피보다 진한 것이 사상'이라는 생각을 뼛속 깊이 새기게 하였습니다.

초등학교 시절 6·25를 당하였던 나에겐 그럴 수밖에 없는 뼈저린 기억들이 몸속을 흐르고 있습니다. 피난 시절, 장총을 들고 부녀자들을 겁탈하기 위해 촌락으로 진군(?)해오는 외국군들 앞에서 이불을 뒤집어쓰고 벌벌 떨고 있던 어머니와 누이를 지키겠다며 식칼을 들고 방문 앞을 지키던 기억. 겨우 피난지를 벗어나 미군 트럭을 몰래 올라타고 한강을 건너 옛 집을 찾아갔으나 집은 간데없어 주변을 두리번거리다가 미군에게 잡혀 그들의 샤워실로 끌려가서, 차마 말로 옮길 수 없는 일을 강요당하다가 몸부림을 치며 뿌리치고 도망 나오던 기억 …. 이런 기억들이 나의 민족적 콤플렉스를 갖게 만들었습니다. 이러한 콤플렉스는 나를 조숙하게 만들었고, 왜 우리는 이러한 치욕과 고난을 당하여야 하는가 하는 의문을 갖게 하였습니다. 그리고 이러한 치욕과 고난의 의미를 생각해보려는 마음을 갖게 만들었습니다.

하여, 당시의 풍토로는 법관이나 정치가의 꿈도 가져볼 수 있었으나, 세계사 시간에 얻어들은 고대그리스에 대한 매력이 나에게 어쩌면 허황될지도 모르는 꿈을 갖게 하였습니다. 고대그리스는 고대 오리엔트세계의 선진문화가 서방세계로 건너가는 문화적 징검다리(stepping stone)였습니다. 나는 문득 한반도야 말로 현대세계사에 있어서 그러한 위치가 아닌가 하는 생각을 갖게 되었습니다. 이러한 생각을 가지고 보면, 일제의 침략도, 남북한 이데올로기의 대립도, 세계 16개국의 젊은이들이 피를 흘린 6·25 전쟁의 의미도 명백해지기 때문이었습니다.

마침 중고등학교 때 만난 함석헌선생의 영향도 있었지만, 이러한 생각은 나로 하여금 역사학의 길을 걷게 하였습니다. 그러나 실제 역사학의 길은 실망 그대로였습니다. 그곳에는 함석헌선생과 같은 열변으로 사상을 담아주는 스승도 없었고, 뜻을 같이 할 수 있는 동지도 찾아볼 수 없었습니다. 여기서 나의 대학시절은 갈등과 맹목적인 반항, 그리고 광기어린 삶으로 얼룩지게 되었습니다. 이때의 심정을 나는『자유·투쟁의 역사』에서 아래와 같이 술회하였습니다.

> "그렇다! 그래서 나는 외국인이라면 공연히 불쾌감을 참지 못해 양부인을 겨드랑이에 끼고 희죽대는 미국 병사에게 깨어진 소주병을 들이대었다가 불량 대학생의 낙인이 찍혀 이 대학 저 대학 대학교 순례를 해야 했던 문제아였다"

위의 사건은 입학 면접 순간부터 엇박자를 내기 시작하였던 채희순 교수와의 악연으로 이어졌고, 학부 4년간의 생활에 적응할 수 없는 고통과 광분의 세월로 만들었습니다. 더욱이 당시 사범대학 분위기는 학문적이라기보다는 교직을 얻기 위한 학점취득 경쟁의 장, 이상이 아니었습니다. 서양사를 담당하던 김성근 교수, 한국사담당의 변태섭 교수와 젊은 김용섭 교수, 이민호 교수가 있었지만 함석헌선생의 강의에 숙달되어 있었던 나의 귀에 그들의 강의가 들어올 리가 없었습니다. 그래도 학문적 분위기를 느끼게 한 것은 김용섭 교수와 시간강사로 동양사 특강을 담당하였던 민두기 교수 정도가 기억할 만한 분들이었고, 인간적 정을 느끼게 한 분이 성균관 교수로 출강하시던 김하구 교수였습니다. 그러나 이분들도 나로 하여금 역사를 학문으로 연구하게 만들만큼 영향력을 끼치지는 못하였습니다.

역사학에 대한 실망과는 달리 철학에 대한 관심은 깊어갔습니다. 나는 중고등학교 때부터 철학적인 관심을 지니고 있었습니다. 내가 태어난 곳이 화장장의 상징으로 일컬어지던 홍제동이라는 턱이나, 중학교 때 입신방언을 하는 정도의 광신의 경지에까지 이르렀던 신앙생활의 영향도 있었지만, 방인근의 삼류소설로부터 비롯된 독서의 방향이 자연스럽게 철학에 대한 관심으로 이어졌었습니다. 당시 톨스토이의 『인생론』으로 비롯된 독서는 궁극적으로 전문적인 철학서를 갈구하기에까지 이르렀습니다.

그러나 그 당시에는 그런 책은 쉽게 손에 들어오지 않았습니다. 그러다가 잡힌 것이 이봉래씨가 『짜라스투라』의 어구들을 편집한 『철학독본』이란 책이었습니다. 그러나 거기에 들어 있는 문구들은 멋은 있으나 도저히 무슨 뜻인지는 알 수가 없었습니다. 그러다가 박영문고로 출판된 『짜라투스트라는 이렇게 말하였다』를 읽고 깊이 빠져들었습니다. 무려 13번이나 읽었으니까요. 그리고 김형석씨가 번역한 키르케고르의 『죽음에 이르는 병』 또한 깊은 감동을 주었으며 거기서 변증법의 원리를 터득하기 시작하였습니다.

때문에 나는 철학과로 진학하기를 원하였습니다. 그러나 학자금 문제가 아득하게 생각되었습니다. 그 방편으로 등록금이 서울대학의 3분의 1도 안 되는 한국 신학대학으로 진학하려고 했습니다. 그러나 서울대학 배지를 물리칠 용기를 얻지 못하여 두 장의 입학원서를 가지고 망설일 때, 서울사대 역사과 출신인 담임선생이 사범대는 등록금도 싸고 역사과에 가면 철학도 공부할 수도 있다고 권유하여 서울사대 역사학과를 가게 된 것입니다.

이러한 나의 근기를 생각하면, 사범대학 역사학과에 적응하지 못한 이유는 전적으로 나의 내면적인 성품에 있었다 해야 할 것입니다. 이러한 나에게 나타난 것이 사범대학 사회과에서 근대철학과 현대철학, 그리고 문화사를 강의하던 김계숙 교수였습니다. 이분은 내가 미군병사에게 소주병을 들이 대었던 사건으로 채희순 교수에 의하여 교수회의에 회부되었을 때, "이 시대에 그러한 분노도 느끼지 못한다면 그게 젊은이입니까?"라는 한마디로 나에게 내려질 징벌을 면하게 해주신 분이며, 또 내가 대학에서 처음이자 마지막으로 상담을 했던 교수였습니다.

그분이 나의 변호인이었다는 사실을 알기 전의 일이지만, 나는 그분의 강의를 듣고 개인 상담을 요청하여 나의 고뇌를 피력한 적이 있습니다. 그 때 그분은 나의 이야기를 경청한 뒤, 간단히 한마디 해주었습니다.

"자네는 지금 감성적인 실존주의에 빠져 있네. 물론 그것도 훌륭한 일이지만 철학에는 그와 정반대되는 방향도 있네. 이제는 그 반대방향의 과학철학 쪽으로 독서를 하는 것이 어떻겠는가?" 그분의 나에 대한 진찰은 적중했습니다. 그때부터 나는 그분이 알려주신 Morton White의 『The Age of Analysis』를 읽었습니다. 다른 분야는 너무 어려워서 잘 이해하지 못하였는데, 그중에서 B. Croce의 글이 가슴에 와 닿았습니다. 아마 역사과에서 나름대로 익힌 역사에 대한 관심이 주효하지 않았나 여겨집니다.

2. 대학원시대

이렇게 나의 학부생활은 끝이 났습니다. 그 다음이 문제였습니다. 졸업을 하자 경기도 백령도 백령고등학교 역사 선생으로 발령을 받았으나 처음부터 갈 생각이 없었습니다. 아르바이트를 해서라도 철학공부를 더 해야겠다는 생각에 사로잡혀서, 당시 서울대학교 문리과대학에서 헤겔철학을 강의하던 최재희교수의 추천을 받아 철학과 학사편입을 시도했으나 수속절차를 몰라서 실패하였습니다. 그래서 집에서 1시간 이상을 걸어야 하는 동숭동 서울대학 중앙도서관으로 출근하다시피 하며 1년을 보냈습니다.

이때에 나에게 힘이 되어준 것은 스피노자와 칸트, 그리고 마르크스였습니다. 이들의 철학이나 사상이 아니라, 평생을 안경알 닦기를 직업으로 삼고 철학연구를 한 스피노자, 7년에 걸친 가정교사 생활을 한 칸트, 비참한 경제적 고통 속에서 『공산당 선언』과 『자본론』을 생산한 마르크스가 나의 스승이었습니다. 나도 이들의 길을 가리라 마음먹고, 낮에는 도서관으로 밤에는 아르바이트로 일 년을 보냈습니다.

일 년간의 방황은 헛되지 않았습니다. 그 때 우연히 접하여 영문원전으로 읽게 된 Christerpher Dawson의 『The Dynamics of World History』에서 환희를 느꼈습니다. 역사학이 이런 것이라면 해 볼만하다는 생각이 들었기 때문입니다. 여기서 나는 처음으로 이론사학 또는, 역사철학이 가능하다는 것을 느꼈습니다. 그리고 역사학 공부를 계속해야겠다는 결심을 하였습니다. 문제는 "어떻게 하는가?" 하는 것이었습니다. 나의 곁에는 외국유학을 권유할 만한 사람도 없었지만, 민족적 콤플렉스는 설사 그런 권유가 있었다 하더라도 유학은 가지 않았을 것입니다. 『자유·투쟁의 역사』엔 그 당시의 콤플렉스가 다음과 같이 표현되었습니다.

"강간을 하고도 떳떳한 서양인의 그 의젓한 모습이 나를 유혹했다. 나도 강간을 하는 자의 입장이 되어 보았으면 했다. 내 집에서 남의 잔치를 치르지 않고 남의 집에서 잔칫상을 받아 보았으면 했다. 그래서 서양을 배우기로 했다. 그러나 나는 나였다. 그래서 내 아버지 곁을 떠나지 않기로 했다. 강간당한 내 누이의 곁에서, 남의 잔치로 소란해진 내 집에서, 그것을 배워야 한

다고 생각했다. 나의 이 현장을 보면서 서양을 배워야 그 서양이 내 것이 될
것이라고 생각되었다"

　내가 다니던 대학에선 배울 선생과 배울 것을 찾지 못하고 유학은 콤
플렉스 때문에 시도조차 못해보고 …. 나의 학문의 길을 어디에서 찾아야
할 것인가? 처음엔 혼자 해보려고 생각했습니다. 헌데 그 때 나에겐 나의
학문과는 무관하게 여러분의 교수들과의 교분이 있었습니다. 중학교 때
예수를 믿기 시작하면서 "나도 예수처럼 가난하고 버림받은 이들을 위
해 봉사하겠다고, 서울역 거지아이들을 고아원으로 인도해주는 일을 펼
친 일이 있었습니다. 그 때에 만나게 된 이문창이라는 분을 4·19 이후에
다시 만나게 되어, 당시 교수단 데모를 주도 하였던 우관 이정규 교수 등
과 국민문화 연구소를 만들어, 학생 중 대표자 역할을 담당하게 되었습니
다. 이때의 인연을 맺게 된 우관 이정규박사(후에 성균관대 총장이 되었음)
의 "공부는 울타리가 있어야 지속할 수 있다"는 권유를 받아들여 성균관
대학교 대학원 사학과엘 입학하게 되었습니다.
　나는 거기서 서양사의 김하구 교수와 염은현 교수, 그리고 연세대의 조
의설교수를 만나게 되었습니다. 김하구 교수는 사범대학에 출강하신 분
이라서 이미 알고 있었고, 염은현 교수는 처음으로 만난 분이었습니다.
면접에서 역사철학을 하고 싶다고 하자 김교수는 하니고로(羽仁伍郎)가
번역한 크로체의 『역사서술의 역사와 실제』를 주셨고, 염교수는 콜링우
드의 『The Idea of History』를 빌려주셨습니다. 나는 이 두 책들을 읽고
번역하고 음미하는 일에 재미를 붙일 수 있었습니다.
　한편 연세대의 조의설교수는 사비를 들여서 『세계사 대사전』(민중서관,
1976)을 만들고 있었는데, 나의 일본어 해독 능력을 인정하여, 연세대 고

성환교수와 함께 그 초고 작성을 하게 하였습니다(당시 동양사 부분은 연세대 황원구 교수와 숭실대의 김문경 교수가 담당하였다). 이외에도 나는 조의설교수에게 청탁으로 들어온 원고를 대필 작성하여 용돈을 얻어 쓸 수 있었습니다. 한 마디로 조의설 교수로부터 난 일종의 도제교육을 받았고, 그것은 나의 연구생활에 큰 도움이 되었습니다.

이러한 나의 삶은 매우 고달팠습니다. 오전 10시에 연세대 인문과학 연구소에 출근하여 하루 종일 원고작성에 열을 올리고, 저녁이면 가정교사를 해야 했으므로, 자정이 넘어서야 나의 공부는 가능하였습니다. 그래도 대학원 입학, 2년 만인 1966년 봄에 「베네데토 크로체의 역사사상」이라는 제목의 논문으로 석사학위를 받아 한국서양사학회에 발표하였고, 이어서 「콜링우드의 역사사상」을 동지에 발표하였습니다. 이것은 나의 학문의 길을 위한 첫걸음이었습니다.

일반적으로 역사라 하면 과거 사실에 대한 조사탐구와 이해로만 알고 있었는데, 크로체와 콜링우드의 "모든 역사는 현재사이다", "역사학은 철학과 동일하다", "모든 역사는 사상사이다"라는 명제를 풀어 가는 나의 연구 과정은 그 자체가 즐거움이었습니다. 특히 콜링우드는 크로체를 영역하여 그의 역사철학 세계를 확립한 분으로 여겨지면서 두 사람의 사상을 비교 검토하고 이를 위하여 연관된 많은 역사사상가들의 사상을 섭렵하는 일은 나의 서양사상사의 지평을 크게 열어주었고, 뿐만 아니라 그일 자체가 매우 즐거운 일이었습니다.

당시로서는 석사학위를 받은 학자가 흔한 것은 아니었습니다. 그렇다고 석사학위를 받았다고 직장이 보장되는 것도 아니었습니다. 혹시 유급 조교 자리라도 있을까 싶어 마음을 쓰고 있을 때, 대학원 게시판에 공군사관학교 교관요원 모집공고가 붙었습니다. 석사학위 소지자는 중위계급장을 주어 특수간부 후보생과 동일하게 대우한다는 조건이었습니다. 기왕에 학문을 하기로 마음먹은 나에겐 더할 나위 없는 기회였습니다. 먹여주고 입혀주고 공부할 수 있고 강의만 할 수 있다면 무엇인들 못하겠는가 하는 단순한 생각이었습니다. 그러나 현실은 단순하지 않았습니다. 막상 입대하여 훈련을 마치고 임관을 하고 보니 나의 어깨에 붙여진 것은 소위 계급장이었고, 보내어진 곳은 사관학교가 아니라 용문산 레다 사이트 행정 계장 자리였습니다. 이것이 당시 공군의 현실이었습니다. 나는 여기에 저항을 시작하였습니다. 항명죄를 짓고 불명예제대를 하리라는 결심을 하고, 상급자들과 수없는 싸움을 하여 문제를 일으켰습니다. 문제를 두려워한 당시 대대장은 나에게 방법을 가르쳐 주었습니다. 소원제기를 하라는 것이었습니다. "까라면 까라"는 것이 군대의 불문율인 시절에 소원제기를 한다는 것은 큰 용기를 요하는 일이었습니다. 그런데 그것은 성공했습니다. 당시 참모총장(장지량 장군)이 인텔리(?)여서였는지 몸보신하려는 일상적인 장군들의 생각에서였는지는 모르겠으나, 어찌했든 나는 졸지에 공군사관학교 교수부 교관이 되었습니다.

그 때부터 나는 교관실을 지키며. 크로체와 콜링우드를 다시 읽었고, 딜타이를 읽어보겠다고 독일어로 된 전집에 매달려 세월도 보냈습니다. 그러나 무엇보다 중요한 것은 강의준비를 위하여 구체적인 사실 사건을 중심으로 하는 역사서를 읽었고, 또 한국사를 통독할 수 있었다는 것이었습니다. 그렇게 하면서 남들은 4년 만에 끝내는 군대생활을 6년이나 한 뒤 전역을 하였습니다. 이 기간에 나는 연세대 대학원 박사학위과정에 진학하였습니다. 당시로서는 박사학위를 받은 사람도 없었고 박사학위를 국내에서 하겠다는 사람도 별로 없을 때였지만, 앞으로 교수의 길을 가려면 해야 된다는 조의설교수의 권유를 받아들여 진학을 했습니다. 이때가

1968년에 입학하여 3년 만에 학점은 모두 이수하여 이른바 박사과정 수료자라는 이름은 얻었으나, 실제로 우리나라에서 인문과학분야의 박사학위를 주기 시작한 것이 1975년 이후이고 보면, 나의 이 수료는 지나치게 앞선 것이었습니다. 1975년에는 이미 조의설 교수는 정년퇴임을 하셨고 그 뒤를 이은 김정수 교수에게 논문지도를 의뢰하였으나, 서양사는 서양에 가서 하는 것이 맞다는 일갈에 실망하고 포기하는 마음을 지닐 수밖에 없었습니다.

이때를 내 삶에 있어서 갈등의 시기였다고 말하고 싶습니다. 정치투쟁의 길이냐 학문의 길이냐를 마음에 정하지 못해서 오는 심리적 갈등, 그러나 이러한 갈등은 오히려 나에게 중요한 저서 『자유·투쟁의 역사』를 쓰게 한 원동력이 되었습니다. 이 책은 군의 부조리를 척결해보자고 나섰던 청년장교들의 권유로 행한 강연원고와 남모르게 정치조직을 획책했던 이들과의 모임을 위해 만든 선언문 「유색인종 해방선언」이 동기로 되었기 때문입니다.

3. 학원 강사에서 숭의여전 교수로

그러나 전역하고 난 나에겐 또 하나의 현실이 기다리고 있었습니다. 함께 무엇인가 해보자고 했던 친구들은 모두 가정을 꾸려 그것에 충실하지 않을 수 없었고, 나 또한 가정을 이루어 처자식을 먹여 살려야 되는 현실을 외면할 수 없었습니다. 지도교수와 학계 선배의 주선으로 성균관대학과 숭의여전에 강사자리를 얻을 수 있었고, 또 익산의 원광대학에 전임을 전제로 한 강의도 맡았으나 한 학기 하고나니 더 이상 가고 싶지 않아 그

서양사학자가 쓴 새로운 시각의 한국사 강좌
『세계적 한국사 38강』(삼화, 2011)

냥 서울에서 버티기로 하였습니다.

이때에 나를 유혹한 것이 공무원 승진 시험을 위한 학원의 한국사 강의였습니다. 이 강의는 성공적이었습니다. 공군 사관학교에서 친숙해진 한국통사 지식을 동원,『한국사강론』(법문사)이라는 책도 엮어서 베스트셀라의 반열에 올랐고, 나의 한국사 강의는 전국 공무원 승진 희망자들에게 전폭적인 인기를 얻었습니다. 거기서 얻어진 수입은 당시 대학 교수 봉급의 10배에 해당하는 것이었으니, 스스로 놀라지 않을 수 없었습니다. 덕분에 집도 마련하고 여윳돈을 지닐 수도 있게 되었습니다.

그때, 청와대 비서실에 근무하던 한 수강생이 "학계에 공헌을 하셔야 할 분이 돈에 휘말리셔서야 되겠습니까?"하면서 도움을 자청하였습니다. 숭의여전이라도 전임만 된다면 학원을 포기하겠노라 하였습니다. 그로부터 며칠 뒤에 숭의여전에서 전임발령을 받을 수 있었습니다. 그때 발령장을 들고 온 사람은 묘하게도 중학교시절 서울역 거지아이들을 데려다 주었던 희망소년원 원아들 중 한 친구였습니다. 그는 숭의학원 지원 재단인 미륭상사의 부장이 되어 학교문제를 전담하고 있었습니다. 그 친구의 강권으로 취임과 동시에 학생처장이라는 보직을 맡아, 당시 이슈로 되었던 학도호국단 재건사업을 감당해야 했습니다. 1년 만에 보직을 사퇴하고, 평교수로 강의와 연구에 매달렸습니다. 우선 콜링우드의 『The Idea of History』를 번역하여 『역사학의 이상』으로 출간하였습니다. 그리고『자유투쟁의 역사』를 썼습니다.

이 책을 통해서 나는 모든 역사는 인간만이 지닌 정신의 발현인 자유의, 자유를 위한 투쟁의 과정이라고 이해하였습니다. 한국을 비롯한 유색인종들의 비참한 현실은 이러한 자유의식의 결핍에 그 원인이 있다는 주장을 펼쳤고, 결론적으로 '역사는 고결한 순교자의 순결한 피를 마시고 성장하는 나무'라고 외쳤습니다.

이 책은 태어나는 순간부터 수난을 겪어야 했습니다. 당시 잘 나간다는 '물결사'에서 출판을 했는데, 그 회사 사장이 김영삼씨의 비서실장으로 국회의원 선거에 출마하여 이 책을 들고 다니며, 정치선전에 활용하였고, 당선이 되자 출판사를 폐쇄하는 바람에 책은 공중에 뜨게 되고 공연히 저자인 나만이 중부서의 사찰대상이 되고 말았습니다. 마침내 10·26사태가 나고, 나의 집 전화에서 울리던 괴성은 사라지고 세상은 어수선해지면서 책은 엉뚱한 총판대리점의 손으로 넘어가 운동권의 필독도서 명단에 오르는 영광(?)을 얻을 뿐, 인세라고는 한 푼도 받지 못하는 경우가 되고 말았습니다.

이를 무시한 채, 나는 새로운 집필을 시작했습니다. 마침 문교부 연구비 지원도 있고 해서,『서양역사사상사』를 시작한 것입니다. 이 책은 원래 먼저 번역한『역사학의 이상』의 해설을 목적으로 시작하였으나, 글을 써내려가다 보니, 전혀 다른 책이 되고 말았습니다. 콜링우드와 생각을 달리하는 부분도 있고, 연구의욕으로 분야를 확장하다보니 그리된 것입니다. 이 책은 숭의여전에서 시작되었으나 탈고는 세종대학에서 보았습니다.

이 책을 쓰면서 비로소 내 나름의 학문의 세계가 보이기 시작하였습니다. 역사를 통해서 철학을 이해하고, 철학을 통해서 역사학의 진수를 생각할 수 있는 역량이 생겼다고 할 것입니다. 그래서 재판 때에는 비록 판

이상현, 역사란 무엇이며, 어떻게 볼 것인가.
『다시 쓰는 역사, 그 지식의 즐거움』(세종연구
원, 2008)

매시장이 좁아지리라는 것을 예견하였으면서도 그 책의 제목을 『역사철학과 그 역사』라는 제목으로 이름을 바꾸었습니다. 나는 이 책을 키워나간다는 마음으로 여러 번의 판을 바꿀 적마다 보충하였습니다. 그러면서 터득한 것은 서양의 역사사상은 거의 모두가 기독교적 역사관의 틀을 쓰고 있는 거대 담론이라는 점입니다. 시대적으로 변천하는 관심의 대상 때문에 담겨진 내용은 달라도 그 커다란 그릇은 기독교, 특히 아우구스티누스의 역사관이라는 것입니다.

또 한 가지, 여기서 생각한 것은 역사와 철학은 불가분의 관계라는 것입니다. 역사를 사건 사실의 종합으로만 본다면, 그것은 죽은 역사가 될 것이고, 그것을 연구하는 행위는 문헌정보학 이상일 수 없다는 것입니다. 그렇다고 철학이 역사적 사실을 외면한다면, 그것은 사례를 열거하지 못한 손자병법에 불과하다는 것입니다. 더욱이 남의 나라의 역사를 연구하기로 나선 서양사의 경우, 사건 사실에만 매어달리다 보면, 그 연구행위는 무의미한 도로에 그치고 말 것입니다. 한국사의 경우도 너무나 구체적 사실에만 매어달리다보면 우물 안 개구리가 되어, 가장 많고 가장 깊은 지식을 가졌지만, 가장 무지한 자가 되고 만다는 것입니다. 인간의 일체 행위는 목적 의도 사상을 수반하는 것이니 만큼, 역사속의 인물들이나, 그들을 연구와 서술의 대상으로 삼고 있는 역사연구자 자신들의 목적

의도 사상을 도외시 한다면, 그의 학문은 죽은 학문일 수밖에 없습니다.

4. 세종대학교와 나의 역사연구

어찌되었든, 나는 숭의여전 근무 5년 만에 한권의 번역서와 두 권의 저서를 들고 세종대학으로 갈 수 있었습니다. 세종대학과 나의 인연은 공군사관학교에서 비롯되었습니다. 그러나 전적으로 그 인연 때문에 이곳으로 오게 된 것은 아닙니다. 조의설교수가 정년 뒤에 담당하던 과목을 건강상 못하시게 되면서, 그분의 대강을 위한 시간강사로 첫발을 내어 딛게 된 것입니다. 그러나 당시 사학과의 한 교수가 별로 달갑지 않게 생각하는 것 같아서, 강사생활 3년 만에 포기하였다가, 이른바 80년도 사태가 일어났다가 안정세를 얻으면서, 재단의 이전제의를 받고 옮기게 된 것입니다.

'서울의 봄', '5·18' 등으로 질풍노도가 일고 있던, 1980년 초는 세종대학뿐만 아니라 숭의여전에도 바람이 세게 불었습니다. 학생들이 학장을 몰아내고 교수를 내쫓기 위해 끊이지 않는 데모가 일어나고 있었습니다. 나는 교수들의 추천으로 두 번째로 학생처장을 맡아야 했고, 그로부터 다행히 학교는 평온을 되찾을 수 있었습니다. 이와 때를 같이 하여 세종대학의 제의를 받게 된 것입니다. 허나 세종대 역사학과에서 반대도 있었고, 나도 조금 망설였습니다. 결과적으로 학교에서는 당시 나의 이전을 반대하고 나선 어느 교수를 설득하여 재차 제의를 해왔습니다. 나는 허락했고 그래서 세종대의 교수가 된 것입니다.

내가 여기서 이러한 말씀을 자세히 해야 하는 것은 그 뒤에 내가 이 학교에서 보직을 하지 않으면 아니 되었던 일을 변명하려는 것입니다. 누구든 싫어하는 사람을 의식하고 살아야 하는 삶은 피곤합니다. 더구나 이 학교의 역사학과의 연혁이 짧지 않은데, 내가 정년을 맞이하게 된 첫 번째 교수란 사실은, 대학교수의 삶이 무사하고 안일하기만 할 것이라는 일반인들의 고정관념이 얼마나 틀린 것인가를 보여주는 사례입니다.

학자에게 가장 중요한 것은 자유와 자유스런 분위기입니다. 이것이 결여되면 학자는 올바른 연구를 할 수가 없고 참다운 교육을 할 수가 없어집니다. 위협과 강제 속에서 이루어지는 연구는 왜곡되기 쉽고, 공포분위기에서 이루어지는 교육은 찌들어버릴 수밖에 없습니다. 그런데 난, 군에서도 행정장교를 극구 피했고, 놀라울 정도의 수입의 경제적 유혹도 떨쳐버릴 수 있었고, 친구나 동료교수들의 강권에 못 이겨 수락했던 보직들도 1년을 넘기지 않고 버릴 수 있었는데, 이 학교에 와서는 연구자의 인생에 있어서 가장 중요한 40대에 무려 10여 년간을 보직에 사로잡혀 끓어오는 연구열과 의욕을 억누르고 시간을 허비해야 하였습니다. 내 비록 재주는 없으나 이것은 내 생애의 커다란 손실이었습니다.

나를 잘 아는 분들은 그래도 그 10년간에 박사학위도 받았고, 논문도 많이 쓰지 않았느냐고 물을 것입니다. 그렇습니다. 학보사 주간을 하면서 편집에도 관심을 가져보았고, 2부 교학처장을 하면서 오전엔 문을 굳게 닫아 버려도 되는 사무실에 틀어박혀서 박사학위논문도 썼습니다. 학생처장을 하면서는 처장실 뒷켠에 칸막이를 해서 나만의 공간을 만들고 책을 읽으려 노력도 했습니다. 그 결과 비코와 크로체 콜링우드의 사상을 연결시킨 『신이상주의 역사사상』을 펴낼 수 있었습니다.

이 책은 나에게 박사학위를 가져다주었고 그 동안 고민하던 나의 역사사상을 정리하고 확인하는 계기가 된 책입니다. 크로체를 통해서 접하게 된 "모든 역사는 현재사이다", "모든 역사는 사상사이다"라는 명제를 비코의 철학에서 그 뿌리를 확인했고 콜링우드를 통해서 진일보하게 되는 과정을 확인했으며 지금까지 근대(모던)라는 이름으로 지배권을 행사해 오던 데카르트와 계몽주의에 뿌리를 두고 있는 과학만능사상의 허구를 갈파하였으며, 역사적 상대주의의 진수를 찾아낼 수 있었습니다.

이것은 매우 중대한 발견이었습니다. 일반적인 서양의 철학사상사에서는 서양 근대사상을 데카르트에서 비롯되는 대륙관념론과 프란시스 베이컨으로 시작된 영국 경험론으로 나누고, 이 두 개의 흐름이 칸트와 헤겔에 이르러 종합되는 것으로 설명하고 있습니다. 허나 이것은 비코의 영향력을 무시한 사상사입니다. 유럽의 사상사를 자연과학적 사고만을 중심으로 삼는다면 맞는 이야기가 될 것입니다. 그러나 칸트나 헤겔은 자연과학적이지만은 않은 사상가입니다. 칸트는 말년에, 헤겔은 처음부터 인간정신의 문제를 철학의 소재로 삼았고, 그것은 역사와 역사적인 사고를 바탕으로 하는 것이었습니다. 그리고 이러한 바탕의 기원은 멀리는 아우구스티누스, 가깝게는 비코에게서 연유하는 것입니다.

데카르트의 철학은 "생각한다. 고로 존재한다"라는 명제로로부터 시작됩니다. 그런데 비코는 "진리는 발견되어진 것이다"라는 명제를 세워서 데카르트의 허구를 분쇄하였습니다. 이는 데카르트의 진리의 절대성에 대한 상대성, 진리의 불변성에 대한 가변성을 밝힌 것입니다. 이러한 비코의 생각은 계몽주의를 넘어서 낭만주의 사조의 원류가 되었으며, 여기서 헤르더, 칸트, 헤겔, 니체, 마르크스, 크로체 그리고 딜타이 등의 출현을 보게 된 것입니다.

이러한 사상사의 흐름을 인정한다면 서양의 근대 사상사는 데카르트와 베이컨으로 비롯된 과학적 사고의 흐름과 비코로 비롯된 역사과학적 사고의 양대 흐름이 칸트와 헤겔에게서 큰 만남을 이룩하고 다시 실증주

1984년 세종대 사학과 답사

의적인 사고와 역사주의적인 사고로 갈라져 현대 사상사로 이어지는 것
으로 이해함이 올바르다 할 것입니다.

　이와 같은 역사적 상대주의에 대한 이해를 바탕으로 나의 관심은 미
국의 신사학파에 대한 연구로 이어졌습니다. 학교 강의를 위해 읽게 된,
Charles Beard의 『The Basic History of America』를 읽다가 상대주
의적이고 주관주의적인 역사가로 알려진 이의 책이 객관적 진리를 앞세
운 어느 실증주의적 역사가의 책보다도 더 객관적이라는 느낌을 얻어, 그
의 이론서를 찾아 읽으면서 빠져들게 된 것입니다. 더욱이 1987년 3년간

의 학생처장 보직사표를 내고, 교환교수로 1년간 미국에 체류할 수 있는 기회를 얻어, 버클리 대학 도서관에 비치되어 있는 역사철학 관련 서적들을 힘과 시간이 닿는 대로 복사해 온 자료를 바탕으로 본격적으로 미국의 신사학파 역사이론을 연구하였습니다. 그래서 그 연구의 결과로 얻어진 논문들을 엮어 『역사적 상대주의』라는 책으로 출판하여 대한민국 학술원 우수도서로 선정되는 행운까지 얻었습니다. 한마디로 이 책은 미국을 갔다 온 뒤 10년간 연구실만을 지켜낸 노력의 결실이라 할 것입니다.

이 책의 내용은 『신이상주의 역사사상』의 연장선상에서 이루어진 전문적인 연구서입니다. 역사상에서 인간이 발견해낸 것들 중에 영구불변의 진리는 없다는 것입니다. 특히 역사는 그것을 쓴 사람의 역사적 상황 및 역사가의 의도 목적 사상으로부터 자유로울 수 없다는 것입니다. 그러므로 모든 역사는 매시대마다 다시 쓰지 않으면 안 된다는 것입니다.

이 책이 출간된 뒤, 나의 고민이랄까 의문은 역사학의 실용성에 대한 것이었습니다. 애써 써놓은 논문들이 연구실 한구석에서 썩어가다가 언젠가는 폐지수집상에게 팔려가고 말 것이라는 생각이 나를 괴롭혔습니다. 그래서 생각해낸 것이 역사학의 대중화였습니다. 미국의 신사학파 역사가들이 실용주의를 강조하였듯이 우리도 역사학의 실용성을 찾아보자는 것이었습니다.

아무리 생각해도 현대사회에서 역사학을 실용적으로 활용한다는 것은 쉬운 일이 아닙니다. 그래도 만만한 구석이 있다면 그것은 교육입니다. 그런데 역사교육이란 것이 중고등학교 사회과 교과서에 포함된 내용을 가르친다거나, 대학의 사학과에서 가르치고 배운다는 한계 속에 고정되어 있다면, 역사 연구는 낭비가 아닐 수 없습니다. 심지어 외교관을 위한 시험에서 조차도 세계사를 선택으로 만들어 홀대하고 있는 한국사회에서 역사학이 설 땅은 없다는 것입니다.

　이런 문제는 국가시책을 입안, 집행한 이들만을 탓할 일도 아니고, 역사전공자들이 그들만을 원망하면서 한탄만 하고 있을 일도 아닙니다. 역사전공자들이 스스로 반성해보고 솔선해서 그 길을 모색해야 하는 일입니다. 나는 여기서 사학도가 해야 할 일은 역사학의 대중화라 생각했습니다. 그 일환으로 우선 강의노트와 그동안 나름대로 생각했던 것들을 모아 『지성사로 본 세계사』를 출간하였습니다. 이 책은 제목 그대로 세계사입니다. 그런데 이 책은 역사학계에서는 별로 환영을 받지 못하였습니다. 서양사 전공자들에게는 동양사가 걸림돌이 되었고, 동양사전공자들에게는 서양사가 걸림돌이 되었기 때문입니다. 심지어 한국사학과, 동양사학과, 서양사학과 등 학과까지 분리되어 있는 우리나라의 역사학계의 사정으로는 그럴 수밖에 없는 일입니다.

　이러한 상황을 생각하지 못한 것은 아니지만, 나는 세계사를 고집하였습니다. 내 생각으로는 이제는 서양사 중심의 역사, 즉 발전이 되었든 퇴보가 되었든, 고대에서 현재에 이르는 하나의 흐름으로 이해되어야 하는 세계사를 서양사 위주로 보는 틀은 탈피해야 되겠다는 것입니다. 세계사는 서양사가 아니라 세계사 자체대로 이해되지 않으면 아니 된다는 생각입니다. 예를 들면, 중세세계와 근세세계를 가르는 분수령을 십자군전쟁만으로 고정시켜서는 참된 근세세계에 대한 설명이 되지 않는다는 것입니다. 몽골의 대원정과 지배를 이해하지 않으면, 이탈리아, 영국, 프랑스 등의 근대화는 이해될 수 있을지 모르나, 몽골의 킵착 한국으로부터의 독립투쟁을 통해서 이룩된 제정러시아의 성립이나 원나라를 극복하고 한민족의 명나라를 이룩한 중국의 근대세계로의 변질을 포함한 세계사의 시대구분은 불가능하다는 것입니다. 뿐만 아니라, 단테나 보카치오의 작품

이 아라비아 문학의 모방임을 알면서 이슬람세계사에 대한 일말의 지식
도 없이, 오스만 트루크가 콘스탄티노플을 점령한 1453년이 서양근대의
시작이라 하면서, 르네상스를 이해하였다고 한다면, 이는 서양학자들의
편협한 견해에 대한 맹목적인 추종일 뿐일 겁니다.

　더욱이 나폴레옹전쟁에서 나폴레옹과 트루크가 연합전선을 폈다는 사
실은 일언반구도 언급하지 않고, 비엔나체제에서 그리스 독립 등 발칸반
도의 자유주의 운동을 설명한다면, 그리고 그것을 바이런이나 빅돌 위고,
드라끄로아 등의 낭만주의자들의 공로로 설명한다는 것은 그야말로 낭만
적인 허구가 아닐 수 없습니다. 이 문제는 현대의 제국주의시대에 접어들
면서 더욱 심각해집니다. 아편전쟁이나 태평천국의 난 등 중국의 현대화
과정 등을 이해함에 있어서 중국사만을 가지고 이해할 수 없으며, 영국
이 아편전쟁에서 중국에 내건 조건과 페리제독이 일본에 내건 조건이 동
일하고, 일본이 강화도 조약에서 조선에 내건 조건이 미국이 일본에 내건
조건과 동일하다는 것을 안다면, 동서양의 관계사를 이해하지 않고, 한국
사조차도 논의한다는 것이 얼마나 황당한 결과를 가져올 것인가는 너무
나 확실한 일입니다.

『지성사로 본 세계사』가 세계사 일반을, 그리고 세계사의 흐름을 대중에게 알리고자 쓴 것이라면, 『역사, 그 지식의 즐거움』은 역사철학을 대중화시켜보고자 하는 생각으로 쓴 것입니다. 쉽게 풀어 쓰려고 애를 썼습니다만, 쉽지가 않았습니다. 이미 이데올로기시대가 지났음인지 세상의 관심도 별로 받지 못하고 있습니다. 그러나 여기서도 나는 역사이론의 대중화와 서양 중심사관에서의 탈피, 그리고 역사를 전제로 한 제반 이데올로기의 허구성을 파헤치고자 하였습니다.

우선 내가 전공한 비코나 크로체의 역사관의 한계입니다. 그의 나선형적 발전이론대로라면 세계사는 그리스의 에게 해에서 시작되어 지중해세계로 거기서 다시 대서양세계로 그리고 태평양세계로 이어지게 되었습니다. 그렇게 되면 결국 인도의 역사나 중국의 역사는 세계사의 틀에서 제외되게 됩니다. 헤겔의 역사철학을 따라도 마찬가지입니다.

때문에 일체의 이론이나 이데올로기, 또는 거대담론에 얽힌 역사이론은 사상가의 자기 사상을 정당하게 표현하기 위한 도구 내지는 자료일 뿐, 사실도 진실도 아니라는 것입니다. 이러한 사상가들의 주장은 그들의 현재적 삶에서 부닥치게 된 그들만의 문제를 해결하기 위한 것이므로, 그 당시에는 효력이 있었는지는 모르지만 시간이 흐르면 허상으로 남고 만다는 것입니다. 헤겔철학을 근거로 하는 민족주의가 그렇고 마르크스의 이론이 또한 다르지 않습니다. 그러므로 역사를 어떤 거대한 틀에 집어넣어서 이해하려는 시도는 역사 그 자체를 훼손하는 일이라는 것입니다.

그래도 세계사와 문화를 흐름으로 파악하려 한다면, 각 지역 각 인종과 종족의 원초적 삶을 기원으로 하는 다원적인 흐름으로 이해하도록 해야 하며, 그 흐름의 과정에서 상호 교섭과 영향의 주고받음을 이해하도록 해야 할 것입니다. 역사와 문화의 흐름이란 산들의 계곡에서 비롯된 시내

물이 강물이 되고, 강물이 대하가 되어 바다로 흘러들듯 흘러 세계사 세계의 대양으로 이어지는 것이다. 이러한 역사를 옳게 이해하기 위해서는 무엇보다도 일체의 선입관으로부터 탈출하도록 노력하지 않으면 아니 될 것으로 믿습니다. 포스트모더니즘이 서구 근대사상으로부터의 탈피를 의미한다고 하지만, 내 생각으로는 좀 더 나아가서 성 아우구스티누스의 이원론적 거대담론과 그것을 바탕으로 하는 문화적 선입관으로부터 탈피하지 않고는 역사를 역사대로 볼 수는 없을 것이라 여겨집니다. 니체의 말대로 신은 이미 죽었는데 아직도 그 신의 노예이기를 고집한다면, 역사는 물론 천지만물을 제대로 볼 수는 없을 것입니다.

마지막으로 『역사 속의 사랑이야기』에 대한 이야기입니다. 사학사를 돌이켜 볼 때, 한때는 역사를 곧 정치사로 이해한 적도 있었고, 그 다음엔 사회경제사로 생각한 적도 있었습니다. 그러나 역사가 인간의 삶의 역사이고, 인간의 삶이 권력의 의지의 표현이나, 개체보존의 의지만이 아니라, 종족번식의 의지의 표출과정이라 한다면, 역사를 구성하고 있는 것은 사랑과 성의 역사가, 어쩌면 그 어떤 부분보다도 더 절실하게, 강조되어야 할 부분이라고 생각했기 때문입니다. 따지고 보면 일체의 인간행위가 인간의 이성의 작동에서 나오는 것이 아니라, 감성에서 나오는 것이며, 그것은 다시, 사랑의 감정 성적 욕구에 의해서 진행된다는 것을 인정한다면, 프로이트의 주장을 빌리지 않더라도, 역사에서 사랑과 성의 문제는 중요한 일일 것입니다. 그리고 사랑과 성의 풍속도는 역사의 산물이며, 동시에 역사상 각 시대의 색깔을 정하는 중요한 요소입니다.

그러나 내가 이 책을 쓴 솔직한 동기는 날로 대중사회에서 잊혀져가는 역사학의 대중화를 시도하겠다는 생각에서였습니다. 요즘 세태로 보아 딱딱한 정치 이야기나 사회경제적 투쟁논리를 담은 사회경제사보다는 사랑과 성의 이야기가 대중들의 관심을 불러일으킬지도 모른다는 기대에서 였습니다.

현재까지 이러한 나의 기대는 그런대로 성공적이라 해야 할 것입니다. 1년 만에 약 4천 부가 나왔고, 일반대학 교양강좌에서 비인기 과목으로 퇴출되고 있는 일상과는 달리 사이버 강의에서 상당한 인기를 얻어 평소 역사에 관심을 갖지 않았던 사람들이 강의실로 몰리어 학교 당국에서 수 강자 수를 제한하고 있으니 성공적이라 해야 할 것 같습니다.

김용옥씨가 TV에서 『노자』 강의를 하는 바람에 철학자라면 길거리에 앉아서 『주역』을 풀이하고 복채나 챙기는 사람 정도로 알고 있던 대중이 철학이 무엇인지 희미하게나마 생각할 수 있게 해준 것을 생각하면서, 나 도 그처럼 역사학을 알릴 기회가 있었으면 했지만, 그럴 만한 용기도 재 능도 갖추지 못하여, 하지 못한 일을 이 책이 해주어, 극히 적은 부분이나 마 대중 속으로 역사, 그것도 서양의 역사를 끼어들게 했다면 다행이라 생각합니다.

5. 나가는 말

내가 지금 여기에 서기까지 40여 년에 걸친 연구와 교단생활을 돌이켜 보면, 형극의 길이었다고 생각되는 부분도 있습니다. 더욱이 나의 길은 김성식교수가 말했듯이, 선생을 만나지 못해서 외로운 길을 걸어야 한 역 사학도였고, 그 때문에 독불장군이나 안하무인이라는 별로 아름답지 않 은 호칭을 들으며 걸어야 했던 길이었습니다.

그러나 교수로서의 삶은 극락으로 가는 길이었습니다. 연구와 강의의 결과가 세상에 어떤 의미를 던졌는지는 모르지만, 내가 좋아하는 일을 하면서도 생계비를 받았으니 살아서 천국으로 가는 길이고, 인문과학이 자기정진, 자기수양 및 자기수련을 통해 정신세계를 열고자 하는 길이니 또한 극락으로 가는 길이 아닐 수 없습니다. 그러니 교수로서의 삶은 천상병의 시처럼 즐거운 산보였습니다. 이 산보 길을 걸으며 원죄처럼 따라다니던 나의 콤플렉스는 다 풀려나갔습니다.

나는 이제 대학 캠퍼스라는 산보 길을 뒤로 하고, 새로운 산보 길을 찾아가야 할 때가 된 겁니다. 이제부터 나는 완전히 자유로운 길에 들어서게 되었습니다.

조 동 걸

1. 학력

경북대학교 역사학과 박사학위

2. 경력

1965년 3월~1979년 6월 춘천교육대학교 교수.

1979년 6월~1981년 2월 안동대학교 교수.

1981년 3월~1997년 8월 국민대학교 교수.

1987년 8월~1989년 8월 국민대 문과대학장.

1990년 8월~1992년 8월 독립기념관부설 한국독립운동사연구소 소장(겸직).

1994년 8월~1996년 8월 국민대 대학원장.

1996년 3월~1997년 8월 한국국학진흥원 원장(겸직).

1997년 9월 1일~현재 국민대학교 명예교수.

2000년 3월~현재 역사문제연구소 고문.

백범 김구선생기념사업회 고문.

평화와 통일을 위한 시민연대 고문.

2002년 5월~2005년 5월 한일역사공동연구위원회 한국측위원장.

2014년 1월~현재 壬辰亂 정신문화 선양회 고문.

2014년 3월~현재 3·1혁명 100주년 기념사업회 고문.

3. 저서

『독립운동사』전 10권, 독립운동사편찬위원회(공저).

『독립운동사자료집』전 17집, 독립운동사편찬위원회(공저).

『日帝下 韓國農民運動史』, 한길사, 1979.

『義兵들의 抗爭』, 민족문화협회, 1980.

『한말 의병전쟁』, 독립기념관, 1988.

『韓國近代史의 試鍊과 反省』, 지식산업사, 1989.

『韓國民族主義의 성립과 獨立運動史硏究』, 지식산업사, 1989.

『韓國民族主義의 발전과 獨立運動史硏究』, 지식산업사, 1993.

『한국의 역사가와 역사학』上·下, 창작과 비평사, 1994(편저).

『러시아의 韓人과 民族運動』, 교문사, 1994(공저).

『독립군의 길따라 대륙을 가다』, 지식산업사, 1995.

『韓國近代史의 書架』, 나남출판, 1997.

『韓國近現代史의 理解와 論理』, 지식산업사, 1998.

『現代 韓國史學史』, 나남출판, 1998.

『韓國近現代史의 理想과 形象』, 푸른역사, 2001.

『그래도 역사의 힘을 믿는다』, 푸른역사, 2001.

『韓國近現代史의 探求』, 경인문화사, 2003.

『于史 趙東杰 저술전집』(전 20권), 역사공간, 2011.

『한국근현대사 개론』, 역사공간, 2014.

다국적 국제인 사회의 실현을 위한
꿈을 키우는 역사연구

조 동 걸

1. 가정환경과 학교 수학

내가 태어날 때 우리집에는 할머니, 아버지, 어머니, 누님이 계셔서 내가 태어나 다섯 식구가 되었다. 마을은 경북 영양군 일월면 주곡리 주실 마을로 산촌이었다. 선조는 한양에 살다가 기묘사화己卯士禍 때 피신 낙남하여 영주와 풍산을 거쳐 1629년에 주곡리 산촌을 찾아 살게 되었다. 조선 후기에는 채제공, 이가환, 정약용 등 실학자와 교유가 잦았고, 구한말에는 온 마을이 의병운동을 일으켰고. 개화 바람이 불자 계몽운동에 앞장섰다. 그래서 의병장과 계몽주의 단체인 국민교육회, 대한자강회, 대한협회 관계인사가 많았다.

일월산 산촌의 중농 가정에서 나는 1932년에 태어났다. 진성이씨 할머니는 예조참의의 따님으로 전통가례에 엄격하시었다. 어머니는 의성김씨로 여중군자로 칭송을 받았다. 고부분이 함께 옛 법도에 엄격하시면서 일찍이 홀어머니가 되어 교회에 다니며 외로움을 달랜 것도 같았다. 아버지는 와세다대학 통신강의록 수강생으로 독학으로 남들과 어깨를 나란히 하였다. 집안에는 식민지시기에도 무궁화 고목과 매화나무 몇 그루가 우

뚝 서 있어 식민지사회를 깨우
치게 했다. 해묵은 『삼천리三千
里』와 『어린이』 잡지가 있어 그
를 통해 우리말과 우리 역사를
익혔던 은혜가 있었다.

어릴 때는 할머니의 사랑 속
에 응동으로 자랐다. 1939년에
3킬로미터 남쪽에 있는 도계道
溪심상소학교에 입학하여 4학년
마칠 무렵에 서울 매동국민학교
로 전학하였다. 서울 명륜동 3가
에 있던 아버지와 각별한 친분
을 가진 조헌영 아저씨댁에 하
숙하여 매일 사직동의 매동학
교까지 걸어다니는 것이 지루

1999. 3. 23

했던 것으로 회상된다. 거기에 창씨개명創氏改名을 못하여 5학년 때는 벌
을 서는 날이 많아 공부가 머리에 들어오지 않았다.

6학년 때 사공주司空柱 담임선생님은 민족의식이 강하신 분이어서 기를
펼 수가 있었다. 선생님과는 조선말로 대화하면서 뒤떨어진 공부를 만회
하였다. 그리하여 이듬해 창씨 개명을 하지 않아, 관공립학교에는 원서도
못내고 사립인 양정중학교에 입학하였다. 중학교 1학년 때 수업폐지령
이후 장충단공원에서 한남동에 이르는 길을 닦는 근로봉사장에 동원되었
다가 해방을 맞아 고향으로 내려갔다. 고향에서 소년회를 만들어 문학부
장을 맡아 가투놀이, 글짓기대회, 토론회, 음악회, 운동회 그리고 매일 새

조동걸 박사가 후학들을 가르치고 연구하는 곳은 도봉산의 수려한 겹능선을 마주보고 있는 '牛耳書齋'. 흔히 '부질없음'을 빗대어 우이독경(牛耳讀經)이라 하거늘 공부방 이름 치곤 역설적이다. 모양새 역시 좀 별나다. 이름과 주위 풍광으로 보아 근사한 연구소를 떠올릴 법하지만 조 박사의 서재는 평범한 아파트다.(1997. 8. 15)

벽에 조기회를 열며 어린이운동을 전개하였다. 이듬해 서울로 올라왔지만 가정이 어려워져 기숙사방식의 싸구려 하숙인 숭덕학사崇德學舍로 옮겨 절약생활을 했다. 그래도 학비가 딸려 숭덕학사 학생회 학예부장을 맡아 하숙비 일부를 감면 받았다. 그러나 역시 어려워 덕수상업학교 야간부로 전학하여 낮에는 신문배달과 민족박물관(국립중앙박물관의 전신)이나 남대문시장의 소사를 하며 고학으로 학업을 이어갔다. 학업에서 다른 학생은 주산을 잘했는데 나는 서툴어 고생한 기억이 있고, 소사생활에서는 얼음물에 걸레를 빨아 언 손으로 책상을 닦는 것이 괴로웠던 것으로 기억

된다.

그때 학교생활에 지친 나머지 학교를 그만 두고 농사를 지으며 사는 길을 생각하여 어머님께 말씀드렸더니 어머니가 하늘을 찌를듯한 꾸중을 내려, 절름발이 빠이롱을 생각하고 눈면동생 제로니모를 생각하면서 생기를 얻어 서울신문과 연합신문을 끌어안고 필동 골목의 새벽을 달렸다.

1950년 6·25전쟁이 일어나 인민군치하에서 의용군에 차출되어 나갔다가 낙동강 전선에서 탈출, 고향으로 잠입하여 숨어 지냈다. 국군이 진군하자 의용군에 갔던 것이 문제되어 난감했는데 국군 학도의용군에 입대하여 무마되었다. 학도의용군을 개편할 때 경북경찰국으로 배치되어 1952년 12월 8일까지 근무하였다.

1953년 경북대학교에 입학하여 역사학도의 길에 들어섰고 1957년에 졸업하였다. 장래에 아프리카에 갈려던 꿈이 있었으므로 사회학과에 가려다가 역사학과를 택하였다. 재학 중에 학회장에 선출되었는데 한 학기만 하고 휴학계를 제출하여 모면하였다. 휴학 중에 동서양사까지 역사책은 모두 구하여 섭렵하고 경제학을 집중 공부하였다. 지금도 디라드의 『케인즈경제학』, 힉스의 『신경제학입문』, 마이데조고로의 『이론경제학개요』, 넉시의 『후진국의 자본형성론』의 주요 부분은 머리에 남아있다.

1956년 4학년 때 대통령 선거가 있었는데 민주당 학생대열에 참가하여 마이크를 쥐고 '못살겠다 갈아보자'를 외치며 방방곡곡을 누볐다. 이것 때문에 졸업 후에 신원조회가 안 되어 취직을 할 수가 없었다. 당시 자유당에 입당하면 해결해 준다는 국회의원의 협상 제의가 있었으나 듣지 않아 교직에 나갈 수도 없었다. 이 무렵 나의 양심에는 아프리카인의 정의감 외에 헝가리 혁명수상 임레 나지의 외침이 크게 자리하고 있었다. 나지는 1956년 10월 헝가리 반소혁명을 이끌고 있었는데 하루는 부다페스트 광장에서 멀리 소련 탱크가 침공하는 것을 보면서 "우리는 몇 사람에 의해 착취당하는 사회(자본주의)도 원하지 않지만, 국가라는 유령에 의해 수탈당하는 사회(공산주의)도 거부한다"라고 외쳤다. 그 소리가 나에게는 아주 가깝게 또 우렁차게 들렸고 실의에 빠져 있던 젊은이에게 통쾌한 용기를 불러 일으키기 충분하였다. 그것을 잊지 못하여 정년 퇴임 후 관광여행사의 동유럽코스에 의탁하여 부다페스트에 갔다. 2001년 7월 15일 일행이 다뉴브강에서 뱃놀이하는 사이, 나는 대열을 이탈하여 북부 공동묘지에 있는 나지의 무덤을 찾아 참배하고 왔다. 그럴 정도로 나에게 영향을 준 임레 나지(Imre Nagy)였으므로 처음 그의 충격을 받았던 1956년에는 나의 정의감을 힘차게 북돋우어 주었다. 그러므로 당시에는 어떤 협상이나 권력과도 타협할 수가 없었다. 결국은 변칙절차로 강원도에 잠적했던 것이다.

또 하나 잊을 수 없는 것은 역사학과와 교육학과 교수 합동으로 나에게 대학원에 진학하여 한국교육사韓國敎育史를 전공하라는 간곡한 권고가 있었다. 특히 교육학과 교수들이 나의 능력을 과신하여 권고가 거듭되었다. 그런데 신원조회문제로 긴장해 있던 때라 그 의견을 수용할 여유가 없어 일단 학계를 떠나고 말았다.

2. 교직경력

1958.4~1965.2 : 강원도 고성고, 강릉농고, 춘천여중 교사(1년 반은 입영휴직)

1965.3~1979.6 : 춘천교육대학교 교수

1970.3~1979.2 : 독립운동사편찬위원회 상임 조사집필위원(겸직)

1979.2 : 이은상 백락준 홍이섭 김의환 조동걸이 감사패를 받음

1979.6~1981.2 : 안동대학교 교수

1981.3~1997.8 : 국민대학교 교수

1987.8~1989.8 : 국민대 문과대학장

1987.9~1998.2 : 서울대학교 대학원을 비롯, 각 대학원에 출강함

1990.8~1992.8 : 독립기념관부설 한국독립운동사연구소 소장(겸직)

1994.8~1996.8 : 국민대 대학원장

1996.3~1997.8 : 한국국학진흥원 원장(겸직)

1997.8.31 : 정년퇴직

1997.9.1~현재 : 국민대학교 명예교수

1999.3~2001.3 : 한국사학사학회 회장

2000.3~현재 : 역사문제연구소 고문,

　　　　　　　 백범 김구선생기념사업회 고문,

　　　　　　　 평화와 통일을 위한 시민연대 고문

2002.5~2005.5 : 한일역사공동연구위원회 한국측위원장

2014.1~현재 : 壬辰亂 정신문화 선양회 고문

2014년 3월~현재 : 3·1혁명 100주년 기념사업회 고문

3. 학문연구

1) 강원도 향토사연구

학문연구는 나의 논저목록을 보면 알 수 있지만 강원도 향토사연구, 독립운동사연구, 한국사학사연구 등 3분야로 간추릴 수 있다. 1965년에 춘천교육대학에서 강의를 시작하면서 향토사를 규명하지 않으면 안 되었다. 때마침 춘천 교외인 천전리泉田里에서 고인돌과 선사적석총에 대한 중앙박물관의 발굴이 시작되어 선사 고고학연구가 절로 눈앞을 가렸다. 더구나 대학에서 사학과 출신 역사교수로는 나 하나뿐이어서 외롭기는 했지만 역사문제는 모두 아는 척해야 하는 부담을 안고 동분서주하였다. 그래서 처음에 고인돌 조사에 착수한 것이다. 「북한강유역의 고인돌」, 「강릉지방의 선사사회연구」 등이 그때 만든 글이다.

향토사연구를 하느라고 강원도를 세 차례 답사하였는데 첫 번째가 고인돌 조사, 두 번째가 강원도지 편찬을 위한 조사, 세 번째가 강원도 삼일운동 조사였다. 그리하여 『태백太白의 역사歷史』와 『태백항일사太白抗日史』를 출간하게 되었고, 책이 출판되기 전에 강원일보에 보고서를 연재하여 종래의 역사해석과 다른 데가 많아 화제를 일으켰는데 그 공로로 1971년 말에 강원도 문화상 학술상을 타기도 했다.

강원도 향토사연구를 진행하던 가운데 문제가 되었던 것은 고인돌에서 무괴석 고인돌이 새로 발견되었는데, 그것을 박물관에서는 종래의 것과 구별하여 북방식 A형과 B형으로 나누었고, 나는 따로 무괴석 고인돌이라 불렀는데, 현재는 나의 주장대로 사용하는 것으로 안다(「한국지석묘연구韓國支石墓研究」참조 ; 천전리 발굴보고의 사진들은 필자의 작품임). 그리고 소양강 수몰지구에서 빗살무늬토기가 발견되어 고고학 지도를 바꾸어 놓은 것도 기억할 소득이라 할 수 있다.

다음은 삼일운동 통계가 맞지 않다는 점이다. 일본관헌의 보고도 그렇지만 박은식·남궁억·이병헌·이용락의 삼일운동 저술 등, 민족자료도 사실과 맞지 않는 것이 많다. 1970년 역사학회에서 「삼일운동의 지방사적 성격」을 발표하면서(『역사학보』 47집 참조) 그런 말을 했다가 권위에 도전한다고 책망을 들은 적이 있었다.

향토사연구에서 잊지 못할 것은 강원도는 삼국시대 이전에 예맥국濊貊國이 있었다는 고정관념을 극복하는 문제였다. 『세종실록지리지世宗實錄地理志』, 『동국여지승람東國輿地勝覽』, 『강역고疆域考』에 예濊와 맥貊이 등재되어 있으므로 영동지방은 예, 영서지방은 맥국이 다스리다가 삼국으로 넘어갔다는 각시군 읍지邑誌에서 설명하는 것을 확신하고 있었다. 더구나 단군조선을 단군대국으로 이해하듯이 예맥대국으로 이해하는 고정관념을 분해시키는 데는 오랜 시일이 필요했다. 청동기시대靑銅器時代나 지석묘사회支石墓社會에 대한 지식이 없었으니 부족국가에 대한 이해도 안 되어 있었으므로 예맥대국의 고정관념이 오래갈 수밖에 없었다.

그리고 그때가 삼척 울진 무장공비사건이 있던 직후라 답사 중에 간첩으로 의심을 받아 고역을 겪었다. 철원 토성리에서는 1개 소대의 포위를 받아 혼난 적이 있고, 양양 조양리와 정선 북면에서는 간첩으로 오인되어 감금당한 적도 있었다. 그때마다 그곳 초등학교에는 춘천교대 졸업생이 있기 마련이어서 그 제자들의 구원으로 풀려 나왔다.

2) 독립운동사 연구

1969년에 독립운동사편찬위원회가 설립되어 나에게 상임 조사위원과 집필위원을 맡아 달라고 했다. 처음에는 직장을 옮길 것을 요구해 왔는데 홍이섭 선생의 조정에 힘입고, 교섭 끝에 겸임으로 낙착되어 그 후 10년 간을 두 직장을 오가게 되었다. 『독립운동사』 전10권, 『자료집』 전 17권을 내느라고 밤낮을 원고지와 싸웠다. 독립운동사 연구는 해방직후에 왕성하게 일어났다가 이승만 정권의 탄압을 받아 자취를 감추었는데, 4·19혁명을 계기로 다시 일어나 독립운동사편찬위원회가 설립되기에 이르렀던 것이다. 나는 위원회의 편찬업무를 수행하는 한편, 1972년에 『횡성과 삼일운동』, 1979년에 『일제하 한국농민운동사』를 저술하였다.

이때는 독립운동자가 많이 생존하고 있던 때여서 그분들과 만나면 밤새워 이야기하였고 깊은 이야기를 나누다가 보면 독립운동의 분위기를 직접 느낄 수 있었다. 격정 넘친 열변을 듣노라면 인간적 고뇌도 더듬을 수 있었다. 그런 가운데 웃지 못할 일화도 많이 들었다. 누구는 식권을 아껴 돈으로 바꾸어 잡비로 쓴다든가, 점잖은 누구는 고기를 사서 여자 몸 형상을 만들어 놀다가 들킨 이야기, 중국 미인과 살고 있던 김성숙·신익희 등의 행적 같은 것이 관심을 끌었다.

또 하나 빠트릴 수 없는 것은 1973년에 『독립군전투사』를 썼는데 좌익 인물의 업적을 부각시켰다고 정보부에 불려가 문초를 받은 일이 있었다. 만주에서 활동한 독립군을 이야기하자면, 동북인민혁명군과 동북항일연군의 이야기를 안 할 수 없고 그렇다면 전광·최용건·김일성·김책을 거명하게 되는데 그것이 문제라는 것이다. 그로 말미암아 이강훈 선생을 비롯하여 위원회를 떠나는 이가 생겨나는 등 많은 사람이 타격을 입었다.

독립운동사편찬위원회와 관련하여 아직도 미궁에 남아있는 것이 있는데 그때가 1975년이던가? 그 무렵에 위원회가 영등포 흥국생명 건물에 있을 때 자료실이 불탄 사건이다. 그로 말미암아 내가 증언 청취한 녹음테이프 1백 개 가량을 소실하고 말았다. 그 외에도『광복군전투사』,『문화운동사』,『학생운동사』,『여성운동사』,『사회운동사』 등의 편찬을 앞두고 있던 때라 중요한 자료를 많이 잃었는데 누가 자기에게 불리한 자료를 없애기 위하여 방화했다는 소문까지 나돌았다. 그러나 아직도 해결되지 못하고 있어 안타깝다.

독립운동사편찬위원회가 1979년에 해체되자 나는 서울의 국민대학교로 자리를 옮겨 그동안 산만하게 집필하던 것을 개별 논문으로 이론화하기 시작하였다. 의병운동, 계몽주의운동을 비롯하여 1910년대 독립운동에 대하여 이론 작업을 진행하여, 1989년에『한국민족주의의 성립과 독립운동사연구』(지식산업사)를 내고 이어『한국민족주의의 발전과 독립운동사연구』(지식산업사)를 냈는데 뜻밖에 한국출판문화상 저작상을 타기도 했다. 그리고『한국근대사의 시련과 반성』(지식산업사),『한국근현대사의 이해와 논리』(지식산업사),『한국근대사의 서가』(나남출판),『한국의 역사가와 역사학(공)』(창작과 비평사),『현대 한국사학사』(나남출판),『그래도 역사의 힘을 믿는다』(푸른역사),『한국근현대사의 이상과 형상』(푸른역사),『한국근현대사의 탐구』(경인문화사)를 내었다.

한편 1982년부터 독립기념관 건립이 추진되어 건립기획위원과 학술감리위원으로 열심히 뛰고 일했다. 개관이 바쁘게 되자 3·1운동 이전은 김원룡·신용하 교수, 이후는 내가 책임 분담하여 서둘러 추진하였다. 추진 중에 어려웠던 것은 특수인물이나 단체의 사진과 자료를 특별 전시해달라는 부탁을 조절하는 문제였다. 어떻든 서둘다가 1986년에 화재를 만나

용재학술상(2011. 3. 9)

1년을 연기하여 개관하였다. 1987년 개관할 때 공로의 대가로 국민훈장 동백장을 받았는데 화재 뒤의 개관이라 공로라기보다는 무슨 죄라도 짓는 것 같은 느낌이었다.

3) 한국사학사 연구

이렇게 독립운동사 연구를 진행하는 가운데 독립운동시기의 지성을 탐구할 필요를 느꼈다. 그리하여 「한국근대 학생운동조직의 성격변화」라는 논문을 써보기도 했으나 만족할만한 답을 얻지 못하였다. 학생단체는 이익추구단체가 아니기 때문에 순수한 민족지성을 파악할 수 있을 것으로 생각했는데 예상과는 달랐다. 독립협회 이래 우리들의 시민운동이 견리사의見利思義하지 않다가 실패한 교훈을 잊고 있었다. 그리하여 고심하다가 1987년부터 한국사학사를 공부하게 되었다. 구한말 역사편찬부터 분석하여 해마다 논문을 발표하다가 1994년에『한국의 역사가와 역사학(공저)』(창작과 비평사), 1998년에『현대 한국사학사現代 韓國史學史』(나남출판)를 출간했다. 사학사 연구를 통하여 당대 지성사를 추적할 수 있는 한편, 역사학 발달의 실태와 지식인의 내면을 이해할 수 있을 것 같았다. 그래서 지금은 사학사 연구에 정신을 쏟고 있다. 그런 동안에 〈의암학술상〉, 〈성곡학술문화상〉, 〈독립기념관 학술상〉, 〈용재학술상〉을 받았고 모교인 경북대학교로부터 문학박사 명예학위를 받기도 했다.

나의 사학사연구는 이만열, 정구복 교수를 비롯한 연구 동지를 만나 연구학회를 결성하면서 활기를 띠었다고 말할 수 있다. 1999년 3월 27일 학회 창립 이래 매월 월례발표회를 가졌고 학회지도 수준급 논문으로 30집에 이를 정도가 되었으며 동료 회원도 1백 명을 넘고 있다.

끝으로 1997년 정년퇴임한 후에 집근처에 '우이서재牛耳書齋'를 마련하여 생활하고 있었으나 이제는 건강도 나빠져 투병도 쉽지 않아 1만 권의 책과 자료를 2007년 2월 7일에 독립기념관에 기증했음을 밝혀 둔다. 책과 자료가 거의 독립운동에 관한 것이어서 가장 요긴하게 보관하고 활용할 곳이 독립운동사연구소를 가진 독립기념관이라 믿었다.

4. 역사해석의 원칙과 중점

지구 온난화 속에 물이 썩어가고 서양인의 주식인 소와 돼지와 닭이 병들고 모든 음식물이 부패하고 환경이 파괴되고 있다. 날이 갈수록 지구가 쓰레기로 가득차 끝내는 사람 자신이 쓰레기로 변하여 인류가 멸망하는 날이 온다는 압박을 받고 있다. 나는 이것을 중생인류적 위기中生人類的 危機라고 말하고 있다. 사람이 태어나 빙하시대에 모두 사라졌는데 그를 고생인류古生人類라 하고 빙하시대가 물러가면서 새로 태어난 인간을 현생인류現生人類라고 말해 왔다. 그런데 그 제2기의 현생인류가 쓰레기에 묻혀 멸종할 위기에 놓여 있다. 언젠가 멸종하더라도 지구상에는 다시 인류가 발생할 터이니 새로 발생한 제3기 인류는 자기들을 현생인류라 할 것이다. 그렇다면 현생인류를 자처하던 제2기 인류는 중생인류로 밀려날 수밖에 없는 것이다. 이 중생인류적 위기를 어떻게 극복할 것인가? 역사학은 극복의 방향 즉, 꿈을 제시해야 한다. 실현방안은 자연과학이나 사회과학의 몫이라고 해도 꿈은 역사학의 몫이라는 책임감을 가지고 고민해야 한다. 나는 52권의 저서와 220편의 논문과 200여편의 논설문을 쓰는 가운데 역사해석의 과학성과 역사평론의 정당성을 확보하기 위하여, 다음과 같은 데에 중점을 두고 역사를 해석하고 평론해 왔다.

(1) 인간주의 : 인격, 인권, 인간성을 존중하고 유심론이나 유물론 같은 일원론을 외면하고 역사현상을 다원론적으로 해석한다.

(2) 대동 민족주의와 다원적 세계주의 : 국가 간의 패권주의나 국수주의는 금지되어야 하지만 그렇다고 민족주의나 세계주의가 배척되어서는 안 된다. 다만 민족주의가 국수주의에 빠지지 않으려면 민족과 인류평등에 기초한 대동민족주의大同民族主義가 되어야 하고, 세계주의가 패권주의에 빠지지 않으려면 모든 민족과 국가가 존중 받는 다원적 세계주의가 되어야 한다. 그러한 다원적 세계주의를 나는 코스모포리타니즘과 구별하여 인터네쇼나리즘으로서 국제주의라고 말하는 경우가 많다.

(3) 따라서 역사에서 다종교 다문화 다양성을 긍정적 발전적으로 평가한다. 그것이 인간에 충실한 방법이며 제국주의를 배척하고 인류평등으로 가는 길이고, 종교전쟁이나 문화분쟁을 예방하는 길이기도 하다.

(4) 다국적 국제인사회 : 지구상의 모든 사람이 2, 3개 국가의 복수 국적을 가지고 복수 시민권을 행사한다. 어떤 미국인은 인도와 르완다의 국적을 동시에 가지고, 어떤 한국인은 불가리아와 남아연방의 국적을 동시에 가지고 시민권을 행사하는 정말 꿈같은 꿈이다. 종교분쟁과 인종분쟁을 막고 핵폐기물을 함부로 버리지 않고 무한경쟁 같은 패권주의와 국수주의로 가는 폐단을 종식시키는 방도가 될 것이다. 기술적으로 불가능하다는 반론이 있는데(하와이대학), 컴퓨터가 발달하고 디지털시대가 오면 기술적으로도 가능하리라고 생각한다. 꿈만으로도 사상적으로는 의미를 갖는 것이고, 또 꿈이 있어야 그를 실현하기 위하여 노력하는 가운데 역사의 발전이 있는 것이다.

그리고 여기서 내가 언급하고 있는 〈송사연구비松史研究費〉에 대하여 밝혀두는데 2013년 11월례회의 발표문을 그대로 소개한다.

〈송사松史연구비의 실체와 처리〉

〈송사연구비〉란 조동걸 교수가 매월 한국사학사학회에 지급하고 있는 연구비를 말한다. 그 금액은 매월 15만원으로 국민은행에 조동걸 명의의 평생 정기예금 4,000만원에 대한 매월 이자인데 그것을 학회에 지급하는 것이다.

역사비평 100호 발간(2012. 12. 19)

이자는 매월 지급하지만, 원금 4,000만원은 조동걸 교수의 사망과 동시에 학회에 인도될 것이다.

이러한 사실은 한국사학사학회가 창립되던 1999년 3월 27일에 이미 처리되어 있었으므로 창립 1주년인 2000년 3월27일에 간행된 『한국사학사학보韓國史學史學報』 창간호 간행사에서 밝혀져있다.

창간사에서 "본 학회의 창립에 때맞추어 동창기업 김창묵金昌黙회장께서 역사학의 발전을 격려하는 의미에서 활동자금을 지원해 주신 사실이다. 학문을 사랑하는 회장께 경의를 표하며 이 기회를 빌어 감사드리는 바이다." (창간호 6쪽)라고 밝히고 자세한 내용은 회의석상에서 구두로 전달했다고 해도 사후 처리를 위해 그것을 문서로 남길 필요가 있어 필요한 범위의 내용을 소개해 둔다.

1) 우선 김창묵 회장이 어떤 분인가? 남대문시장에 가면 동창기업회사가 있는데 그것을 설립하여 회장으로 계시는 상업사업가이다. 원래 강원도 홍천군 서석면 물걸리(동창리) 출신이다. 물걸리는 자동차 도로가 개통되기 전에 강원도의 동해안 영동지방과 영서지방을 오고가는 교통의 요지로 주막과 마방까지 발달해 있던 곳이다. 그러한 곳이어서 1919년 삼일운동 때 근방 주민이 모여 만세시위를 전개하여 일제관헌의 습격을 받아 8명이 직사 순국하고 수십명이 부상한 곳이었다. 그에 이어 많은 독립운동가를 배출한 고장이다. 그러므로 독립운동 의식이 발달해 있던 고장으로 김창묵 회장은 그러한 향풍을 대변하고 있는 분이다. 그러한 분이므로 자신의 수십억원 사비로 물걸리를 정화하여 독립운동의 성지로 가꾸고있다. 그러니까 독립운동사를 연구하는 조동걸 교수와 교분을 쌓은것이다.

2) 조동걸 교수는 1970년에 물걸리를 답사하여 그곳 삼일운동에 대하여 『역사학보歷史學報』제 40호에 「삼일운동의 지방사적 성격地方史的 性格」을 발표하고 독립운동사편찬위원회에서 간행한〈독립운동사〉제3권에 자세히 소개하였다. 거기에서 물걸리 주민은 용기를 얻어 물걸리에〈팔열각 八烈閣〉을 세우고 해마다〈물걸리 삼일운동〉에 대하여 기념식을 거행하고 있었다. 그것을 1997년부터 김창묵 회장이 인수하여 대대적으로 키워 성역화하였다. 성역화하면서 현지에서 학술행사를 전개하였고, 그때마다 조동걸 교수는 현지에 달려가 후원 하였다.

3) 그러한 가운데 김창묵 회장은 1999년에 조동걸 교수에게 1억원의 연구비를 지원하였다. 조교수는 그것을 개인 연구비로 사용하기가 미안해 김창묵 회장의 양해를 얻어, 5천만원은 조동걸이 고문인 역사문제연구소 연구비로, 5천만원은 자신이 창립한 한국사학사학회의 연구

비로 분할 지원하였다.

4) 한국사학사학회에서는 조동걸 교수의 아호를 따서 〈송사松史연구비〉
란 이름으로 관리하고 있으며 1천만원은 또 다른 장학금으로 분할하고
4천만원을 조동걸의 평생정기예금으로 맡겨 매월 15만원정도의 이자
를받아 학회에 지급하고 있다. 원금 4천만원은 조동걸의 사망과 동시에
학회에 인계될 것이다. 그리고 후일에 원금을 학회에서 인수하면 그것
으로 먼저 학회를 사단법인으로 등록 하기를 바란다. 법인일 경우와 아
닌 경우에 차별이 있으므로 유의하기 바란다.

이상으로 송사연구비의 실체를 밝혔는데 그와 같은 조동걸 교수의 연구
비 지원에 대혀여 칭송하는 별별 이야기가 있는데 칭송할 것도 아니다. 조
동걸 교수는 재벌들의 자만행위에 대한 일종의 보상심리에서 자금을 가볍
게 처리하였다. 송사연구비 외에도 은행가 조성춘씨로부터 5천만원의 연구
비 지원을 받아 전액을 한국역사연구회 연구후원금으로 지급했고 의암학술
대상 상금도 전액을 고성고등학교 장학금으로 지급했다. 그 외에도 1982년
부터 15년간 고향인 일월중학교에 우산愚山장학금을 매월 지급했고 강원도
고성고등학교에 1000만원을 기금으로 525개교장학금을 지급하고 근래에는
유니세프한국위원회를 통해 매월 3만원을 아프리카 어린이를 돕는 후원금
으로 지급하고있다. 그러므로 송사연구비가 첫 번째의 사례는 아니다. 다만
그러한 경험을 통하여 주체가 법인여부에 따라 다르다는 것을 알았으므로
사단법인으로 등록하기를 희망하는 것이다.

5. 저서와 논문

1) 著 書

(1) 『삼일운동사』(독립운동사 제2권. 이병헌 외 5명공저), 독립운동사편찬
   위원회, 1971.

(2) 『임시정부사』(독립운동사 제4권. 이선근 외 4명공저), 독립운동사편찬
   위원회, 1972.

(3) 『橫城과 3·1운동』, 동아일보사·삼일운동기념비건립횡성군협찬회,
   1972.

(4) 『太白의 歷史』(강원문화총서 제1권), 강원일보사, 1973.

(5) 『독립군전투사』(독립운동사 제5권. 최영희 외 4명공저), 독립운동사편
   찬위원회, 1973.

(6) 『의열투쟁사』(독립운동사 제7권. 신석호 외 4명공저), 독립운동사편찬
   위원회, 1975.

(7) 『문화운동사』(독립운동사 제8권. 정인승 외 10명공저), 독립운동사편
   찬위원회, 1976.

(8) 『太白抗日史』(강원문화총서 제14권), 강원일보사, 1977.

(9) 『대중운동사』(독립운동사 제10권. 홍이섭 외 5명공저), 독립운동사편
   찬위원회, 1978.

(10) 『日帝下 韓國農民運動史』, 한길사, 1979.

(11) 『義兵들의 抗爭』, 민족문화협회, 1980.

(12) 『한말 의병전쟁』, 독립기념관, 1988.

(13) 『韓國近代史의 試鍊과 反省』, 지식산업사, 1989.

(14) 『韓國民族主義의 성립과 獨立運動史研究』, 지식산업사, 1989.

(15) 『韓國民族主義의 발전과 獨立運動史研究』, 지식산업사, 1993.

(16) 『한국의 역사가와 역사학』 上 · 下(편저), 창작과 비평사, 1994.

(17) 『러시아의 韓人과 民族運動』(공저), 교문사, 1994.

(18) 『독립군의 길따라 대륙을 가다』, 지식산업사, 1995.

(19) 『韓國近代史의 書架』, 나남출판, 1997.

(20) 『韓國近現代史의 理解와 論理』, 지식산업사, 1998.

(21) 『現代 韓國史學史』, 나남출판, 1998.

(22) 『韓國近現代史의 理想과 形象』, 푸른역사, 2001.

(23) 『그래도 역사의 힘을 믿는다』, 푸른역사, 2001.

(24) 『韓國近現代史의 探求』, 경인문화사, 2003.

(25) 『于史 趙東杰 저술전집』(전 20권), 역사공간, 2011.

(26) 『한국근현대사 개론』, 역사공간, 2014.

2) 論 文(120편)

(1) 「韓國의 宗教와 知性」, 『碩友』 2, 춘천교대, 1965.

(2) 「歷史의 研究와 教育」, 『碩友』 4, 춘천교대, 1967.

(3) 「江陵地方의 先史社會考察」, 『論文集』 5, 춘천교대, 1968.

(4) 「濊貊別考」(上), 『강원교육』 81, 강원도교육연구소, 1968.

(5) 「安重根義士 裁判記錄上의 人物 金斗星考」, 『論文集』 7, 춘천교대, 1969.

(6) 「北漢江流域의 고인돌」, 『論文集』 8, 춘천교대, 1970.

(7) 「3·1運動의 地方史的 性格」, 『歷史學報』 47, 역사학회, 1970.

(8) 「春川地方의 3·1운동」, 『碩友』 7, 춘천교대, 1970.

(9) 「3·1운동때 地方民의 參與問題」, 『論文集』 9, 춘천교대, 1971.

(10) 「江原道의 歷史變遷」, 『江原道誌』, 강원도지편찬위원회, 1974.

(11) 「獨立運動의 指導理念」, 『光復 30周年 紀念論文集』, 독립운동사편
찬위, 1975.

(12) 「大韓民國 臨時政府」, 『韓國史』 21, 국사편찬위원회, 1976.

(13) 「臨時政府와 上海義擧」, 『나라사랑』 25, 외솔회, 1976.

(14) 「1910년대 民族教育과 그 評價上의 問題」, 『韓國學報』 6, 일지사,
1977.

(15) 「安東儒林의 渡滿經緯와 獨立運動上의 性向」, 『大邱史學』 15·16
합집, 대구사학회, 1978.

(16) 「朝鮮農民社의 農民運動과 農民夜學」, 『韓國思想』 16, 한국사상연
구회, 1978.

(17) 「8·15 直前의 獨立運動과 그 試鍊」, 『解放前後史의 認識』, 한길사,
1979.

(18) 「新教育의 대두와 民族教育」, 『江原教育史』, 강원도교육위원회,
1980.

(19) 「大韓民國 臨時政府의 組織」, 『韓國史論』 10, 국사편찬위원회, 1981.

(20) 「臨時政府의 成立과 活動」, 『서울六百年史』 4, 서울시사편찬위원
회, 1981.

(21) 「地契事業에 대한 定山 農民抗擾」, 『史學研究』 33, 한국사학회,
1981.

(22) 「舊韓末 國民演說會 小考」, 『韓國學論叢』 4, 국민대 한국학연구소,
1982.

(23)「大韓光復會의 結成과 그 先行組織」,『韓國學論叢』5, 국민대 한국
    학연구소, 1983.

(24)「大韓光復會 研究」,『韓國史研究』42, 한국사연구회, 1983.

(25)「1920年代의 日帝收奪體制」,『史學研究』38, 한국사학회, 1984.

(26)「日帝末期의 戰時收奪」,『千寬宇先生還曆紀念韓國史學論叢』, 논총
    간행위원회, 1985.

(27)「韓國民族主義의 歷史的 特質」,『민족교육연구』3, 춘천교대 민족
    교육연구소, 1985.

(28)「義兵運動의 韓國民族主義上의 位置」(상),『한국민족운동사연구』
    1, 한국민족운동사연구회, 1986.

(29)「獨立運動의 評價와 光復」,『한국독립운동의 전개와 근대민족국가
    의 수립』, 한국사학회, 1986.

(30)「韓末史書와 그의 啓蒙主義的 虛實」(上),『한국독립운동사연구』1,
    한국독립운동사연구소, 1987.

(31)「韓國近代學生運動組織의 性格變化」,『韓國近代民族主義運動史研
    究』, 역사학회, 1987.

(32)「臨時政府樹立을 위한 1917년의 大同團結宣言」,『韓國學論叢』9,
    국민대 한국학연구소, 1987.

(33)「韓末史書에 나타난 民族意識」,『開港前後와 韓末의 歷史認識』, 국
    사편찬위원회, 1987.

(34)「國史研究와 韓末史書」,『한민족독립운동사』2, 국사편찬위원회,
    1987.

(35)「韓末史書와 그의 啓蒙主義上의 虛實」(하),『韓國學論叢』10, 국민
    대 한국학연구소, 1988.

(36)「1910年代 獨立運動의 變遷과 特性」,『한민족독립운동사』3, 국사편찬위원회, 1988.

(37)「3·1운동의 理念과 思想」,『3·1운동 70주년 기념논집』, 동아일보사, 1989.

(38)「韓末啓蒙主義의 構造와 獨立運動上의 位置」,『韓國學論叢』11, 국민대 한국학연구소, 1989.

(39)「獨立運動의 理念과 方略」,『韓國史學』10, 정신문화연구원, 1989.

(40)「義兵運動의 韓國民族主義上의 位置」(下),『한국민족운동사연구』3, 한국민족운동사연구회, 1989.

(41)「3·1운동 전후 民族知性의 性格」,『제33회 全國歷史學大會發表論集』, 1990.

(42)「植民史學의 成立過程과 近代史敍述」,『歷史敎育論集』13·14 합집, 한국역사교육회, 1990.

(43)「雙山義所(和順)의 義兵城과 武器製造所 遺趾」,『한국독립운동사연구』4, 독립기념관, 1990.

(44)「毅菴의 의병활동과 遺訓」,『강원학생회관 개원기념 학술발표론집』, 1990.

(45)「島山의 民族運動上의 位置」,『安島山全書』(하), 도산사상연구회, 1991.

(46)「世界平和와 韓國의 獨立紀念館」,『大阪 國際平和博物館 開館記念 資料集』, 1991(『월간 독립기념관』1991년 11월호 재수록).

(47)「民族史學의 發展」,『한민족독립운동사』9, 국사편찬위원회, 1991.

(48)「정인보와 백남운」,『한국현대사의 라이벌』, 역사비평사, 1991.

(49)「年譜를 통해 본 鄭寅普와 白南雲」,『한국독립운동사연구』5, 독립

기념관, 1991.

(50) 「民族史學의 分類와 性格」, 『擇窩 許善道先生 停年紀念論叢』, 일조각, 1992.

(51) 「中生人類的 위기와 平和의 方向」, 『立命館大學 平和博物館 開館記念 資料集』 1992(『월간 독립기념관』 1992년 8월호에 재수록).

(52) 「1930年代 國內獨立運動」, 『韓民族獨立運動史』, 국사편찬위원회, 1992.

(53) 「民族의 槪念과 한(조선)민족의 形成時期問題」, 『알마타 제1회 한국학 국제학술회의자료집』, 1992(『韓國民族主義의 발전과 獨立運動史硏究』(지식산업사, 1993)에 재수록).

(54) 「中國關內에서 전개된 韓國獨立運動의 特徵」, 『한국독립운동사연구』 7, 독립기념관, 1993.

(55) 「獨立運動의 理念과 路線의 變遷」, 『人文科學』 9, 경북대 인문과학연구소, 1993.

(56) 「1930·40년대의 國學과 民族主義」, 『韓國近現代의 思想과 民族主義』, 동덕여대 인문학연구소, 1994.

(57) 「李東輝의 생애와 업적」, 『제23회 한국사교실 교재』, 역사문제연구소, 1994. 5. 6.

(58) 「1940~45년의 民族史學」, 『環太平洋 韓國學國際學術會議 發表論集』, 환태평양 한국학국제학술회의, 1994. 7. 22. 『韓國學論叢』 17(국민대 한국학연구소, 1995)에 수록.

(59) 「日帝 植民統治의 實相과 理解」, 『日本青年團聯合會 韓國訪問 資料集』, 1995.

(60) 「張俊河와 독립운동」, 『張俊河의 生涯와 思想』, 나남출판, 1995.

(61) 「2 · 28運動의 歷史的 意味와 오늘의 反省」, 『2 · 28의 意義와 課題』, 2 · 28의거기념사업회, 1995.

(62) 「항일무장투쟁의 역사」, 『항일무장투쟁사』, 역사비평사, 1995.

(63) 「1945~50년의 韓國史研究」, 『제2회 國際學術會議 論文集』, 인하대 한국학연구소, 1995.

(64) 「韓末 義兵戰爭의 變遷과 敎訓」, 『민족정기론』, 경산대학교, 1995.

(65) 「독립군사령관 김좌진」, 『민족정기론』, 경산대학교, 1995.

(66) 「大韓民國臨時政府의 建國綱領」, 『韓國의 독립운동과 光復50周年』, 광복회 · 고려문화재단 공동주최, 1995.

(67) 「統一을 전망한 韓國史研究의 方向」, 『光復50周年 한국사연구의 方向』, 한국정신문화연구원, 1995.

(68) 「民族統一의 스승 白凡」, 『白凡 金九의 겨레사랑』, 문화일보, 1995.

(69) 「中國에서 島山의 獨立運動」, 『島山의 사상과 民族運動』, 도산사상연구회, 1995.

(70) 「獨立運動의 成果와 意義」, 『獨立運動의 理解와 評價』, 한국독립운동사연구소, 1995.

(71) 「京畿道 독립운동의 역사적 性格」, 『京畿道 抗日獨立運動史』, 경기도사편찬위원회, 1996.

(72) 「海公 申翼熙의 臨時政府活動」, 『韓國學論叢』18, 국민대한국학연구소, 1996.

(73) 「江原道 3 · 1운동의 特徵」, 『강원도 3 · 1운동과 동창만세운동』, 1996.

(74) 「儒家의 民族主義와 民族運動」, 『博約會總會 資料集』, 1996.

(75) 「近代民族運動에서 島山의 業績과 特徵」, 『島山國際포럼』, (日本)島

山國際포럼實行委員會, 1996.

(76) 「桂奉瑀의 생애와 저술활동」, 『北愚 桂奉瑀 資料集』 1, 독립기념관 한국독립운동사연구소, 1996.

(77) 「北愚 桂奉瑀의 生涯와 年譜와 論著」, 『한국학논총』 19, 국민대 한국학연구소, 1997.

(78) 「4·19革命의 民族主義的 性格」, 『4·19革命과 民主化 그리고 統一』, 4·19포럼, 1997.

(79) 「大韓光復會의 결성과 조직상의 特徵」, 『大韓光復團의 역사적 評價』, 대한광복단기념사업회, 1997.

(80) 「6·3항쟁의 意味와 33주년의 反省」, 『6·3운동 33주년 학술발표논집』, 6·3동지회, 1997.

(81) 「江原道民이 전개한 民族運動의 특징」, 『강원사회의 이해』, 강원대학교 강원사회연구회, 1997.

(82) 「解放直後 韓國史研究의 內容과 性格」, 『趙東杰敎授停年紀念論叢 1, 韓國史學史研究』, 간행위원회, 1997.

(83) 「巴里長書의 性格과 歷史的 意義」, 『韓國巴里長書碑 除幕式文集』, 추진위원회, 1997.

(84) 「白凡 金九의 統一國家樹立運動」, 『白凡金九와 民族獨立·統一運動』, 백범김구선생기념사업회, 1997.

(85) 「響山 李晩燾의 독립운동과 그의 遺志」, 響山李晩燾先生 殉國88週追慕講演會』, 安東青年儒道會, 1997.

(86) 「한국현대사의 연구성과와 과제」, 『현대사의 흐름과 한국현대사』, 정문연 현대사연구소, 1997.

(87) 「現代 韓國史學의 槪要」, 『韓國史論』 27, 국사편찬위원회, 1997.

(88)「毅菴柳麟錫의 近代史的 位置와 오늘의 敎訓」,『제14회 毅菴祭文集』, 栗谷學會, 1998.

(89)「1920년 간도(경신)참변의 실상」,『역사비평』, 역사비평사, 1998년 겨울호.

(90)「湖南義兵의 歷史的 意味」,『호남문화연구』26, 전남대학교 호남문화연구소, 1998.

(91)「趙素昻의 민족운동 — 민주사회주의사상을 중심으로」,『한국현대사의인물연구』2, 한국정신문화연구원, 1999.

(92)「心山 金昌淑의 독립운동과 遺志」,『心山 金昌淑의 선비정신과 民族運動』, 심산사상연구회, 1999.

(93)「인간의 길을 향한 진통—20세기 한국사의 전개와 반성」,『제42회 전국역사학대회 발표논문집』, 전국역사학대회준비위원회, 1999(『韓國史學史學報』창간호(2000. 3. 27)에 보완 게재).

(94)「광주학생운동의 역사적 성격과 의의」,『광주학생독립운동심포지움논문집』, 광주학생운동기념사업회 한국역사연구회, 1999.

(95)『修堂 李南珪의 독립정신과 遺志』,『修堂 李南珪先生의 獨立精神과 詩의 世界』, 민족문화추진회, 1999.

(96)「임시정부의 建國綱領」,『대한민국임시정부수립80주년기념논문집』, 한국근현대사연구회, 1999.

(97)「임시정부의 憲法과 理念」,『대한민국임시정부수립80주년기념논문집』, 1999.

(98)「임시정부의 歷史的 意義와 評價」,『대한민국임시정부수립80주년기념논문집』, 1999.

(99)「義兵戰爭의 特徵과 意義」,『한국사』43, 국사편찬위원회, 1999.

(100) 「근현대사 지방사료수집의 현황과 과제」,『근현대사 지방사료수집정리의 방향』, 국사편찬위원회, 2000.

(101) 「傳統名家의 근대적변용과 獨立運動 事例」,『大東文化研究』36, 2000.

(102) 「청산리전쟁80주년의역사적의의」,『1910~30년대조선민족반일무장투쟁사재조명』, 연변대학민족연구원, 2000.

(103) 「白下金大洛의 亡命日記(1911~13)」,『安東文化圈의 獨立運動』, 한국근현대사학회, 2000 ;『安東史學』5, 2000.

(104) 「滿洲에서 전개된 한국독립운동의 의의」,『韓國史研究』111, 한국사연구회, 2000.

(105) 「21세기 한국사학의 방향」,『21세기 한국사학—韓國史論 30』, 국사편찬위원회, 2000.

(106) 「丹齋 申采浩의 삶과 遺訓」,『신채호사상의 현대적 조명과 그 과제』, 한국사학사학회, 2000.

(107) 「統一時代 南北의 獨立運動史 認識」,『統一時代 南北의 獨立運動史 認識』, 한국독립운동사연구소, 2001.

(108) 「韓國과 몽골의 歷史的 友誼」,『한국독립운동과 몽골』기조강연, 한국근현대사학회 몽골국립대학교, 2001.

(109) 「李奉昌의거의 歷史性과 現在性」,『李奉昌의사 순국69주년추모 學術會議』단국대학교, 2001 ;『이봉창의사와 한국독립운동』, 단국대학교출판부, 2002 게재.

(110) 「安東 歷史의 儒家중심적 展開」,『안동의 역사와 문화』, 2001 ; 하와이대학한국학연구소 발표문 :『안동학연구』창간호, 한국국학진흥원, 2002 게재.

(111) 「임시정부의 초기활동과 독립전쟁의 개요」, 『신편 한국사』 48, 국사편찬위원회, 2001.

(112) 「光武農民運動과 申乭石 義兵」, 『신돌석장군 순국93주년기념학술대회』 기조강연, 2001 ; 『한국근현대사연구』 19, 한국근현대사학회, 2001 겨울호 게재.

(113) 「日本帝國主義의 식민통치상의 特徵」, 『抗日歷史 國際學術硏討會 會議手冊』, 중국 하르빈 사회과학원, 2002.

(114) 「근현대」, 『한국사』 제1권, 국사편찬위원회, 2002.

(115) 「20세기 韓國史學의 유형과 21세기 역사연구의 方向」, 『세기를 넘어서—민족문화강좌』 제3집, 합포문화동인회, 2003.

(116) 「남북한 역사학자의 평양학술회의 참관기」, 『韓國史學史學報』 7, 한국사학사학회, 2003.

(117) 「남북 역사학교류론 서설」, 『제46회 전국역사학대회 논문집』, 역사학회, 2003.

(118) 「한국근현대사와 민족주의」, 『고등학교 교원연수교재』, 국사편찬위원회, 2003.

(119) 「國旗 國歌 國花는 언제 어떻게 만드는가」, 『제200회 목요특강』 국민대학교, 2003 ; 『한국근현대사연구』 27집, 한국근현대사학회, 2003년 겨울호 게재.

(120) 「丹齋의 人間主義」, 단재신채호선생기념사업회, 2003. 12. 5.

윤 병 석

1. 학력

서울대학교 문리과대학 사학과 졸업
숭실대학교 명예문학박사

2. 경력

국사편찬위원회 편사관, 편사, 조사실장.
한국정신문화연구원 교수, 사학연구실장.
인하대학교 교수, 문과대학장, 한국학연구소장.
한국민족운동사연구회 회장.
백범김구선생전집편찬위원회 위원장.
백암박은식선생전집편찬위원회 위원장.
도산사상연구회 회장.
현재 인하대학교 명예교수.
매헌연구원 원장.

3. 저서

『증보 삼일운동사』 정음사 초판, 1975, 증보판, 국학자료원, 2004.

『증보 이상설전』, 일조각, 1984, 증보판 1998.

『한국근대사사론』, 일조각, 1979.

『한국독립운동사』, 한국일보사, 1987(공저).

『국외한인사회와 민족운동』, 일조각, 1990.

『독립군사』, 지식산업사, 1990.

『러시아지역 한인사회와 민족운동사』, 교문사, 1994(공저).

『구한말 의병장 열전』, 독립기념관, 1991.

『한국독립운동의 해외사적탐방기』, 지식산업사, 1994.

『안중근전기전집』, 국가보훈처, 1999(편저).

『근대한국민족운동의 사조』, 집문당, 1996.

『간도역사의 연구』, 국학자료원, 1996.

『해외동포의 원류』, 집문당, 2006.

『안중근연구』, 국학자료원, 2011.

『안중근문집』, 독립기념관, 2011.

『대한과 조선의 위상』, 선인, 2011.

『독립운동가의 문집과 자료집』, 선인, 2012.

역사학계 주변에서 지내온 나의 학행

윤 병 석

1. 수학시절

강연 제목이 '나의 역사연구'입니다만, 저는 역사학계 주변에서 근 반세기를 맴돌기는 하였으나 크게 내세우거나 자랑할 만한 것은 별로 없습니다. 그렇지만 이 자리에서 내가 어떤 한국사 연구를 견문했는지, 또한 내가 무엇을 하였는지에 대해서 주어진 시간 동안 말씀드리고자 합니다.

저는 일제 말 태평양전쟁시기에 충북 제천군 백운면의 애련愛蓮이란 벽촌에서 태어나 한 10여 리 거리의 면소재지에서 백운국민학교라고 부르던 초등학교를 다녔고, 이어 이제는 제천시가 된 제천 읍내의 제천농업학교에서 초년을 다니다 해방을 맞았습니다. 해방 후에도 그 학교에서 학업을 계속하여 중고등학교 6년 과정을 졸업했습니다. 대학은 6·25전쟁이 발발하던 1950년 서울에 올라와 서울대학교 사학과에 입학하였습니다. 그러나 처음으로 역사학 공부를 해야 할 시절에 전쟁으로 인해 군대에서 시간을 보냈습니다. 총들고 최전방에는 가보지 않았지만 휴전선 언저리에서 3년 반을 보내야 했습니다. 휴전 후 복학하여 당시 180학점을 겨우 채우고 3년 늦게 졸업하고 이병도 선생의 추천으로 사학과 조교로 학교에 그대로 남았습니다.

그때부터 한국사 관련 문헌이 가득한 동숭동 캠퍼스 국사연구실에서 조교로 근무하면서 한국사에 보다 관심을 갖게 되었습니다. 3년 임기를 마쳤지만, 당시 사회 여건상 사학도가 취직을 하거나 갈 곳은 극히 제한적이었습니다. 조교시절 겸직하던 경신고등학교 교사에 재직 중이던 무렵에 4·19를 겪었고 그 후 얼마 안 되어 5·16 군사정변이 일어나고 이어 마침 국사편찬위원회 기구가 확장되면서 처음으로 편사관을 뽑게 되었습니다. 그때가 1962년 초로, 나를 포함하여 최영희·김용덕·차문섭·이재룡 교수 등과 함께 5명이 공채로 들어가게 되었습니다. 그 중 최영희·김용덕·차문섭 세 분은 이미 고인이 되셨고 이재룡 교수와 나만이 남아 있군요.

2. 국사편찬위원회에서

국사편찬위원회에서의 임무는 처음 얼마 동안 조선시대사를 담당하였으나 곧 편사실장과 그를 이어 조사실장의 보임을 맡게 되었습니다. 실무를 총괄하는 자리가 되어서 전공에 전념하기는 좀 어려웠습니다. 그때 가장 중점을 두었던 사업이 첫째, 일제 침략에 의하여 일그러지고 훼손된 근대사를 새로 편찬하는 것이고 둘째, 나라를 잃었을 때 국내외에 흩어져 있던 한국사, 특히 근현대사 자료를 수집 편찬하는 것이었습니다.

전자를 위한 사업의 하나는 『한국사』의 편찬과 간행계획을 세워 추진한 것입니다. 근 반세기에 걸친 민족수난으로 말미암아 전반적으로 한국사 연구가 부실할 뿐 아니라 특히 근현대사 관계 연구는 보다 더 심한 형

서전서숙100주년기념 국제학술회의. 한국 중국 러시아에서 참석한 관련 석학자.
(2006. 10. 20. 서울프레스센타)

편이었습니다. 이 작업은 요약하면 그때까지의 한국사 전반에 관한 학계의 연구성과를 집대성하여 통사식으로 새로 편찬 간행하는 것입니다. 그래도 고대에서 중세 조선시대까지는 그 동안 여러 관련 학자들의 연구성과가 대개의 경우 거의 엇비슷하여 문제가 적었는데, 근현대사에 와서는 연구성과가 희소할 뿐 아니라 큰 체계도 제대로 잡혀 있지 않아서 적지 않은 논란과 심의가 있었습니다. 그때 위원회 내에 한우근 교수를 비롯하여 이기백·이광린·최영희·이현종 교수 등과 함께 따로『한국사』편찬위원회를 구성하고 제가 간사를 맡아 몇년이 걸려서『한국사』12권을 편찬 간행하였습니다. 또한 현재도 계속 간행되고 있는『한국사연구휘보』도 이 무렵부터 기획 간행되어 관련 학자들에게 보내고 있는 것입니다. 그후 제가 국사편찬위원회를 떠난 뒤에도『한국사』는 다시 예산을 크게 늘려 12권을 40여 권으로 재출간까지 하였습니다.

이 무렵 제가 주관하던 또 다른 특수한 사업의 하나는 중·고등학교용 국사 단일교과서를 편찬하는 일이었습니다. 흔히 국정교과서라고 지목하는 것입니다. 해방 후의 혼란기부터 자유당 시기까지 일반화된 교과서는 따로 없고, 이병도 선생을 비롯하여 김상기·이홍직·신석호 교수 등 명성 있던 학자들이 낸 문교부의 검인정 교과서가 통용되었습니다. 그러나 이들 교과서는 체제나 내용상 다른 점이 있고, 특히 근현대에 내려올수록 체제는 물론 역사적 사실에 대한 해석도 다른 점이 많아 한국사 단일교과서의 편찬이 필요하였습니다. 이런 배경에서 문교부에서 중·고등학교용 국사의 단일 교과서 편찬을 국사편찬위원회에 지시한 것입니다. 그러나 역사학계에서는 국정교과서를 편찬한다고 크게 반발하였습니다. 하지만 공무기관인 국사편찬위원회로서는 문교부 지시대로 단일교과서의 편찬 간행을 착수하게 되었습니다. 중학교 교과서는 강진철(고대·고려시대), 차문섭(조선시대), 이현종(근현대)이, 고등학교 교과서는 김철준(고대·고려), 한영우(조선시대), 윤병석(근·현대)이 집필하였고, 그 간사를 중학교용은 이현종 교수가, 고등학교용은 제가 각각 담당하여 수행하였습니다.

그런데 원고가 완성되어 문교부에 넘겼는데 처음 약속과는 달리 그곳에서 더러 수정도 하고, 특히 해방 후의 현대사 부분은 문교부 편수국에서 작성한 것으로 교체되기도 했습니다. 그러나 전체적으로 보면 중·고등학교 교과서가 모두 내용과 체제 등에서 거의 단일 교과서로서의 면목만은 갖췄고, 특히 근대에 들어 개화·근대화와 민족운동 내지 독립운동 부분에서 당시까지의 학계의 연구성과가 크게 반영되었다고 생각됩니다. 그밖에도 내용상 단군조선 부분의 서술에서 신화적인 면보다는 사실적인 면이 강조되었고, 그밖에도 전 시대에 걸쳐 학계의 연구성과를 반영한 것으로 기술되었습니다. 예컨대 동학 부문에서 동학란이라 하지 않고 동학농민운동 또는 동학혁명으로 해석 기술한 것 등입니다. 그 반면에 출판 후에 보니까 필자들과 논의 없이 수정된 부분도 없지 않았습니다. 예컨대 이광수와 최남선 등의 기술에서 친일변절 부분 등에서는 임의대로 삭제되고 말았습니다. 따라서 저도 그 후 단일 교과서를 유지하는 것은 여러 가지로 문제점이 있으므로 검인정 교과서로 다시 바꿔야 한다고 주장하였습니다. 그보다도 단일 교과서를 편찬하면 여러 필자가 공동으로 집필하기 때문에 때로는 하나의 기준과 하나의 체계로 통일하기는 어려움이 따르므로 검인정 교과서 쪽을 강조한 것입니다. 아직도 교과서 문제는 내용상 특히 근현대사 부분과 관련하여 해결과제가 적지 않게 남아 있기에 학계에서 관련 연구의 활성화와 신중한 집필·심의가 필요하다고 생각됩니다.

3. 독립운동사 연구

국사편찬위원회의 보다 기본적인 사업은 한국사 관련 자료를 수집 정리하고 그를 편찬 간행하는 일이었습니다. 처음 그곳에 갔을 때 생각보다 절실하게 확인한 것이 나라 안에서는 민족수난기와 6·25전란 중에 한국사에 관한 중요자료가 소실되었거나 국내외로 뿔뿔이 흩어져 근현대사를 연구 편찬하기가 극히 어렵게 되었다는 것이었습니다. 따라서 무엇보다 이들 자료를 가능한 한 빨리 조사 수집하고 근현대사 연구를 심화시키는 일이라고 여겼습니다. 그중에도 항일 민족운동 내지 독립운동 관련 자료의 수집과 정리 편찬 등이 핵심과제의 하나로 부상되었습니다. 따라서 조사실 안에 독립운동사 관련 부서를 설치하고『한국독립운동사』와『한국독립운동사자료집』편찬사업을 우선 5개년 계획으로 세워 추진하였습니다. 이 사업도 제가 주관하여 추진하게 되었습니다. 당시에는 젊었기 때

봉오동전적지. 현재 도문시 상수도저수지로 변한 10km 장곡(長谷)이 봉오동 입구
(중국과 국교전인 1989.10.26.)

문에 자료의 수집을 위해 백방으로 노력하였습니다.

독립운동사 관련 자료는 주로 세 가지로 나누어 볼 수 있습니다. 첫째는 독립운동사의 주체인 한국 측의 자료들입니다. 두 번째는 식민지배자였던 일본 측의 자료이고, 세 번째로는 제3의 열강, 즉 미국이나 중국, 러시아 등의 자료들입니다.

두 번째 일본 측 자료가 해방 당시 국내에 남은 곳은 법원이나 검찰청, 종합청사와 지방청사 등의 관청으로, 일본 사료가 있다고 하면 때로는 빈축을 받으면서도 쫓아 다녔죠. 그런 자료 중에는 종전 후 일본사람이 불태우려고 하다가 미처 못 태운 것이 있어서 초기에 국사편찬위원회가 펴낸 3·1운동 자료나 의병 자료 중의 한 몫을 채우기도 하였습니다. 이런 일본 측 자료는 독립운동 중에서 의병 관련 부분이 절대적으로 비중이 컸습니다. 형사재판 기록을 보면 의병이 처음 일어난 을미의병으로부터 시작해서 1910년 전후의 국내외 의병관련 자료가 매우 많고, 그 다음으로 3·1운동 관련 기록들이 많지요. 일부 논자들은 3·1운동을 몇몇 사람들이나 어떤 계층 혹은 종교계 등에서 주도적으로 한 것으로 논급하기도 하지만, 그것보다는 전 국민이 신분과 지역, 종교와 사상, 남녀노소를 구분할 것 없이 신구학문과 빈부의 차이를 떠나서 모두 함께 한 것이죠. 한편 1920년대 이후에 일본이 제일 꺼렸던 것이 사회주의, 공산주의 운동으로 이 분야에 관한 비교적 많은 양의 자료도 확인했습니다.

세 번째는 국외자료입니다. 주로 미국 측 자료가 많은데 1970년대에 많이 찾았지요. 로스앤젤레스와 샌프란시스코, 뉴욕, 워싱턴 D.C., 하와이 등지를 다니면서 보았습니다. 그리고 국외자료 중 일본 측의 자료도 아직 발굴할 게 많이 남아 있습니다. 맥아더 문서가 처음에 들어왔다고 했을 때 마이크로필름으로 약 2백 릴 분량이니 말하자면 1천 쪽 내외, 책으로 2백 권이나 된 셈입니다. 그걸 나 혼자 읽으려면 5~6년은 더 걸릴 것 같아서 근대사를 전공하는 동료 대여섯 명이 나누어서 검토를 했습니다. 그 때 그 자료를 통해 일제 측 자료의 전체적인 윤곽을 짐작할 수 있었죠. 그러나 일본에 있는 자료는 그것이 한 무더기에 지나지 않고 다른 여러 곳에 소장된 자료가 한참 더 있습니다.

일본 측 자료 가운데서도 남북 만주와 러시아 연해주 등지에서의 활동에 관련된 부분이 많이 나옵니다. 근현대사, 특히 독립운동사의 큰 줄기 중 한 부분은 러시아 연해주와 서북간도를 비롯한 남북만주에 있는데, 자료를 수집할 그 당시에는 지금처럼 역사 인식의 안목이 다원화되어 있던 시기가 아니었죠. 이제는 공산주의가 대부분 무너진 상황에서 보면 그러한 것으로부터 자유롭겠지만 당시에는 그러한 부분에 대한 정리가 쉽지 않았습니다. 그러나 그 분야를 역사에서 빼놓으면 안 될 것 같아 기록을

청산리항일대첩비의 개막(중국의 청산리대첩80주년기념으로 광복회와 연변조선족자치주가 공동으로 첫 승첩지 인 화룡현 백운평 입구 구릉에 세웠다. (오른쪽으로부터 최근갑 룡정의사릉 회장, 독립기념관 이문원 관장, 필자, 연변대학 박창욱 교수, 연변대학 권립 교수)

남겨야 되겠다는 생각에서 글도 몇 편 썼지요. 그냥 그대로 두면 사장되고 묻혀서 ―우리 역사에서 압록강 북쪽의 영토가 없어졌듯이― 현재 조선족 또는 고려인이니 하는 중국과 러시아의 해외동포들이 거기서 민족운동, 독립운동을 했다는 것마저 내 딴에는 소외되고 훼손될까 염려되었던 것입니다. 따라서 그 지역에 한번도 가보지 못한 채 자료를 수집하고 집필을 하기 시작하였습니다. 그러나 올림픽 전후로부터는 달라지기 시작했지요.

　우리 역사에서 독립운동사는 만주와 연해주, 중국 대륙에서의 역사를 빼 놓을 수는 없는 것이지요. 말하자면 해외동포가 전개한 부분을 잃으면 역사가 균형을 잃게 됩니다. 한편 요즘은 격세지감을 느낄 정도로 큰 기대를 가집니다. 정부에서도 상당한 예산을 편성해 주고, 국사편찬위원회와 독립기념관 등의 기구도 크게 확장되어 앞으로 시간이 좀 걸리더라도 잘 이루어지지 않을까 생각합니다. 당시에는 인력도 매우 부족했고 예산 규모도 열악했지요. 여하튼 국사편찬위원회의 독립운동사 자료수집과 편찬사업은 현재에도 주요사업의 하나로 추진되고 있는 것으로 알고 있습니다.

독립운동사를 연구해 보면 우리 민족이 광복을 맞은 것은 제국주의 전성시대에 그 어려운 국내외적 여건하에서 기적과도 같이 큰 대업을 이룬 것이라 할 수 있습니다. 그러나 그것은 우리가 흔히 논의하는 일부 독립운동자들의 투쟁만으로 이룩한 것이 아니고 —얼마의 친일파를 제외한— 전 민족의 거족적 투쟁의 결과이기도 하다는 생각입니다. 우리의 독립운동이 광복의 절대적인 원인은 아니었지만 특히 정신적으로는 조국의 광복투쟁에 절대적 큰 역할을 했습니다. 어떻던 이와 같은 광복투쟁을 누가 했느냐 하면 한국 사람으로 태어난 모든 국민이 정도의 차이는 있을지언정 다 함께 했지, 특정 몇몇의 전유물이 아니었다는 말입니다. 특이하게 친일로 기울어진 얼마의 부류를 제외하고는 우리 민족 모두가 다 일어나서 독립운동을 한 것이죠. 그러나 그 중에 특별한 독립운동가들이 중심이 되어서 남보다 큰 일을 주도하고 희생한 것이 주목을 받기도 했지만, 본질적으로는 한국인 모두가 한 것입니다. 대표적으로 3·1운동만 해도 독립운동가라는 특정한 계층의 운동이라고만은 생각할 수 없습니다.

그런데 역사라는 것은 또한 그 나름대로의 상징과 역사적 정화도 있어야 하는 것 같습니다. 예를 들면 한국 근대사를 그 나름대로 체계화시킨 것이 백암 박은식의 『한국통사韓國痛史』인데, 1864년부터 1911년까지의 한국 근대사를 개화와 일제의 침략 및 항일투쟁과 탄압에 역점을 두어 서술했죠. 또한 백암은 1919년 블라디보스토크에서 3·1운동을 맞이하자 상하이로 가서 상하이 임시정부와 연해주의 대한국민의회 임시정부, 그리고 국내의 한성정부漢城政府 등을 통합하여 대한민국임시정부의 수립을 지원하는 한편, 일제에 맞선 한국민족의 투쟁과정을 서술한 『한국독립운동지혈사』의 집필을 시작하여 1920년에 펴내기도 했습니다. 그런 책에서도 볼 수 있듯이 안중근 의사라든지, 이상설 같은 이가 신명을 다 바쳐서 독립운동을 위해서 노력한 것은 역사의 모범이 되어야 하고 또 그 나름대로의 합당한 역사적 평가를 받아야 한다는 것입니다. 한편 이 무렵 신채호는 민족수난을 극복하는 지도원리라고도 할 수 있던 민족주의사학을 정립하며 그에 관련되는 '의열단선언'을 비롯한 독립운동 관련 문자를 많이 남겼습니다. 사실 우리 근대사의 모습을 피상적으로만 잘못 보면 나약하고 비열하고 사대적인, 그런 측면이 크게 부각된단 말이죠. 그런 근대사를 박은식과 신채호는 역사의 원류를 찾아서 긍정적으로 서술했단 말이죠. 경우에 따라서는 독립운동을 주도한 사람들을 부각시키면서 우리 민족의 개화와 제국주의와의 저항과 자주 의지, 그리고 독립정신의 고취를 성취해 낸 거죠. 온 국민이 다 독립운동을 했다고 하면서도 중심적인 인물을 부각시키고 그들의 말과 행위를 통해 애국심을 불어넣어서 우리의 근대사를 살려놓은 것입니다.

그러한 관점도 참조하면서 좀 예외가 되는 말입니다만, 지금의 독립운동가에 대한 포상을 더 신중하게 진행하고 친일파에 대한 정화가 더 필요할 것도 같습니다. 독립운동가의 공적과 친일행위에 대한 비판 중 특히 독립운동가의 공적은 작은 것이든 큰 것이든 간에 발굴, 정리해서 그 위상을 바로 밝히고 체계화시키는 일이 우리의 중요한 과제이며 의무라고 할 수도 있을 것입니다. 그리고 독립운동에 대한 서훈은 뚜렷하면서도 헌신적인 사람, 나라와 민족을 위해서 자기 신명을 다 바친 사람, 그러면서도 전후 행실이 깨끗한 사람, 그런 사람에게 우선 서훈되어야지 그렇지 않으면 작든 크든 온 국민이 모두 독립운동에 참여했는데 논공행상을 잘못하여 근대사와 현대사를 훼손하는 일이 될 수도 있을 것입니다. 근대사를 살리려면 개화 근대화를 강조하는 것과 동시에 민족의 독립운동사를 올바로 밝혀주는 면이 중요한 것인데, 이러한 논공행상을 잘못하면 민족의 적을 애국자로 만들고, 애국자를 적으로 돌릴 수도 있습니다. 그러면 우리는 역사의 죄인이 되겠죠. 저는 비교적 오랫동안 상훈심사위원으로 있으면서 바로 그러한 부분에 대한 고민도 했습니다. 크게 보아서 국민이 모두 독립운동을 했는데, 유공자에 대한 선별은 신중해야만 하니까요. 그런데 그 중에서도 어려운 부분이 처음에는 독립운동을 했다가 나중에 친일로 돌아선 경우와, 반대로 처음에는 부일협력을 했다가 나중에 독립운동을 한 경우 등입니다. 예컨대 의병이나 독립군을 탄압하는 데 앞장서다가 나중에는 독립운동을 하게 된 사람도 있지요.

한편 친일이란 이런 사람을 우선 지목해야 한다고 생각합니다. 첫째로, 유사 이래 몇 천 년을 두고 지켜온 나라를 없애는 데 큰 역할을 한 사람은 명백히 친일행위를 했다고 봐야 합니다. 두 번째는 어떻든지 간에 동북아에는 한민족과 왜인이라 하던 일본, 그리고 여진, 몽고 등 여러 민족이 있고 그 중에서도 우리 민족이 이렇게 국토와 문화와 전통을 전승 발전시켜 왔는데, 우리 한민족을 일본에 적극적으로 동화시키려고 앞장선 사람입니다. 세 번째로는 우리 어문을 국어학자나 세계 언어학자들이 우수한 어문이라고 하는데, 일본 어용학자들의 주장에 동조해서 우리 언어와 문자가 열등 언어가 되어 근대과학을 수용하지 못하니 우리말과 글을 없애고 일본말을 전용해야 한다는 데 앞장선 사람들입니다. 네 번째로는 유사 이래 독립을 지켜온 자기 나라의 광복을 위해 신명을 다 바쳐 독립운동을 해 왔는데, 이러한 독립운동을 앞장서 막은 사람들입니다.

한편 일제 침략, 강점시대가 40~50년이나 되는 긴 기간인데, 당시에 외형적으로만 보면 일본사람 행세 안 한 사람이 얼마나 되었겠습니까. 모두가 일본의 식민지배하에서는 식민지 백성으로 살았죠. 그러나 외주내왕外朱內王이라고 전통시대 유학자들이 속으로는 양명학을 받아들였지만, 조선왕조의 학풍과 이념이 양명학을 비판한 뒤로는 양명학을 하면 사문난적 취급을 당해서 속으로는 양명학을 견지하면서도 겉으로는 주자학자로 행세하고 왕조 말까지 내려왔죠. 그러한 사실도 있듯이 일제시대에는 어찌 보면 친일파로 보일 수도 있지만 사실은 독립운동을 한 사람이 많았습니다. 물론 진짜 친일한 사람을 포함하는 것은 아닙니다. 즉 나라를 없애고 민족을 없애고 어문과 풍속을 없애는 데 앞장선 사람들은 법률적 또는 물리적 단죄는 아니더라도 역사적 단죄만큼은 반드시 해야 한다고 생각합니다. 언젠가 기회가 생기면 독립유공자의 상훈과 친일파의 역사적 청산문제에 대한 저의 생각은 상론할 수도 있을 것 같습니다.

4. 한국정신문화연구원에서

국사편찬위원회에서 편사관으로 10여 년 근무하다 70년대 중반 인하대학교 교수로 자리를 옮겼습니다. 학교로 가는 것을 말리는 지기도 몇 분 계셨지만 그래도 학교가 조용히 연구하고 저술하는 데는 나을 것 같아서 그렇게 한 것입니다. 인하대학에 가서 한 일은 조금 있다가 언급하겠습니다만, 대학에 간 지 몇 년 되지 않아 뜻하지 않게 지금은 한국학중앙연구원이라 개명한 한국정신문화연구원 창설 초에 참여하여 그곳에 3년 동안 파견교수로 활동하였습니다. 당시 박정희 대통령이 경제성장을 주도하여 산업화를 추진하고 있지만 그에 상응하는 정신문화의 개발도 필요하다고 한국정신문화연구원을 성남시 운중동에 세우고 전국 각 대학에서 필요한 연구교수를 파견 근무하게 한 것입니다. 원장은 박대통령과 가까운 역사학자 이선근 박사이고 인문부장은 고대사를 전공한 서울대학의 김철준 교수였으며, 제가 사학연구실장을 맡았습니다. 조용한 환경에 시설 전반과 도서 등도 잘 갖추어 있었습니다. 저의 전공연구도 전념할 수 있었지만 그보다 초창기 연구원의 터전을 다지느라 분주한 나날을 보내기도 하였습니다. 외부의 유위한 학자들에게 많은 연구 프로젝트를 만들어 위탁연구도 시키고 연구비도 당시 보통 연구비보다 후하게 책정했습니다. 그런 연구결과물은 정기간행물인『한국사학』에 수록도 하였습니다.

또한 얼마 후 원내에 병설대학원도 설치하여 최초의 한국학대학원이 생겼습니다. 선발된 입학생에 대해서는 등록금은 물론 숙식비까지 일체 연구원에서 부담하고 경우에 따라서는 병역 특혜조치를 취했던 것으로 알고 있습니다. 교과과정도 한국학 전 분야에 확대하여 일반 한국사뿐만 아니라 어문·철학·예술·사회 등에 이르기까지 여러 각도에서 연구하고 학습하는 새로운 풍토 진작에 힘썼습니다. 또한 한국학 연구에 절실한 기초과목인 한문과 영어 등 외국어 이수에도 치중했습니다. 늦게 생긴 대학원이지만 관련 도서를 비롯한 참고문헌도 최대한 갖춘 도서관과 각종 연구실을 운영하도록 배려되어 있었습니다. 이 대학원의 초창기 수학생들이 이제는 유위한 학자로 커서 경향의 학교나 관련 학술기관에서 각기 중진학자로 중요한 활동을 하고 있습니다.

한편 정신문화연구원에 있을 때 몇 가지 색다른 과제와 사업도 계획되어 추진했던 것으로 기억됩니다. 예컨대 한 가지는 앞으로 우리나라 문화의 발전 방향과 내용 등에 대한 모색이 심도 있게 다루어졌습니다. 원내외 관련학자들이 함께 참여하여 연찬과 토론도 벌였습니다. 제 기억에 한국문화가 나아가야 할 방향은 다음 두 가지로 논급되었던 것으로 생각됩니다. 그 하나는 종래의 한국의 비효율적 전통문화는 과감하게 도태시키고 서구에서 성장된 기독교를 바탕으로 하는 근대문화를 철저히 수용하여 선진사회를 만들어 가야 한다는 것이고, 다른 하나는 우리의 전통문화를 바탕으로 하여 서구문화와 과학을 비롯한 여러 문화를 다원적 입장에서 수용해야 된다는 것이었습니다. 전자의 의견이 후자의 의견보다 더 우세한 경향이었던 것으로 기억됩니다.

또한 정신문화연구원에서는 한국의 역사와 문화를 집대성한 대백과사전의 편찬 간행을 기획 추진하였고, 그 결실로 전 27권의 『한국민족문화대백과사전』이 간행되었습니다. 여기에는 예상보다 많은 예산이 투자되었고 10년 이상의 시일도 소요되었습니다. 항목과 내용에 따라서는 부실하여 보완해야 될 점도 적지 않지만 일단 우리 역사와 민족문화 이해의 중요 입문서가 되고 있습니다.

5. 인하대학교에서

국사편찬위원회에서 인하대학교로 옮길 때까지는 잘 몰랐는데, 전임으로 부임하여 알게 된 것이 있었습니다. 그 때까지 그 대학은 사학과가 없이 역사는 사회교육과 내에 교양과목으로 문화사와 국사를 개설하고 있었습니다. 그래서 사학과를 만들려고 하니 다행히 학교 당국에서 솔선하여 어렵지 않게 설치되고 다른 대학처럼 국사, 동양사, 서양사 교수들을

모셔오고, 사회교육과와 별도로 사학과 학생을 모집 교육하여 이제는 30
여 년의 전통이 쌓인 사학과가 되었습니다. 이 사학과 출신의 학사, 석사,
박사들이 현재 경인지역을 중심으로 각처에서 유위한 제 나름의 활동을
할 수 있는 것이 큰 보람으로도 여겨집니다.

한편 대학 내에 각별한 지원으로 한국학연구소도 설치하여 1995년 정
년 때까지 한국근대사와 독립운동사를 연구하며 지냈습니다. 더욱이 연
구소의 소장으로 초창기 10여 년 근무하면서 『한국학연구』도 창간·발행
하고, 그 동안 현지답사에 소홀했던 남북만주와 연해주, 그리고 중앙아시
아의 한국민족운동 유적지를 두루 답사할 수 있었던 일은 지금도 기억이
역력합니다. 이 연구소는 현재도 한국학술재단의 특별연구비지원도 있어
원만히 운영되고 있으며 많은 연구성과를 기대하고 있습니다. 그밖에 인
하대학교에서의 일과 저술 등은 딴 기회의 것이 있으므로 여기서는 생략
합니다.

6. 학회활동과 민족운동 지도자의 전서편찬

제가 1958년 처음 대학 강단에 선 이래 인하대학과 한국정신문화연구
원의 한국학대학원 외에도 여러 학교에 출강하였습니다. 모교인 서울대
학을 비롯하여 육군사관학교, 중앙대학, 한양대학, 고려대학, 단국대학 등
여러 학교에서 한국사, 한국근대사, 독립운동사 등의 강의를 시의에 따
라 맡아 분주히 다니기도 하였습니다. 그중에도 서울대학 사학과에서는
2003년도까지 거의 매년 연속하여 한 학기는 한국근대사를, 다른 한 학
기는 한국독립운동사를 번갈아 강의하여 전후 40여 년이 되는 셈입니다.

지금 생각하면 부실한 강의내용도 없지 않지만 최선을 다하려 한 것이고, 그때는 그러한 강의가 흔치 않았고 젊었기 때문에 한 것입니다.

또한 여러 대학 출강을 전후한 시기에는 역사 관련 학회의 활동에도 될 수록 참여했습니다. 1960~1970년대에는 역사학회와 진단학회, 그리고 한국사연구회에서는 선생이나 선배, 동료들을 따라 다니며 '한국사와 역사의식'이니 '단재신채호의 역사' 등의 주제를 발표하기도 하였습니다. 좀 특수한 것으로는 1960년대 초에 이병도 선생이 주도한 한국사회과학 연구회의 간사를 맡아 한국사와 한국경제, 한국정치, 한국사회, 한국법제 등 관련 사회과학 분야가 협동으로 연구하는 '사회과학'의 성장을 기대한 것입니다. 그 학회에서 외국재단의 원조를 받아 연구도 진작시키고『사회과학』이란 학술지도 제3호까지 간행하였습니다. 그러나 5·16군사정변이 일어나 모든 학회활동이 일시 중단되고 이병도, 신태환, 변시민, 이항녕 등 중요 임원이 학계 현직에서 물러나는 풍조 속에 휩쓸려 더 지속되지는 못했습니다.

다음은 한국민족운동사연구회의 창립과『한국민족운동사연구』의 간행 등에 참여한 활동입니다. 1980년대 초를 전후하여 일본의 역사교과서 왜곡문제가 계기가 되어 천안 흑성산 아래에 독립기념관이 건립되게 되었습니다. 이때 독립기념관 전시자료의 수집 정리와 독립운동사 연구의 심화를 위하여 손보기, 조동걸, 신용하, 박영석, 추헌수, 박성수, 이연복 등 15~16명의 관련 학자가 근 1년에 걸쳐 정기적으로 회합하여 열심히 심의 토의도 하고 자료수집과 전시물의 각종 안을 제시하였습니다.

이때 특별히 신용하, 조동걸 교수가 마지막 마무리를 맡아서 수고를 하기도 하였습니다. 그런데 독립기념관을 개관하고 보니 정부를 대신하여 독립기념관 건립을 행정적으로 집행하는 분들이 자기네 의견과 맞는 것은 학자들의 의견을 수용하고 그렇지 않은 것은 소외시킨 대목이 적지 않게 나타났습니다. 여하튼 거기에 관여했던 학자들을 중심으로 한국독립운동사 연구를 위한 학회를 발기해서 좌장격인 손보기 교수를 회장으로 하고 제가 간사를 맡는 한국독립운동사연구회를 창립했습니다. 한국독립운동사연구회는 정례 연구발표회도 개최하고 『한국민족운동사연구』라는 기관지도 발간하여 큰 호응을 얻기도 하였습니다. 이 학회 명칭은 곧 연구영역을 넓히기 위하여 한국민족운동사연구회로 변경했습니다. 몇 년 동안을 두고 회장도 맡아 계속하다 보니 일부 참여자들이 자기들이 주관하여 학회를 발전시킨다고 여러 공작도 벌이고 해서 그 후로는 참여하지 않았습니다. 그러나 그 학회는 우여곡절을 겪으면서도 현재까지 지속되어 정기적으로 『한국민족운동사연구』와 관련 연구저서가 나오고 있습니다.

저는 또한 1990년대에 들어와 지금은 도산학회라고 개칭한 도산사상연구회와 2000년대 들어와 백암학회의 회장을 맡아 각기 도산 안창호와 백암 박은식의 애국적 생애와 사상, 민족운동 연구에 주력하였습니다. '도산학'과 '백암학' 정립을 목표로 양인의 대한 연구의 심화가 더 필요할 것이라고 생각했던 것입니다.

이와 관련하여 한국근대사에서는 도산과 백암을 포함하여 국내외에서 항일운동 내지 독립운동을 솔선하고 주도한 인물이 많이 있습니다. 그 중에서도 우남 이승만과 도산 안창호, 백범 김구, 백암 박은식, 성재 이동휘, 우강 양기탁, 단재 신채호 같은 분들은 항일운동과 독립운동의 중심에 선 인물들이라고 할 수 있습니다. 그러므로 독립운동사연구를 심화시키려면 먼저 이 분들의 학문 사상과 항일운동 내지 민족운동의 행적이 올바로 밝혀져야 바른 평가와 해석을 할 수 있는 대목이 있습니다. 그래서 이런 분들의 유문과 활동자료를 망라한 전서全書 편찬이 학계에서는 절실한 실정이었습니다. 따라서 대학에서 활동하던 관련학자들과 함께 이 분들의 전서 편찬을 추진해 각 인물별로 편찬위원회가 구성되어 『백범 김구전집』 전 12권과 『우남 이승만 문서』 전 18권을 비롯해 『도산 안창호전집』 전 14권, 『백암 박은식전집』 전 6권, 『우강 양기탁전집』 전 4권, 『성재 이동휘전서』 전 2권, 『단재 신채호전집』 전 9권 등을 간행한 것은 큰 보람으로 생각합니다. 그 중 『우남 이승만문서』만은 원래 이승만 박사가 소장하던 이화장 문서로 유영익 교수가 편찬위원장을 맡아 관련학자가 참여하고 저는 제4권에 수록된 3·1운동 관련 문서를 정리하고 해제하였습니다. 그밖에 백범과 도산, 그리고 우강, 단재 전집편찬에서는 편찬위원장을 맡아 간행하였습니다. 최선을 다하려 했지만 그래도 수집자료가 미비하거나 오류가 있는 부분은 앞으로 보유편으로 보완되어 갈 것이라고 생각됩니다. 특히 최근에 독립기념관에서 맡아 『단재 신채호전집』의 간행을 마친 것은 의의가 크다고 생각됩니다. 그 분은 민족수난기를 스스로 국내외에서 철저하고도 강인하게 독립운동에 헌신한 순국선열일 뿐만 아니라 민족주의 사학자로 독립운동의 지도 원리가 되는 중요 관련문자를 가장 많이 남긴 인물이기도 하기 때문입니다.

그밖에도 제 단독으로, 공산주의운동에도 관련된 성재 이동휘나 의열투쟁을 결행한 안중근, 윤봉길 의사의 유문과 관련자료들은 독립운동사 이해에 필수적 내용이 담겨 있는 것이라고도 생각되어 관심을 갖고 전서 편찬을 추진 중입니다. 그 중 『성재 이동휘전서』는 러시아 측의 공산주의 관련자료와 그밖에 기독교 관련자료의 수집이 미흡하지만 앞으로의 보완편을 기약하고 상·하 2권으로 편찬·간행한 것입니다.

또한 안중근의 것은 그분의 진귀한 자서전인 『안응칠역사』와 『동양평화론』 및 보물들인 여러 유묵류 등을 비롯하여 그분이 직접 저술 또는 기

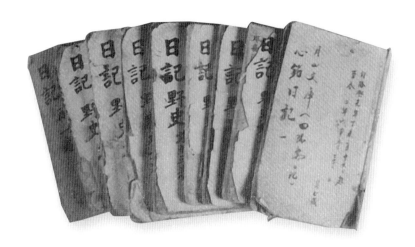

1910년 국치전후 유학자이며 의병장인 김정규金鼎奎의 함경도와 망명지 북간도에서 의병활동을 10여년을 꼼꼼히 기술한 일기. 필자가 후손의 성의로 발굴하여 현재 천안독립기념관에 진장되어 있다.
첨부. 첨부사진은 북간도의 독립운동과 서전서숙을 연구하기 위하여 ① 현지를 답하고 ② 자료를 발굴하고 학술회의를 개최하고 ③ 관계국 학자와 유대를 위하여 4매를 준비했습니다. 적의 사용되기를 바랍니다.

술한 것으로 확인되는 것을 집대성하여 『안중근 문집』을 편찬하고 주석을 첨부하여 독립기념관에서 간행하였습니다. 한 당시 국내외 여러 문인 학자들의 전기류를 집대성하여 『안중근전기전집』을 편찬, 국가보훈처에서 간행하였습니다. 그리고 윤봉길의 것은 그분의 망명 전후 시문과 상하이의거 관련자료를 수집·정리하고 있습니다. 그밖에도 독립운동사에서 의열투쟁을 선도한 장인환·전명운의 샌프란시스코(상항桑港)의거의 한·미·일 간의 관련 자료를 집대성하려 편찬하고 있습니다.

7. 첨가하는 말

 저는 학문적 입장에서 해방 이후의 역사는 연구하지 않았습니다. 그래서 학문적으로 논평하기는 어려운 일이지만 역사학도로 그 시대를 살아온 사람이니까 어느 정도 의견은 말할 수 있지 않을까 생각됩니다. 해방 이후의 시대라는 것이 상당히 혼란했죠. 당시에는 극과 극으로 치달아 무슨 집회나 운동을 하더라도 서울운동장이나 남산에서 좌우가 따로 하고, 대낮에도 테러가 일어나곤 했습니다. 요즘에는 인터넷이나 매스컴이 발달해서 상대방 사정을 대부분 잘 알고 있죠. 그러나 그때는 그런 정보가 없었습니다. 그때 보통사람은 이쪽 편에 가서 들어보면 이쪽이 옳은 것 같고, 저쪽에 가서 들어보면 저쪽이 타당한 것 같아 상대방 사정을 잘 몰랐습니다. 말 그대로 혼돈이었죠.

 일제시대에 우리는 일본제국주의가 앞장서고 구미제국주의 열강이 방조하는 그런 국제환경에서 가혹한 식민통치를 받았는데, 해방 정국은 대한민국 정부 수립과 6·25전쟁 전후에 이르도록 동서냉전의 양 극점에 우리의 운명이 내몰려 있었습니다. 치열한 전쟁터에서는 유탄에 맞아도 죽을 확률이 높은 법인데, 그 당시 우리는 맨살로 냉전의 양 극점에서 대립과 전쟁에 휘말렸던 것이지요. 공산주의와 자유주의의 최전선에서 헤매고 있을 때니까, 우리 운명이 어떻게 될 지 짐작도 못하고 몰려다닌 경우도 없지 않았습니다. 게다가 우리 역사에서 일제 이전의 전통시대는 중국이나 일본, 가까이는 러시아 정도와 접촉이 있는 정도였는데, 그걸 뛰어넘어서 서양과 접촉이 깊어지고 공산주의를 수용하자는 것이 어떤 것인가 성찰해야 하는 면이 있었습니다.

 해방과 그를 이어 정부가 수립된 지 60여 년이 지났습니다. 그 동안의 우리 역사의 본질을 성찰하고 평가하는 노력이 절실한 것 같아요. 오랜 식민지 시기는 차치하더라도 일제말기 만주사변과 중일전쟁 이래 제2차 대전에 이르는 15년 침략전쟁과 해방 후 미소 양군정의 분할통치, 그리고 6·25전란 등으로 한국은 경제와 문화, 사회까지 파괴되고 훼손되어 그대로 있으면 세계에서 최빈국 최하등 국가로 전락될 지 모를 모습이었습니다. 그러나 그 속에서 우리 민족이 식민지시대에 독립운동을 했듯이 재기하여 대한민국을 성장시키고 자유민주주의를 정착시켰습니다. 아울러 그를 뒷받침하는 산업화와 민주화도 어느 정도 이룩하였습니다. 논자에 따라서는 세계 상위권 국가로 부상하고 있다고도 합니다.

물론 외형적으로 부정부패나 패륜과 폭력, 그리고 온갖 반도덕적, 반인륜적 측면이 현저하게 노정된 것도 사실입니다. 그러나 이런 것은 겉으로는 산업화와 민주화를 추진시키는 과정에서 사이비 정상배들이 끼어들어 졸속탐공拙速貪功이랄까 조급하게 성과만을 바라는 잘못된 개혁과 혁명 등에 편승된 적폐積弊에서 원인의 일단을 찾을 수도 있습니다. 앞으로는 애국이니 선진화를 빙자하면서 조급한 성과 위주의 개혁과 명분과 공리만을 앞세운 각종 운동은 지양되어야 하겠지요.

이런 점에서도 해방 후의 우리 민족과 국가의 성장은 제대로 성찰되고 평론되어야 할 큰 과제인 것 같습니다. 그 같은 점은 민족주의나 제국주의, 또는 자본주의, 공산주의, 사회주의, 경우에 따라서는 국가주의나 세계주의의 관점을 초월해서 첫째, '인간존중' 풍조의 괄목할 만한 성장의 한 면입니다. 둘째, '지성'과 '과학'을 바탕으로 한 신문화 건설과 민족의 도덕성 회복의 한 면입니다. 셋째, '전쟁'과 '폭력'을 근본적으로 배격하고 평화와 자유, 생명과 재산을 보장받는 국가 사회 건설의 한 면입니다.

이와 같은 견지에서의 성찰은 해방 후 60여 년의 역사를 우리 국민이 첫째, 인권과 민권, 인간성 존중의 개념과 상통될 수도 있는 민본民本 혹은 인륜人倫, 예의禮義 존중의 사조 등에서 보듯이 드높은 민족적 도덕과 윤리를 숭상하고, 둘째 성실하고 근면한 국민성이 대한민국의 민주주의와 산업화를 성장시켰다고 생각됩니다. 셋째, 우리 국민은 평화애호와 그 정착을 위하여 참으로 많은 것을 희생했다고 생각합니다. 반면 이런 기풍과는 달리 사회일각에서는 화합과 통일을 외면하고 식민지시대의 유물이기도 한 분파주의와 남을 배척하는 풍조가 기승을 부리는 속에서 퇴폐윤리의 만연과 개인주의, 집단이기주의가 판을 치는 현상도 두드러지고 있습니다.

여기에 아울러 민족문제까지 생각해 본다면, 근현대에 우리 민족은 나라를 찾기 위해 맹렬히 투쟁도 했고 광복된 나라를 건설하기 위해 열심히 일도 했습니다. 하지만, 지금도 주어진 문제는 남북분단과 국론분열입니다.

제가 십여 년 전에 독립운동에 사적지 답사를 위하여 학계 동료 몇 분과 몽골을 간 일이 있는데, 저는 몽골에서 다음과 같은 생각도 연상하였습니다. 세계 역사상 가장 거대한 제국, 그리고 강성한 국력을 자랑하던 국가들 중에 몽골제국이 제일이라고도 꼽을 수 있는데, 그 나라의 현재 영토는 몽골공화국으로 전성기에 비해 영토는 몇 십분의 일밖에 남지 않는 조그마한 국가로 전락되고 인구도 몇 백만에 지나지 않고 구소련의 위성국이기도 했습니다. 현재 중국의 내몽고지역에는 몽골민족이 있지만 그들은 중국한테 거의 동화되어가는 몽골족을 본국에 돌아오라고 해도 돌아가지 않는다고 합니다. 그보다 더 주목되는 것은 흑룡강 북쪽의 시베리아 전 지방은 몽골이 차지했던 곳이고 몽골민족의 활동지인데 거기 있는 사람들은 다 러시아에 섞여서 이제 몽골사람으로 행세하는 사람은 없습니다.

　우리 민족도 생각하기에 따라 남북한의 통일문제가 쉽게 해결되지는 않는다고 할 수도 있을지 모르겠습니다. 그렇다고 해서 민족문제를 역사적인 시각에서 정확한 해명없이 방치한다는 것은 역사의 의무감을 저버리는 일이 되며, 보다 더 중요한 것은 어떤 개인이나 어떤 특정한 집단, 어떤 특정한 이념을 가진 사람이 독단적으로 남북 통일문제를 좌지우지한다면 또 다른 불행한 사태가 일어날 수 있다는 의구심도 떨칠 수 없습니다. 제2차대전 중 우리 민족이 해방이 된다면 당시 국제적 환경에서 신탁통치를 받도록 요동치고 있는 기류는 국제 정치, 제국주의 역사를 조금이라도 공부한 사람은 누구든지 다 알던 사실이었습니다. 김구 주석 등은 국내에 돌아와서 신탁통치가 대두되자 우리 민족이 원하는 것은 자주독립이고 게다가 그 동안에 반세기를 두고 활동한 것 하고는 완전히 내용이 다르니까 근본적으로 부정을 했습니다. 그러나 국제정세에 밝고 진보세력이라고 주장하는 사람들은 신탁통치를 일정하게 받아야 된다고 해서 국론은 완전히 분열되었고, 여기에 공산주의와 자유주의의 대립이 개입하면서 더욱 더 복잡한 문제가 되었습니다. 우리의 통일도 전 민족이 원하는 방향이 틀림없이 있을 것입니다. 그것을 역사의 은감殷鑑에서도 모색해야 되는 것이지 억지로 뜯어 맞추려 한다면 6·25사변과 같은 비극이 다시 생기지 않으리라는 보장이 없을 것 같습니다. 최근에 제가 헤이그특사에 대해서 다시 생각해 보게 되었습니다. 그때 제2차 평화회의에서 제국주의 열강들이 자의대로 세계평화 문제를 전단專斷해 놓으니까 그 다음에 제3차 평화회의 개최가 예정된 1914년에는 평화회의의 개최는 고사하고 세계평화를 뿌리째 흔들던 제1차대전이 일어나고 말았습니다. 지금우리는 각자의 이해집단이나 권세를 탐내는 정객들의 너무 자기 고집만을 부리고 있는 상황이 아닌가도 생각됩니다. 앞으로의 일은 앞으로의 역사입니다. 그러나 현재 근현대사가 바로 정립되어 있어야 합니다. 몇 사람만 목소리를 높이고 모든 일을 좌지우지하는 것이 아니라, 온 민족이 다 함께 원하는 결집된 방향으로 나아가기 위해 먼저 역사의 올바른 이해와 해석이 필요하지 않을까도 생각을 해 봅니다.

송 병 기 宋炳基

1. 학력

1956년 3월 청주대학 법과 학사
1961년 3월 고려대학교 사학과 학사
1964년 2월 고려대학교 사학과 석사
1985년 2월 고려대학교 사학과 박사

2. 경력

1962년 9월~1967년 4월, 국사편찬위원회 편사관보.
1967년 5월~1999년 2월, 단국대학교 교수.
1982년 3월~1983년 2월, 한국정신문화연구원 편찬부장.
1990년 9월~ , 위암장지연선생기념사업회 부이사장.
1991년 9월~1993년 8월, 단국대학교 인문학부장.
1994년 9월~1997년 12월, 단국대학교 부설 동양학연구소 소장.
1999년 8월, 국민훈장 3등급 (동백장).
2008년 10월~현재, 외교통상부 독도정책자문위원.

3. 저서와 논문

1) 한국근대사 기본 자료의 편찬

『고종시대사』 1-5, 국사편찬위원회, 1967-1971(공저).

『한말근대법령자료집』 I -IX, 국회도서관, 1970-1973(공편).

『통감부법령자료집』 상중하, 국회도서관, 1972-1973.

『윤치호일기』 1, 국사편찬위원회, 1973.

『구한국관보』 1-22, 아세아문화사, 1973-1974(편찬).

『통감부공보』 상하, 아세아문화사, 1974.

『국역윤치호일기』 상·하, 탐구당, 1975.

『장지연전서』 1-10, 단국대동양학연구소, 1979-1989.

『우남이승만전서동문편』 16, 연세대 현대한국학연구소, 1998.

2) 한국근대사(연미론, 대미개국론) 저서, 자료집, 번역

『근대한·중관계사연구』, 단국대출판부, 1985.

『한국, 미국과의 첫만남』, 고즈윈, 2005.

송병기 저, 楊秀芝 역, 『一八八二年朝美條約的訂立與淸代中國』, 고즈윈, 2005.

『개방과 예속』, 단국대출판부, 2000.

3) 독도관계 논문, 저서, 자료집, 번역

『울릉도와 독도』, 단국대출판부, 1999.

『고쳐쓴 울릉도와 독도』, 단국대출판부, 2005.

『재정판 울릉도와 독도』, 단국대출판부, 2007.

『울릉도와 독도, 그 역사적 검증』, 역사공간, 2010.

『독도영유권자료선』, 한림대출판부, 2004.

宋炳基 저, 朴炳涉 역, 『鬱陵島·獨島(竹島)歷史硏究』, 新幹社, 2009.

Song Byeong-kie, Translated by National Assembly Library, Republic of Korea, 『Hiatorical Verification of Korea's Sovereingty over Ulleungdo and Dokdo』, National Assembly Library, 2010.

나의 한국근대사 연구

송 병 기

1. 출생과 수학

불러주신 한국사학사학회 여러분께 감사의 말씀을 드립니다.

나의 한국사, 특히 한국근대사 연구를 회고하기에 앞서 출생과 수학에 대하여 간단히 말씀드리고자 합니다. 나는 1933년 8월 20일 경기도 이천 군 율면 산성리 산동栗面 山星里 山洞에서 중소지주인 송우식宋祐植과 신순 철申順哲의 둘째 아들(형 병팔炳八은 요사夭死)로 태어났습니다. 본관은 진천 鎭川입니다.

내가 태어난 마을 산동山洞은 이름 그대로 궁벽한 '산골(山洞)'입니다. 장을 보려면 장호원長湖院까지 30리 길을, 무극(無極, 금왕金旺)까지 20리 길을 걸어야 했습니다. 이 산골에서, 아버님께서 일찍 타계他界(1936)하셨 기 때문에, 나와 젖먹이 동생은 어머님 슬하에서 집안 어른들의 보살핌을 받아가면서 자랐습니다.

해방이 된 다음해(1946, 14세) 9월에 청주중학교에 입학했습니다. 동네 사람들이 청주淸州로 많이 유학을 갔고, 또 진천 사시는 외삼촌 신현승申鉉 承의 권유도 있고 해서 서울이 아닌 청주를 택하게 된 것입니다. 그 뒤 고등학교와 대학도 청주에서 나오게 되니까, 사람들로부터 송아무개는 충북 청주사람이란 말을 자주 듣게 되었습니다.

중학교에 입학은 하였지만 수업을 제대로 받지 못하였습니다. 사회 풍조에 따라 학생들이 좌左·우익右翼으로 갈라져 번갈아 가면서 동맹휴학을 일삼았기 때문입니다. 학생운동은 정부가 수립(1948)되면서 진정되어 갔습니다. 그런데 중학교 5학년이 되던 해(1950)에 6·25전란이 일어나 학교가 문을 닫게 되었습니다. 그 뒤 전세戰勢가 호전되면서 복교復校는 하였지만, 곧 학제개편(1951)에 따라 고등학교 3학년으로 편입되어 다음해 3월에 졸업하였습니다. 결국 중고교 6년간은 정규수업을 제대로 받지 못한 채 끝나고 만 것입니다.

내가 중학교 4학년 때(1949)입니다. 정부는 농지개혁법農地改革法을 제정, 그 다음해(1950)에 토지개혁을 단행하였습니다. 내가 상속받은 근 1백 두락斗落의 토지도 지가증권地價證券으로 보상받게 되었습니다. 그러나 토지의 일부는 집안 어른들의 주선으로 사전에 소작인에게 헐값으로 매도하여 약 6천 평의 대토代土를 고향에 마련하였습니다. 발급받은 지가증권은 화폐가치의 폭락으로 거의 휴지조각이 되어버렸습니다. 토지개혁은 바람직한 것이었지만 정부에서 지가증권의 활용 방안을 사전에 계몽하지 못한 점은 아쉬움으로 남습니다.

고등학교 졸업을 앞두고 당장 부닥친 문제는 대학진학이었습니다. 당시는 전시여서 서울의 유수한 대학들이 대부분 대구나 부산으로 피난 가 있었습니다. 그러나 토지개혁으로 중소지주에서 중소농으로 전락한 우리 집 형편으로는 대구나 부산으로 유학갈 수가 없었습니다. 고심 끝에 택한 것이 청주대학 법과였습니다. 청주에는 진천서 이사 오신 외숙과 이모가 살고 계셨습니다. 나는 중학교를 외가에서 다녔고, 대학을 주로 이모 댁에서 다니게 되었습니다. 두 분은 혼자 된 누이(언니)의 아들이라고 하여 나를 각별히 돌보아 주셨습니다.

법과로 가기는 했으나 취향에 맞지 않았습니다. 나는 고등학교 시절부터 역사나 한문에 관심을 많이 가지고 있었습니다. 그래서 법과를 다니면서도 시험과목에 한국사, 동양사, 서양사가 들어있는 교육공무원 고시 준비에 더 열심이었습니다. 텍스트는 이병도李丙燾 선생(서울대 문리대)의 『국사대관國史大觀』, 박봉석朴奉石 선생(국립중앙도서관장)의 『국사정해國史精解』, 채희순蔡羲順 선생(서울대 사범대)의 『동양사개설東洋史槪說』, 김성근金聲近 선생(서울대 사범대)의 『서양사개설西洋史槪說』 등이었습니다.

1956년(24세)에 대학을 졸업했습니다. 졸업을 얼마 앞두고(1955. 12) 음성중학교에서 교편을 잡게 되었습니다. 이어 같은 음성군 장호원(廿谷)에 있는 감곡중학교로 자리를 옮겨(1956. 12) 약 2년 동안 재직(1959. 4)했습니다. 두 학교에서 담당한 과목은 국사와 지리였습니다. 감곡중학교에서는 이홍직 교수의 『국사』를 교과서로 사용하였습니다. 『국사』는 나의 한국사에 대한 관심을 더욱 불러 일으켜서 사학과를 다시 다녀야겠다는 생각을 굳히게 하였습니다. 이 책을 실제로 집필한 분은 이기백李基白 선생이라고 들었습니다.

그래서 기회 있을 때마다 서울에 올라가 각 대학을 찾아다니면서 편입학에 대하여 알아보았습니다. 그 결과 고려대에 학사편입 제도가 있다는 것을 확인하고, 이해(1959) 4월에 소정의 절차를 밟아 사학과史學科에 편입하였습니다. 이후 2년 동안 신석호申奭鎬, 김정학金廷鶴, 이홍직李弘稙, 정재각鄭在覺, 김준엽金俊燁, 김성식金成植, 김학엽金學燁 교수의 지도를 받았습니다.

나는 지금도 그렇지만 나이가 좀 들어보이는 편입니다. 그래서 내가 어쩌다가 늦게 강의실에 들어가면 학생들이 긴장을 하는 것 같았고, 교단이 아니라 책상으로 가 앉는 것을 보고는 까르르 웃는 일도 여러 번 있었습니다. 한번은 고려대 교정에서 중학교 교사 시절에 가르쳤던 학생을 만났습니다. 그랬더니 깜짝 놀라면서 '선생님 여기 웬일이시냐'고 물어서 '다시 학생이 되었다'고 대답하고는 멋쩍게 웃은 적도 있습니다. 하여간 좀 나이를 먹어서 대학을 다닌 셈입니다.

고려대학 사학과를 졸업한 것이 1961년(29세) 3월입니다. 바로 동대학 대학원 사학과(한국사 전공)에 들어갔고, 1963년 3월 수료했습니다. 이렇게 학부와 대학원 석사과정을 큰 고생 없이 마칠 수 있었던 것은 등록금의 대부분을 장인(故 李赫南翁 고 이혁남옹)께서 대 주셨기 때문이었습니다.

사학과를 졸업하고 대학원에 들어가기는 하였지만 당장 부닥친 문제는 직장을 갖는 일이었습니다. 청주대학에 출강(1961.4~)하기도 하였지만 시간강사에 지나지 않았습니다. 그런데 다행히 기구를 확장한 국사편찬위원회國史編纂委員會에서 편찬요원 공채가 있어 편사주사編史主事로 발령(1962.9. 30세) 받았습니다. 이 위원회는 한국사 관계 자료를 편찬하는 정부기구이기 때문에 한국사를 전공하려는 나에게는 여간 잘된 일이 아니었습니다.

직장을 갖게 되면서 시급한 문제로 떠오른 것이 고향에 두고 온 가족들을 서울로 이사시키는 일이었습니다. 그리고 뜻한 대로 서울로 이사시켰습니다(1964.3). 나를 포함하여 일곱 식구가 되는 대가족이었습니다. 어머님은 당분간 동생이 시골서 모시기로 하였습니다. 4급(현6급) 공무원의 봉급으로서는 가계를 꾸려나가는 일이 여간 힘든 것이 아니었습니다.

그래서 한국사 관계 자료의 편찬에 손을 대게 되었습니다. 국회도서관에서 간행한 『한말근대법령자료집韓末近代法令資料集』Ⅰ~Ⅸ(1970~1973)이

사당동 자택 서재에서(2008년 8월)

나, 『통감부법령자료집統監府法令資料集』 상·중·하(1972~1973)가 그러한 것입니다. 『한말근대법령자료집』은 분량이 방대하여 국사편찬위원회에 근무하는 두 동료와 같이 작업한 것입니다. 또 『윤치호국한문일기尹致昊國漢文日記』 국역본 상·하(탐구당, 1975)를 내놓은 것도 예외가 아닙니다. 이 밖에도 출간한 자료들이 꽤 있습니다.

　대학원에서도 문제는 있었습니다. 전공할 시대와 분야, 그리고 학위논문 제목을 정하는 일이었습니다. 대학원에 들어간 지 한 학기를 지나면서인가, 지도교수로 신석호 선생을 모셨는데, 그것은 전공을 조선시대나 근대로 하겠다는 뜻이었지만, 좀더 좁혀서 사회경제적 변동이 심했던 여말선초로 할 것인지, 아니면 근대의 한중(청)韓中(淸)관계로 할 것인지를 놓고 고심하였습니다.

국사편찬위원회에서 하는 일이 주로 한국근대사 자료의 편찬임에도 불구하고, 마침내 전공을 여말선초로 잡고 논문제목도 「세종조의 평안도 이민에 대하여」로 정하였습니다. 이 논문은 『사총』 8집(1963)에 발표되었고, 다음해(1964, 32세) 2월에 석사학위를 받았습니다. 「고려시대의 농장」 (『한국사연구』 3, 1969)도 여말선초 연구의 일환으로 쓰여진 것입니다. 정치외교사보다는 사회경제사에 더 많은 관심을 가지고 있었던 것입니다.

그러나 근대 한중관계사에 대한 관심도 뇌리에서 떠나지 않았습니다. 그리하여 「'길림조선상민수시무역장정吉林朝鮮商民隨時貿易章程' 역주」(『사학연구』 21, 1969), 「소위 '삼단三端'에 관하여」(『사학지』 6, 1972) 등을 발표하였습니다. 그리고 끝내는 근대사(근대한중관계사)로 연구 방향을 전환하기로 결심하게 되었습니다. 그 시기는 직장을 국사편찬위원회(편사연구관編史研究官)에서 단국대학檀國大學으로 옮기면서(1975.3, 43세)부터라고 할 수 있습니다.

이렇게 연구방향을 전환할 수 있었던 것은 국사편찬위원회에 재직하는 동안 『고종시대사』(전6책, 1967~1972) 편찬팀의 일원으로, 혹은 책임자로 제5책(~1971)까지 편찬 간행하였고, 『윤치호일기尹致昊日記』(국한문본國漢文本)와 같은 한국근대사 연구의 기본 자료를 교정 간행(1973)하여 이 시대에 대한 소양을 어느 만큼 가질 수 있게 되었기 때문이었다고 생각합니다. 국사편찬위원회 시절(1962. 9~1975. 3)은 나의 한국근대사 연구의 요람기搖籃期였습니다.

2. 대미개국론(연미론) 연구

대미개국론對美開國論 연구에 관한 이야기입니다. 대미개국론은 연미론聯美論이라고 말하기도 합니다. 조선은 미국과 조약을 체결하여 러시아의 남하南下에 대비하여야 한다는 주장입니다. 그런데 이 연미론을 설명하기 앞서 미국과의 수교가 한국근대사상 차지하는 위치를 살펴볼 필요가 있습니다.

한국근대사의 상한이나 하한, 혹은 시기구분에 관해서는 학자에 따라 견해가 엇갈립니다만, 나는 (1) 서양[미국]에 대한 개국론開國論이 일기 시작하는 1845~1850년대부터 조미조약朝美條約이 성립되는 1882년까지를, 다분히 과도적인 성격을 띠기는 하지만, 근대의 전기로, 또 (2) 조미조약의 성립 이후부터 대한제국大韓帝國이 성립되는 1897년 이전까지의 청국이나 일본의 내정간섭시기를 중기로, (3) 대한제국이 성립되는 1897년부터 3·1운동이 일어나 민주공화정을 표방하는 대한민국임시정부大韓民國臨時政府가 수립되는 1919년 이전까지를 후기로 볼 수 있을 것 같습니다.

한국근대사의 3시기 중에서 나는 전기의 대미개국 문제에 많은 관심을 기울여 왔습니다. 미국과의 수교修交가 서양에 대한 개국이라는 점에서 한 시기를 그을 만큼 중요한 의미를 지니고 있을 뿐 아니라, 이에 대한 검토를 통해서 중기의 특징인 중국의 내정간섭(1882~1894), 또 이를 이은 일본의 내정간섭(1894~1896)의 배경을 보다 분명하게 파악할 수 있으며, 나아가 대한제국의 성립도 긍정적으로 평가할 수 있는 논거가 마련된다고 보이기 때문입니다.

그래서 대학으로 자리를 옮긴 뒤로부터 대미개국, 연미론에 대한 연구에 매달렸습니다. 그 결과를 일단 정리한 『근대한중관계사연구─19세기

말의 연미론聯美論과 조청교섭朝淸交涉』(단국대학교출판부, 1985)을 내놓을 수 있었습니다. 이는 제 박사학위논문(고려대, 1985)이기도 합니다. 그리고 그 뒤에 발표한 대미관계 논고를 엮은 것이 『한국, 미국과의 첫만남─대미개국사론』(고즈윈, 2005)입니다. 그리고 두 책, 특히『근대한중관계사 연구』에 관련된 자료집으로 『개방과 예속』(단국대학교출판부, 2000)을 내놓았습니다.

이 두 연구서에서 다룬 주요내용은 1) 쇄국기 한국인의 대미인식對美認識, 2) 박규수의 대미개국론對美開國論, 3) 주일청국공사駐日淸國公使 하여장何如璋과 참찬관參贊官 황준헌黃遵憲의 연미론聯美, 4) 초기의 개화정책, 5) 신사척사운동辛巳斥邪運動, 6) 조미조약朝美條約의 성립 등이었다고 생각합니다.

19세기 중엽, 대체로 헌종·철종대 한국인들은 부강하고 공평한 나라 미국, 고괴古怪한 미국인이라고 하는 두 개의 상반되는 인식을 가지고 있었습니다. 그리고 그 뒤의 한미관계를 살펴보면 이 호의적 미국관과 부정적 미국관이 교차되어 나타나지 않았는가 합니다.

박규수朴珪壽는 진작부터 호의적 미국관을 가지고 있었습니다. 그는 프랑스함대 침입(1866) 때 양이론攘夷論이 비등하는 속에서 영토확장의 야심이 없고 분쟁을 잘 조정하는 미국과 수교함으로써 외침의 위기에서 벗어나야 한다고 생각했습니다. 그리고 두 번째 연행燕行(1872)에서 돌아와서는 러시아의 남하를 우려하였다고 합니다. 이는 그의 대미개국 구상을 더욱 굳혀 주었던 것으로 보입니다. 그렇지만 박규수의 이러한 개국사상은 자신이 지니고 있었을 뿐 외부로 공개되지 못했습니다. 대원군의 강력한 척사정책斥邪政策 때문이었습니다.

대미개국론은 청국 측에 의해서도 제시되었습니다. 조선 원로대신 이

송병기교수의 저서들

유원李裕元은 북양대신 이홍장北洋大臣 李鴻章으로부터 일본의 침략에 대비해서 서양제국과 수교하라는 밀함密函(1879.7)을 받았습니다. 그 배경이 된 것이 일본의 유구琉球 병합(1879.2)이었습니다. 그래서 국왕은 일본의 동정을 살피기 위해서 수신사 김홍집修信使 金弘集을 일본으로 파견(1880)합니다. 이때 일본 주재 중국공사 하여장何如璋, 참찬관 황준헌黃遵憲은 러시아의 남하를 경고하고, 연미, 즉 미국과의 수교와 자강에 힘쓸 것을 김홍집에게 권고합니다. 그리고 잘 아시는 바처럼, 연미를 권고하는 것을 핵심으로 하는 『조선책략朝鮮策略』도 수교하였습니다.

하여장何如璋, 황준헌黃遵憲 등이 내세운 것은 미국과 수교하여 러시아나 일본 세력을 견제하자는 것이었습니다. 그러나 그 안에는 미국 등과 수교하면 조선은 독립국가로 인정받게 될 것이므로 아예 중국의 '속방屬邦(속국屬國)'으로 삼아야 한다는 저의가 담겨져 있었습니다. 하여장何如璋이 이해 11월에 이홍장李鴻章에게 보낸 「주지조선외교의主持朝鮮外交議」가

이를 뒷받침해 줍니다. 「주지조선외교의」는 조선이 외국과 조약을 체결함에 있어서 중국이 이를 주관함으로써 조선이 중국의 속국임을 분명히 하여야 한다고 건의하고 있습니다. 연미론의 이중성을 여실히 보여주는 것입니다.

김홍집은 일본으로부터 돌아와 『조선책략』을 국왕에게 바치고 연미론에 대하여 복명하였습니다. 또 중국에 파견되어 이홍장李鴻章을 만나고 돌아온 역관 변원규卞元圭는 이홍장이 러시아의 침략을 우려하고 서양 제국과 조속히 수교해야 한다는 권고가 있었음을 보고합니다. 마침내 국왕은 미국과의 조약 체결을 결심하고, 역관 이용숙李容肅을 텐진(天津)으로 파견합니다. 이해(1880) 11월에 서울을 떠난 이용숙은 다음해(1881) 1월에 이홍장을 만나서 조선의 수교방침을 전하게 됩니다.

그런데 이용숙을 중국에 파견한 직후부터 조선의 대외, 대내정책에는 일련의 변화가 일어납니다. 일본과의 외교상의 현안문제를 거의 일괄해서 타결합니다. 외교통상 및 자강自强업무를 추진할 통리기무아문統理機務衙門이 신설되고 여기에 필요한 인재수용령이 내립니다. 또 개화문물을 살피기 위한 시찰단, 유학생들이 일본 등지로 파견되고 신식군사훈련도 실시됩니다. 이른바 초기의 개화정책이 시작된 것입니다. 이 초기의 개화정책이 미국과의 수교를 이홍장李鴻章에게 알리기 위하여 역관 이용숙을 중국으로 파견한 직후부터 있었다는 것은 그것이 미국과의 수교에 대비하기 위한 것임을 시사합니다.

황준헌의 『조선책략』이나 그 핵심이 되는 연미론은 말할 것도 없고 초기의 개화정책은 거의 여론의 지지를 받지 못하였습니다. 뿐만 아니라 강력한 반대에 직면했습니다. 그 처음은 몇몇 관원들의 상소로 시작이 되었지만 해를 넘기면서 각도 유생들의 집단(복합伏閤) 시위와 상소를 통한 반개화·반외세 운동으로 발전되어 나갔습니다. 이는 대원군과 그를 지지하는 남인세력을 고무시켜 마침내 재집권을 위한 쿠데타(1881)를 시도합니다. 우리는 이를 이재선사건李載先事件으로 불러왔는데, 그 주모자가 안기영安驥泳이라는 것을 감안한다면 안기영사건이라 부르는 것이 더 적절할 것 같습니다.

국왕과 척족세력은 안기영사건의 관련자들을 죄의 경중과 관계없이 처형하였습니다. 물론 대원군계열을 제거하기 위한 것이었습니다. 하지만 국왕 고종은 탄압으로만 일관하지 않았습니다. 때로는 유생들을 회유하기 위해서 교지, 또는 척사윤음斥邪綸音을 내려 양이와 사교의 배척을 다짐하였습니다. 그러나 국왕의 이런 다짐은 이미 이홍장에게 통보한 미국과의 수교방침과 어긋나는 것이어서 그 추진을 어렵게 하였습니다.

그래서 조미조약 체결에 관한 조중교섭이 비밀리에 추진되고 미국과의 조약체결 협상도 이홍장에게 위임하였습니다. 조약체결 협상을 위임받은 이홍장은 톈진(天津)에서 미국 전권 슈펠트(Robert W. Shufeldt)와 몇 차례 회담을 갖고 가조약假條約을 성립시켰습니다. 독립국가로서는 있을 수가 없는 일이 벌어졌던 것입니다.

이 협상에서 이홍장은 조약문에 조선이 중국의 속방이라는 조문, 즉 '속방조문(관)屬邦條文(款)'을 둘 것을 슈펠트에게 요청하였습니다. 슈펠트는 이를 거절하였습니다. 그러다 슈펠트는 조인차 조선으로 떠나기 직전에 그와 동행하게 될 이홍장의 막료 마건충馬建忠과 '속방조문(관)'을 '속방조회屬邦照會'로 한다는 데 합의했습니다. 마건충은 조회문의 날짜가 조약문의 날짜보다 앞선다면 속방조관屬邦條款과 같은 효력이 있다고 판단하였던 것입니다. 조약문 말미 연월일에 중국 '광서팔년사월초육일光緖八年四月初六日'을 적어 넣은 것도 조선이 중국의 속국임을 간접적으로 밝히기 위한 것이었습니다.

인천(제물포)의 한 연안에 친 장막 안에서 조약문에 조인한 조선전권 신헌申櫶과 김홍집金弘集은 미국전권 슈펠트에게 조선은 중국의 속국임을 밝히는 3월 28일자 '속방조회屬邦照會'를 수교하였습니다. 그리고 이 조약문과 '속방조회'는 국왕의 자문咨文과 함께 북양대신아문으로 전해지고, 또 청국 예부로도 전해졌습니다. 마건충馬建忠의 주선으로 가조약假條約 대로 조약이 체결되고 '속방조회'가 관철된 것을 확인한 서리북양대신 장수형張樹聲의 상주문(1882.4.24)에는 "조선을 지켜 잃지 않았다(朝鮮守而不失)"라는 구절이 있습니다. 통역을 빙자, 인천에 파견된 마건충馬建忠은 그에게 주어진 사명을 충실히 이행하였던 것입니다.

이홍장은 조미조약에 이어서 「중조상민수륙무역장정中朝商民水陸貿易章程」을 성립시켰는데(1882.8), 그 전문前文에 조선이 중국의 '속국屬國'임을 명시하였습니다. 이홍장은 조미조약에 넣으려다 슈펠트의 반대로 실패한 '속방조문'을 이 '장정'에서 관철시켰던 것입니다. 그리고 바로 이해부터 청국의 조선에 대한 내정간섭이 시작됩니다. 임오군란 때 청국의 군인들이 서울을 점령하고, 국왕의 생부生父 대원군大院君 이하응李昰應을 중국으로 납치했습니다.

이런 것이 근대한중관계 연구에서 다룬 중요 내용들입니다. 앞으로 연구를 했으면 하는 것이 한국근대사 중기의 중국·일본의 내정간섭內政干涉 문제입니다. 그러나 이러한 것을 했으면 하는 욕심이지, 지금에 와서는 이를 해낼 여력이 거의 소진되었습니다.

3. 울릉도鬱陵島·독도獨島 연구

한국사학회韓國史學會의 최영희崔永禧 선생을 중심으로 한 한 연구협의
회가 1978년 4월에 구성되었습니다. 한일 간에 논란이 되어 온 독도 문제
를 재검토·집필하는 것을 목적으로 한 것이었습니다. 나도 이 계획에 참
여해서 「고종조의 독도경영」을 맡아 집필하게 되었습니다. 이것이 내가
울릉도와 독도의 역사를 연구하기 시작한 계기라고 할 수 있습니다.

연구에 착수하면서 두 가지 점에 유념하기로 방침을 정했습니다. 첫째,
독도는 울릉도와 모자母子관계에 있는 섬이요, 오랫동안 무인도로 있었으
므로 그 연구는 울릉도를 중심으로 해야 한다, 둘째, 종래의 연구성과를
살펴볼 때 조선 후기 이래 한국문화의 보고라고 할 수 있는 규장각奎章閣
소장 자료의 활용이 절실히 요청된다는 것이었습니다.

이런 방침에 따라 연구주제를 「고종조의 울릉도 경영」으로 고쳐 잡는
한편, 관계 자료의 수집을 위하여 연구 첫 해(1978) 여름방학을 규장각에
서 보냈습니다. 그 결과 울릉도와 독도에 관한 적지 않은 자료를 수집할
수 있었습니다. 그 중에서도 『각관찰도안各觀察道案』1(의정부외사국議政府外
事局)에 편철編綴되어 있는 강원도관찰사서리 춘천군수 이명래李明來가 의
정부 참정대신에게 보낸 「보고서호외報告書號外」(1906.4.22일자)의 발견은
망외望外의 소득이었습니다. 이 보고서에는 고 신석호 교수가 울릉도청鬱
陵島廳에서 발견한, 그러나 지금은 전하지 않는 울도군수 심흥택보고서鬱
島郡守 沈興澤報告書의 내용이 그대로 실려 있을 뿐 아니라 일본의 독도영유
獨島領有를 부정하는 참정대신 「지령指令 제3호」(1906.5.20일자) 등이 들어
있었습니다.

집필에 들어간 것은 다음해(1979) 여름부터였습니다. 목차는 (1) 17세

서재에서 독도원고를 정리중인 송병기 교수(2009년 1월)

기 이후 울릉도 수토제도欝陵島 搜討制度의 확립, (2) 검찰사 이규원檢察使 李
奎遠의 파견과 울릉도 개척, (3) 울릉도의 지방관제 편입과 석도石島, (4)
일본의 량고도島 영토편입과 울도군수 심흥택보고서 등으로 정했습니다.
되돌아보면 썩 마음에 드는 것은 아니었습니다. 조선 후기인 17세기 말부
터 실시된 울릉도 수토제도를 포함시킨 것은 그것이 고종조의 울릉도 경
영의 배경이 될 뿐 아니라 고종 31년(1895)까지 계속되었기 때문입니다.

  탈고하는 데는 약 3년의 세월이 소요되었습니다. 시간에 쫓겨 원고를
제대로 검토하지 못한 채 거의 초고 상태로 한국근대사자료연구협의회에
제출하였습니다. 그런데다가 교정을 제대로 보지 못한 채 초고 상태로 책
이 나왔기 때문에 내가 집필한 「고종조의 울릉도·독도 경영」에는 오기와

탈자가 많습니다. 본래 내가 제출했던 논문 제목은 「고종조의 울릉도 경영」이었는데, 독도가 추가가 된 것입니다. 이는 오히려 잘 된 것이 아닌가 생각됩니다.

그런데 이 책은 일본과의 관계를 고려해서인지 공개가 금지되었습니다. 그러나 논문으로 발표하는 것은 무방하다는 것이 협의회의 이야기였습니다. 그래서 이 장편의 논문을 몇 편으로 나누어 발표하기 시작했습니다. 그 첫 발표는 (1)과 (2)를 한 데 묶어 故 최영희崔永禧 교수 『화갑논총』(1987)에 싣고, (4)는 윤병석尹炳奭 교수 『화갑논총』(1990)에 실었습니다.

조선 후기 이후의 울릉도·독도를 살피다보니 그 전 시대, 특히 내륙인들의 울릉도 왕래가 빈번해지는 고려 중·후기, 그리고 조선 초기의 울릉도·독도에도 관심이 가지 않을 수 없었습니다. 故 차문섭車文燮 교수 『화갑논총』(1989)에 실린 「조선초기 지리지의 우산于山·울릉도欝陵島 기사 검토」가 그것이었습니다.

그 뒤 1990년대 말에는 독립기념관 부설 한국독립운동사연구소에서 주최한 독도관계 학술회의에 참여해서 「자료를 통해 본 한국의 독도영유권獨島領有權」을 발표하고 이를 『한국독립운동사연구』 10(1996)에 실었습니다.

이렇게 정리하다보니 책으로 엮어서 내야겠다는 욕심도 생겼습니다. 그리하여 발표한 논문들을 재검토하기 시작했습니다. 그 결과 조선 후기·고종조의 울릉도 수토와 개척은 조선 후기와 고종조의 경영으로 나누는 것이 바람직하다고 판단하였습니다. 「조선후기 울릉도 경영」에는 '수토제도搜討制度의 확립'이란 부제를 달아 전면 개고하여 『진단학보』 86(1999)에 실었고, 「고종조의 울릉도 경영」에는 '이규원李奎遠의 파견'이라는 부제를 달아 『김정학선생송수기념논총』(1999)에 실었습니다. 이렇게 이미 발표했던 논문들을 정리하다 보니 결론 부분에 해당하는 「자료를 통해서 본 한국의 독도영유권」도 적절히 수정 보완하게 되었습니다. 그래서 이런 내용을 담은 『울릉도鬱陵島와 독도獨島—그 역사적 접근—』(단국대학교출판부, 1999)을 내놓게 되었습니다. 그리고 이 책을 쓰는 데 인용된 한일 양국의 중요 자료들을 수집, 정서, 번역, 분류하여 원문原文과 함께 싣고 권말에 해설을 붙인 『독도영유권자료선』(한림대학교출판부, 2004)도 내놓았습니다.

『울릉도와 독도』는 독자들의 아낌을 받아왔지만, 울릉도와 독도에 대한 국민적 관심을 미루어볼 때 보다 알기 쉽고 정확한 개설서가 나와야 한다고 생각하였습니다. 비록 논문 모음이기는 하지만, 울릉도와 독도의 역사를 개설하였다고 할 수 있는 1~5장을 수정 보완하고, 제6장을 이에 맞추어 재정리하는 한편 각주와 그 밖의 부득이한 경우를 제외한 일체 서술을 한글로 한 『고쳐 쓴 울릉도와 독도』(단국대학교출판부, 2006.12)를 다시 내놓게 되었습니다.

그러나 『고쳐 쓴 울릉도와 독도』도 여전히 만족스럽지 못하였습니다. 읽기는 좀 쉬워졌는지 모르지만 정확한 개설서라고 하기에는 아직 거리가 있었다고 생각되기 때문입니다. 그래서 책이 나오자마자 수정 보완 작업에 들어갔고, 1년여의 작업 끝에 『재정판 울릉도와 독도』(단국대학교출판부, 2007.7)를 내놓게 되었습니다. 재정판의 '재정再訂'은 '다시 고쳐 썼다'는 뜻입니다.

수정 보완 작업은 책 전체에 걸쳐서 이루어졌습니다. 안용복安龍福의 활동과 조일 간의 울릉도 영유권 분규(鬱陵島爭界, 竹島一件)를 검토하면서는 한국·일본 관계자료의 재해석도 시도하였습니다. 그 결과 전6장이 8장으로 불어났고, 제8장은 각 절 제목도 조정 통합되었습니다. 또 각 장에

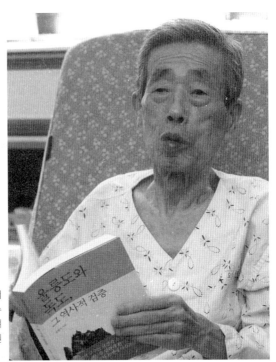

송병기 교수는 병마와 싸우면서
도 그의 독도 관련 저서를 다시 수
정 보완하여 출간하는 투혼을 보여
주었다.(2010년 4월 서초요양병원
에서)

들어있던 맺음말도 제8장의 각 절과 중복되기도 하여 빼버렸습니다.

이렇게 수정 보완 작업을 하고 나니 비록 외형적으로나마 개설서의 면
모를 어느 정도 갖추지 않았나 싶습니다. 그러나 아직 미흡한 데가 많습
니다. 특히 제2, 3장이 그렇습니다. 독자 여러분들께 미안한 일이지만, 삼
정판 『울릉도와 독도』를 내놓지 않으면 안 될 것 같습니다. 그러나 그 시
기는 아직 정해진 바가 없습니다.

한국에서 독도 문제를 처음 다룬 논문은 『사해史海』 창간호(1948. 12)에
실린 고故 신석호申奭鎬 교수의 「독도獨島 소속에 대하여」가 아닌가 합니
다. 이래 독도 문제가 조일 간의 영유권 분규로 비화하면서 많은 논문들

이 쏟아져 나왔습니다. 그러나 그 대부분은 국내의 자료조차도 소화하지 못한 것이었습니다. 바로 여기에 이 시기의 연구상의 한계가 있었습니다.

그런데 1978년 4월에 한국근대사자료연구협의회(회장 최영희)가 발족되면서 규장각 자료와 외국 문헌에 관심을 돌리기 시작했습니다. 그 결과로 나타난 것이 『독도연구獨島研究』(한국근대사자료연구협의회, 1985.6)였습니다. 종래의 연구보다 한 단계 진전되었음을 보여준다고 할 수 있습니다. 그리고 이를 다시 한 단계 더 끌어올리는 일은 일본 측 자료를 얼마나 충실하게 그리고 충분히 활용하였는가에 달려 있다고 나는 생각합니다.

앞으로 독도연구의 방향은 연구자의 취향에 따라 다르겠지만, 안용복의 활동이나 울릉도쟁계(죽도일건)에 관한 것이었으면 더욱 좋겠다는 생각입니다. 영유권 문제의 해답이 여기에 들어있다고 보기 때문입니다. 그리고 나는 울릉도와 우산도(독도) 두 섬이 조선령이라고 하는 사실이 17세기 말 울릉도쟁계 당시에 이미 매듭이 지어졌다고 생각합니다. 그리고 이런 내용의 글을 최근에 단국대학교 동양학연구 주최 국제학술회의(2007.10)에서 발표한 바 있습니다.

경청해 주셔서 감사합니다.

이 성 무

1. 학력

1937년 9월26일, 충북 괴산 출생
1960년 3월, 서울대학교 문리과대학 사학과 졸업(문학사)
1965년 2월, 서울대학교 대학원 사학과 석사과정 졸업(문학석사)
1979년 8월, 서울대학교 대학원 국사학과 박사과정 졸업(문학박사)

2. 경력 및 수상

1975년 9월 ~ 1987년 2월, 국민대학교 교수.
1981년 3월 ~ 1998년 12월, 한국정신문화연구원 교수, 대학원장, 부원장.
1982년 9월 ~ 1983 8월, Havard Yenching Institute Coordinate Reasercher.
1988년 3월 ~ 1989 2월, 독일 Tuebingen 대학 객원교수.
1999년 8월 ~ 2003년 6월, 국사편찬위원회 위원장.
2003년 9월 ~ 현재, 한국학중앙연구원 명예교수.
2003년 9월 ~ 현재, 한국역사문화연구원장.
2005년 3월 ~ 2006년 2월, 연세대학교 용재석좌교수.
2005년 7월 ~ 현재, 대한민국 학술원 회원.
2007년 9월 ~ 현재, 남명학연구원장.
1980년 제1회 두계斗溪 이병도李丙燾 학술상.
1999년 제44회 대한민국 학술원상(인문과학 분야) 수상.

2002년 제21회 세종문화상(학술부문) 수상.
2004년 위암韋庵 장지연張志淵 상賞(한국학 부문).
2005년 연대 庸齋 석좌교수(용재상) (1년간).
2012년 벽사학술상 외.

3. 저서와 논문

1) 저서

『한국의 과거제도』, 집문당, 1976(개정증보 1994).
『조선초기 양반연구』, 일조각, 1980.
『조선의 사회와 사상』, 일조각, 1999(개정증보 2004).
『조선양반사회연구』, 일조각, 1995.
『한국역사의 이해』1~9권, 푸른사상, 1994~2011.
『조선왕조사』, 수막새, 1998(개정증보 2011).
『조선시대 당쟁사』, 아름다운날, 2000.
『조선시대 사상사연구』,(1)·(2), 지식산업사, 2009.
『다시보는 한국사』, 청아출판사, 2013 외 다수.

2) 논문

「선초의 성균관 연구」,『역사학보』35·36호, 1967.
「17세기의 예론과 당쟁」,『조선후기 당쟁의 종합적 검토』, 한국정신문화연구원, 1992.
「성호 이익의 생애와 사상」,『조선시대사학보』3호 1997.
「白軒 李景奭 의 생애와 사상」,『조선시대 사상가연구』(2), 지식산업사 2009.
「西 柳成龍의 생애와 사상」,『조선시대 사상가연구』(2) 지식산업사, 2009.
「퇴계이황과 남명조식」,『학술원논문집』인문.사회과학편 47-1호. 2008.
「한국의 성씨와 족보」,『조선시대 사상가연구』2, 2008.
「선비와 선비정신」,『南冥學』17, 南冥學研究院, 2012.
「변안열의 생애와 평가」,『대은 변안열 생애와 업적』지식산업사, 2013외 다수.

나의 한국사연구

이 성 무

1. 나의 시원치 않은 학력

나는 중일전쟁이 일어나던 1937년 추석 다음날 충북 괴산군槐山郡 장연면長延面 장암리(墻岩里: 담바위)에서 태어났다. 아버지는 소작농이었던 이재형李在衡이고, 어머니는 창녕성씨昌寧成氏였다(이름은 丑慶). 본관은 여주驪州로 성호星湖 이익李瀷의 할아버지 대에서 갈렸다. 여주이씨는 크게 세 파가 있었는데, 이언적李彦迪 계열의 경주파慶州派와 이상의李尙毅 계열의 수원파水原派, 이규보李奎報 계열의 별파別派가 있었다. 이 중 별파는 뒤에 대동보大同譜를 만들 때 편입된 것 같고, 경주파는 선조 때 북인에 의해 영남남인이 몰락할 때 중앙정계에서 밀려나 경상도에 우거하고 있었으며, 수원파는 숙종 때 경신환국庚申換局으로 노론에 의해 박살이 난 터였다. 그리하여 수원파였던 우리 조상들은 궁벽한 괴산 산 속으로 피난가 살고 있었다.

그런데 괴산은 산 속이라 땅이 척박하고 돌이 많아 농사를 짓기 힘들었다. 그래서 경기도 장호원에 사시던 작은 할아버지의 소개로 경기도 이천군 장호원읍 풍계리豐界里 수평말[樹平里]로 이사하게 되었다. 5살 때였다.

그러다가 1년 뒤에 풍계리 턱골[基谷]의 평장골[平章谷]에 외딴집을 짓고 정착했다. 나는 이곳에서 15리나 떨어진 이황梨黃 국민학교를 다녔고, 학교를 졸업하고는 서당에서 한문공부를 했다. 과거시험을 봐야 한다는 시대착오적인 할아버지의 주장으로 중학교도 못 가고 서당에 다니게 된 것이다. 그러나 3개월 후에 나는 아버지를 졸라 장호원 고등공민학교에 들어갈 수 있었다. 이 학교는 학생수가 모자라 뒤늦게라도 입학을 허가해준 것이다. 그런데 이 학교는 1년 뒤에 장호원 중학교로 바뀌어 나는 장호원중학교 제 1회 졸업생이 되었다.

중학교를 졸업하고 나는 서울고등학교에 원서를 냈으나 실패하고, 한성漢城고등학교에 입학했다. 그러나 좀 더 좋은 학교로 옮기고 싶어 중앙中央고등학교 보결시험에 합격했으나 그곳 심교장이 한성의 이성구李性求 교장과 친하니 퇴학을 하고 오라고 했다(나는 지각을 해 3과목 중 국어를 뺀 2과목만 응시해 합격했다). 그 대신 학비는 내가 벌어 분납하도록 허락을 받았다. 그래서 신문배달을 해 등록금을 충당하기로 했으나 여의치 않아 전학을 포기하고 대학입학자격검정고시大學入學資格檢定考試를 보아 1956년 2월 13일에 전과목 합격했다. 나는 검정시험 합격을 잃어버릴 뻔 했다. 문교부 실무자의 착오로 합격자 명단에서 누락되었기 때문이다. 나는 반장 김기주金基周가 몸이 아파 발표를 보지 못했으니 같이 가자고 해 동무삼아 같이 갔다가 합격한 사실을 뒤늦게 알게 되었다. 천우신조였다. 검정고시를 본 까닭은 우선 부모님이 대학에 보낼 능력이 안 되니 진학을 포기하라는 것을 뛰어넘기 위해서였고, 2학년에 대학을 가면 1년 학비가 절약되었기 때문이다.

그런데 서울대학교 입학시험이 15일 밖에 남지 않았다. 나는 서울대학교 문리과대학 사학과를 지망하기로 했다. 합격하기가 어렵다고 여겨서

인지 이성구 교장은 합격만 하면 입학금을 대주겠다고 했다. 그러나 막상 합격하고 나니 가정교사를 구해주겠다는 것이었다. 기간 내에 등록금을 내지 못하면 입학이 취소될 판이었다. 하는 수 없이 장호원중학교에서 나의 담임을 맡았던 장지섭張志燮 선생님이 모금운동을 하여 어느 건어물 상회 주인이 학비를 조달해 주었다. 그러나 그 건어물상 주인은 자기아들의 가정교사를 하라고 했다. 가뜩이나 고등학교 3학년을 다니지 않았는데 그럴 시간이 없었다. 그래서 그 해 아버지가 소를 팔아 갚아주시고 많은 고생을 하셨다.

나는 처음부터 역사공부를 꼭 해야 하겠다고 생각한 적은 없었다. 다만 시험을 치기 전에 한성의 역사교사였던 차하순車河淳 선생님의 권유로 우연히 사학과를 선택했을 뿐이었다. 그리고 입학해서는 서양사를 공부해 보려 했다. 당시만 해도 서구문화지상주의 시대라 서구학문을 선호하는 경향이 있었기 때문이다. 그래서 차하순 선생님이 조교로 계시던 서양사 연구실을 출입하며 영국사와 독일사 책들을 섭렵했다. 서양사 연구실에는 일본사람들이 비치해 놓은 서양사 책들이 많이 꽂혀 있었다. 그러나 3학년이 되어 학사논문을 쓰려다보니 막막하기도 하고, 남의 다리 긁는 기분이기도 해서 국사로 전공을 바꾸어 조선초기 관학 교육에 관한 논문을 썼다. 도서관 사서로 있던 장모씨의 권유에 따라서이다.

1960년 대학을 졸업한 후 나는 권석봉權錫奉 선배의 주선으로 공군사관학교 교수요원이 되게 되어 있었다. 장교로 군복무도 마치고 대학원도 다닐 수 있는 일석이조一石二鳥의 기회였다. 그런데 한성의 이성구 교장선생님이 그의 조카인 나의 사학과 동기생 이재복李栽馥군(뒤에 동양시멘트 사장)을 통해 교사로 오라고 했다. 공군사관학교에 가기로 해서 안 된다고 했더니 "내가 자네를 4년이나 기다렸네" 하면서 막무가내였다. 이 소식을 듣고 동기생인 변재현卞在賢군이 공군사관학교는 자기에게 양보해 달라는 것이었다. 그리하여 변군이 대신 공군에 갔으나 권석봉 형이 제대가 늦는 바람에 백령도의 레이다 장교로 배속되어 고생을 했다.

나는 대신 교장선생님께 몇 가지 조건을 제시했다. 강사가 아닌 전임으로 써 주되, 대학원을 보내주고, 담임을 맡지 말아 달라는 것이었다. 모두 들어주셨다. 그래서 서울대학교 대학원 사학과 석사과정을 이수할 수 있었다.

그러나 1961년 6월, 5·16의 여파로 군대 갔다오지 않은 사람은 모두 직장에서 쫓겨났다. 이에 나는 육군에 지원해 34개월을 복무하고 만기 제대했다. 일등병으로 있을 때인 1962년 8월 15일에 나는 근화학생 김현철金鉉哲 회장의 큰딸인 김복기金福基와 혼인했다. 부자집 딸이라 부담스러웠지만 인연이 되어서인지 오랜 연애 끝에 혼사가 이루어졌다. 살 집은 장인이 마련해 주셨다. 서대문구 옥천동玉泉洞에 있는 조그만 북향 기와집이었다. 아내는 내가 하는 일을 적극적으로 도왔다. 하던 공부도 그만두고, 집안 살림을 도맡아 했다. 가히 희생적이었다. 내가 오늘날이 있는 것은 아내의 헌신적인 뒷바라지 덕분이라고 나는 생각한다.

제대를 했으나 일자리가 없었다. 그런데 마침 서울대 문리대 부설 동아문화연구소에서 보조연구원을 하라고 했다. 월급은 6,000원이었다. 서울대·우석대·홍대·경북대·이대·국민대·성신여대 등 여러 대학의 강사를 10여 년 넘게 했다. 규장각 도서해제도 10여 년 했다. 원고료는 200자 원고지 한 장에 300원에서부터 시작해서 900원까지 올라갔다.

나는 1965년 2월에 '조선초기 관학정비과정'이라는 논문으로 석사학위를 받았다. 그리고 1969년 3월에 서울대학교 대학원 국사학과 박사과정에 입학했다. 한우근韓沽劢 선생님이 경험이 없어서 박사과정 전공시험 성적을 60점을 주는 바람에 낙방했다. 그래서 다음 해에야 입학할 수 있었다. 당시는 대학원 전체 T/O로 입학생을 선발했기 때문에 의과대학에서는 전공을 만점을 주기도 했다. 당시 박사과정 학생은 나와 희라기 마고도(平木實) 둘 뿐이었다. 한영국韓榮國 선배는 나보다 먼저 입학했었다.

우리는 문리대 출신 대학원생 중심으로 연사회硏史會를 만들어 실학實學에 대한 공동연구를 하고, 이를 『연사회지硏史會誌』라는 부정기 연구지에 실었다. 『연사회지』는 돈이 없어서 철판[가리방]으로 긁어 10여 회 간행했다. 그리고 그것을 다시 정리해 『창작과 비평』에 게재하고 논문으로 작성해 『이해남박사화갑논총』에 수록하기도 했다. 정창렬鄭昌烈이 한양대 사학과 교수였고, 이해남李海南 교수가 한양대 부총장으로 있었기 때문이다. 『창작과 비평』의 글들은 뒤에 역사학회에서 『실학연구입문』(일조각)이라는 책으로 간행했다. 연사회의 기간멤버는 나와 송찬식宋贊植·정창렬·정석종鄭奭鍾·한영우韓永愚였으며, 회원은 한영국韓榮國·이돈형李敦衡·정정봉丁靖峯·안병직安秉直·이경식李景植·이범직李範稷·정만조鄭萬祚·김두진金杜珍 등이었다. 우리는 실증적인 방법으로 비록 스승의 글이나 선배의 글이라도 객관적으로 검증하고 공동연구의 풍토를 조성하기로 했다. 그러나 1973년 회장이었던 내가 재일교포간첩단사건에 연루되어 억울하게 잡혀가는 바람에 연사회는 흐지부지되고 말았다. 그러나 사학사적으로는 한국사연구회 이후 최초의 신풍을 일으킨 젊은 학자들의 한국사연구 모임이라는 점에서 주목해야 할 것으로 생각된다. 이 신풍운동은 비록 불발에 그쳤지만 한국역사연구회의 새로운 역사연구의 선구가 되었다고 평가할 수 있다.

연사회 뿐 아니었다. 우리는 이우성李佑成 교수를 모시고 다산연구회를 만들어 1주일에 한 번씩 『목민심서』를 강독해 역주본을 내기로 했다. 나

와 송찬식·정창렬·정석종·유승주·강만길·김태영·김경태 등의 국사학
자와 안병직·김진균·정윤형 등의 사회과학자들이 모였다. 그러나 학문
경향의 차이 때문에 나와 송찬식·유승주는 나와서 한문공부를 하러 중재
重齋 김황金榥 선생의 내당서사內塘書舍로 가고, 이만열·임형택 등이 새로
입회해 『목민심서』의 역주본을 출간했다. 남아있던 회원의 일부는 시국
서명운동에 참여했다가 해직되기도 했다.

뿐만이 아니었다. 우리는 Morris Dobb의 『자본주의 발전과정』(일어
판)을 같이 읽었다. 나와 송찬식·정창렬·정석종·강만길·김태영·김경
태·안병직 등이 회원이었다. 옥천동 우리 집에서였다. 당시에 민석홍閔錫
泓 교수가 소개해 돕프·스위지 논쟁이 관심의 대상이었다. 자본주의가 수
공업에 의해서 발전되었느냐, 상업에 의해서 발전되었느냐는 논쟁인데
수공업 쪽이 유리했다. 여기에 자극을 받아 강만길은 분원分院의 도자기
공정을 연구해 조선에도 자본주의 맹아가 있었다고 주장했고, 김영호도
따로 안성유기를 연구해 역시 자본주의적 분업이 있었다고 주장했다. 그
리고 김용섭은 영국 코스민스키(Kosminsky)의 차지농借地農 이론을 원용
해 양안量案을 분석, 경영형부농經營型富農 이론을 내놓았다. 그리하여 내재
적발전 이론의 일환으로 자본주의 맹아론이 유행했다.

나는 잠깐이나마 감옥에 갔다 온 후로 마음이 스산해 아내의 권유와 송
찬식 교수의 알선으로 산청에 있는 내당서사內塘書舍에 가서 중재重齋 김
황金榥 선생에게 4서 3경을 배웠다. 그래서 그곳에 다녀 온 허선도許善道·
송찬식宋贊植·유승주柳承宙·이성무李成茂·김도련金都鍊·반윤홍潘允洪·김
도기金道基 등을 중재학파重齋學派라고도 했다. 우리는 구익회求益會를 만들
어 『중재집重齋集』을 내는데 앞장 서기도 했다. 그 전에도 방은放隱 성락훈
成樂薰 교수에게 서울에서 8년 간 한문을 배운 적이 있다. 내당서사에서 5

년 간 공부하려고 했는데 유일한 박사과정 학생인데다가 이우성 교수가 하바드 엔칭 연구비를 줄테니 연구를 수행하라고 해서 2년 만에 올라왔다. 충분히 있다 왔어야 했는데 후회 된다.

2. 교수로서의 연구생활

1) 교수가 되기까지

학자는 교수가 되어야 연구여건이 좋아진다. 그런데 나는 규장각도서에 매료되어 시골 대학 교수로 가기를 꺼렸다. 교수가 되는 것은 좋지만 규장각에 있는 진적珍籍을 볼 수 없기 때문이다. 당시만 해도 고서의 원본을 직접 볼 수 있었다. 어느 것은 내가 처음 꺼내 보는 것도 있었다. 홍복이라고 할만하다. 비록 원고료는 박하지만 규장각 문집·읍지·사적 해제를 10 여 년 동안 불만 없이 한 것도 그 때문이다. 그 때 규장각에는 나와 송찬식·정석종·정창렬·정광·홍윤표·이장희·박경수 등이 단골손님이었고, Martina Deuchler, James Palais, Haboush Kim, 후지모도(藤本幸男) 등 외국인 연구자들도 매일 출근했다. 해제작업을 할 때는 나와 정석종·김진세·이신복·전광현·임한순·김기중·강신희·부정애 등이 함께 했다.

70년도 초에 계명대 정만득(서양사) 교수가 한우근 교수에게 찾아와 교수요원 한 사람을 추천해 달라고 했다. 우선 순위가 대구사람인 정창렬, 계명대에 있다가 경북대로 옮기는 이병휴李秉烋 교수와 전공이 같고 유일한 석사학위 소지자인 내가 차 순위였다. 그러나 정창렬은 이미 한양대에 가기로 했고, 나는 규장각을 떠나기 싫어 사양했다. 그래서 최승희씨가 대신 가게 되었다. 그 뒤에도 이재룡 교수가 숭실대로 옮기면서 전남대학으로 가라고 하는 것을 또 사양했다. 그 자리는 민현구씨가 갔다. 촌사람이라 순진하고 우직해서였을 것이다. 그랬더니 그 뒤로는 지방 대학에서 다시는 오라는 말이 없었다. 그리하여 대학 졸업 후 15년 간 실업자 노릇을 감수해야만 했다.

그런데 1974년 내가 산청의 중재선생에게 한문을 배우러 가는 길에 경북대에 들리게 되었다. 당시에 경북대에는 한영국·이태진·윤용진 교수가 있었다. 한 교수는 내게 경북대에 오라고 했다. 그리하여 1학기 동안 강사로 나가고 총장이 신규채용하기로 결재를 했다. 그런데 당시 국회의장이던 이효상씨가 "왜 대구사람 아닌 사람을 쓰느냐?"고 김영희 당시 총장에게 압력을 가해 대구행은 무산되고 말았다. 그러나 1975년 3월에 나는 허선도許善道 교수의 주선으로 국민대학 국사학과 교수로 부임하게 되었다. 대학을 졸업한 지 15년만이었다. 정석종씨도 한 해 전에 청주대 교수로 갔으니 공부하는 사람으로는 가장 늦게 교수가 된 셈이었다.

국민대학에는 교수가 나와 허선도 교수 둘 뿐이었는데 초창기라 학생이 모자라 신학기만 되면 학생모집을 다녀야 했다. 그러나 2~3년이 지나자 학생 수도 늘었고, 청강생까지 모집해 연구실이 시장바닥 같았다. 그 뒤로 송찬식·민현구 교수가 충원되었다. 그래서 강북에서는 교수진이 잘 짜여졌다는 평을 들었다.

나는 1979년 8월에 서울대 대학원 국사학과 1호로 박사학위를 취득했다. 논문은 『조선초기 양반연구』였다. 일조각에서 1980년에 책으로 간행했다. 지도교수는 한우근 교수였다. 당시 국사학계는 서북 분들이 많아서 양반에 대한 인상이 좋지 않았다. 그런 가운데서 양반을 연구하려니 호응을 받을 수 없었다. 양반과 유학자는 나라를 망친 원흉쯤으로 생각하고 있었으니 연구가 활성화될 수 없었다. 그래서인지 참고문헌도 별로 없었다. 게다가 1974년에 국정교과서를 비판해 이를 주도한 김철준·한우근·한영우 교수에게 미운 털이 박혔다. 그러니 박사학위를 주는데 더욱 호의적일 수 없었다. 그러나 10년째 되는 해라 제도적으로 논문을 내지 않으면 과정이 무효가 된다. 하는 수 없이 내 멋대로 원고를 써서 한우근 교수에게 제출했다. 당황한 한 선생님께서는 자세히 읽고 1달 만에 크리스챤 아카데미에 가서 1박하면서 검토해 보자고 했다. 밤늦도록 촌철살인 따지고서 마지막에 논문제목을 바꾸라는 것이었다. 10년 걸려 쓴 글인데 바꿀 수 없었다. 그 다음날 아침 식사 도중 고치라는 곳은 다 고치겠으나 제목은 바꿀 수 없다고 버텼다. 그리고 6개월 후에 아무 일 없이 학위를 받을 수 있었다. 한우근 교수는 대학원장으로 있다가 정년퇴직할 무렵이었다. 나 한 사람에게 박사학위를 주고 정년퇴직 하신 셈이다. 나는 지금도 그토록 내 논문을 자세히 읽고 잘못된 곳을 일일히 지적해 주신 한우근 선생님께 감사드린다.

2) 한국학대학원 교수로

박사논문이 통과되던 날 심사위원이기도 하고, 한국정신문화연구원 연구부장이기도 한 김철준金哲埈 교수가 나를 연구원으로 데려갈 것이라 했다. 나도, 지도교수인 한우근 교수도 그냥 들어 넘겼을 뿐이었다. 그러나 얼마 후 김철준 교수가 국민대학으로 찾아와 이규석李葵錫 학장에게 나를 내놓으라고 했다. 허선도 교수와 의논할 수밖에 없었다. 허 교수가 시간표를 다 짜 놓아서 파견할 수 없다고 했다. 김철준 교수는 그대로 돌아갔으나 다음 학기에 다시 와서 채근했다. 내 놓을 수밖에 없었다. 꼭 지켜야 하는 것은 아니지만 한국정신문화연구원 육성법에 의하면 대한민국의 교수는 국가에서 지명하면 누구나 무조건 응하게 되어 있었다.

당시 한국정신문화연구원의 역사연구실장은 윤병석尹炳奭 교수였다. 조건을 물었더니 아무것도 할 것 없고 공부만 하면 된다는 것이었다. 그리고 Mark 4 승용차로 2~3인 공동으로 출퇴근 시켜주고, 개인조교 1명을 배당하며, 복사는 무료이고, 숙소는 얼마든지 활용할 수 있다는 것이었다. 국민대에서 나는 주 18시간(야간 포함)을 맡고 있었고, 학과장이어서 연구실은 시장바닥과 같았다. 말이 대학교수이지 공부할 틈이 전혀 없었다. 더구나 내가 살던 서부 이촌동에서 국민대까지 가려면 만원 버-스를 세 번이나 갈아타야만 했다. 그래서 학교에 가면 만신창이가 되는 형편이었다. 비교하면 하늘과 땅 차이이다. 월급도 1/3쯤 많았던 것 같다. 1년 간 파견가기로 했다. 마음에 안 들면 1년 뒤에 복귀하면 될 것이기 때문이다.

그러나 세상 사람들은 한국정신문화연구원을 어용기관이라고 기피했다. 자기 나라 세금으로 운영하는 국책연구기관을 어용이라고 하면서 외국연구비는 영광스럽게 받아서 될 것인가? 박정희 대통령이 1979년에 죽었기 때문에 한국정신문화연구원은 유신과 더 이상 관계가 없었다. 더구나 초창기에는 국학자에게 연구원을 맡기려 했으나 어용기관이라고 아무도 오려고 하지 않자 사회과학자들이 치고 들어와 정신교육을 강화했다. 사회과학자들이 국학을 하려면 정신교육밖에 더 하겠는가? 그러다 보니 국학하는 제자들은 배가 고프게 마련이다. 남이 연구하기 좋은 기관으로 만들어 주길 바랄 것이 아니라 자기 스스로 그렇게 되도록 애쓰는 것이 바람직하지 않나? 지나친 명분론에 식민지를 거친 이중성의 결과가 아닌가 한다.

1년을 있다가 보니 고병익高柄翊 선생이 2대 원장으로 부임해 한국학대학원을 창설했다. 국학자를 집중적으로 양성하기 위해서였다. 교수요원은 40-50대의 중진급으로 충원하고자 했다. 원장이 역사분야는 내가 전임교수로 왔으면 좋겠다고 했다. 그리하여 1981년 3월에 국민대에서 한국학대학원 교수로 옮겼다. 한국학대학원 교수는 연구원研究員보다 우대했다.

그러나 이규호 문교부 장관이 갑자기 고병익 원장을 해임하고 정신교육을 주장하는 사회과학자들이 주도권을 잡았다. 한국정신문화연구원의 시련기였다. 아직 제대로 된 연구기관 하나 운영할 능력이 없었던 것이다. 나는 정이 떨어졌다. 성대를 비롯해 여러 대학에서 오지 않겠느냐고 했다. 그러나 갓 뽑아 놓은 학생들이 눈에 밟혀 옮기지 못했다.

그러던 중 Edward Wagner 교수가 1년 동안 Harvard Yenching 연구교수로 오지 않겠느냐고 연락이 왔다. 일단 소나기는 피하고 보자는 심정에서 가기로 결심했다. 40세가 넘었기 때문에 40세 미만이어야 하는 Visiting Scholar는 될 수 없었고, Harvard 대학 교수와 공동 연구하는 Coordinate Reasercher로 간 것이다. Wagner 교수와 『잡과방목雜科榜目』을 공동으로 전산화하는 과제였다. 그는 Mary라는 전산전문가의 도움을 받고 있었다. 한자를 모리스 부호나 Corner System을 활용해 입력하는 체제였다. 그러다 보니 예외가 너무 많이 나왔다. 나는 돌아오면 한자로 자료를 직접 입력하는 방법을 연구하고자 했다. 그러나 이 기회에 나는 전산기술을 배울 요량으로 시민이 듣는 Extention Course의 전산과목을 수강했으나 기초가 아니고 프로그램 짜는 것을 배우는 것이어서 뜻을 이루지 못했다.

Harvard 대학은 역시 세계 학문의 중심지였다. 세계의 석학들이 이곳에 와 수시로 강좌나 강연을 하고 이러한 프로그램을 알려주는 신문이 따로 있었다. 이름만 들었지 만날 수 없는 석학들을 면전에서 보고 그와 토론할 수 있었다. 이것이 대국이 아닌가? 이런 큰 세상을 볼 수 있는 것만도 미국에 온 효과는 있다고 생각하고 많은 곳을 돌아보았다.

1년 간 더 있으려고 했으나 연구원에서 허락하지 않았다. 대만의 중앙연구원에서는 더 있기를 원하면 몇 년이고 더 있을 수 있게 해 주었다. 사람을 기르는데 얼마나 차이가 있는가?

3) 한국학 자료의 전산화

돌아와서 나는 한문을 직접 입력하는 작업을 서둘렀다. 기술적인 문제는 산업연구원의 전문 전산기술자(권충환)의 협력을 받았다. 처음에는 한자가 1,800자로 제한되어 있어서『잡과방목』은 없는 글자를 공타를 쳐서 마스터로 인쇄하는 방법을 택했다. 그러나 곧 한자폰트가 더 개발되어 거의 모든 한자를 입력할 수 있게 되었다. 뿌리입력법으로 입력하면 한자를 모르는 사람이 98% 완벽하게 입력시킬 수 있게 되었다.

나는 이 사실을 Wagner 교수에게 자랑했다. 믿지 않았다. 와서 봐야겠으니 1년 간 초청해 달라는 것이다. 그리하여 한국정신문화연구원과 전북대학교가 6개월씩 1년 간 초청했다. 단 조건을 붙였다. 그 동안 그와 송준호宋俊浩 교수가 모은 『사마방목司馬榜目』 전부를 복사해 가지고 오라고 했다. 자료는 한국정신문화연구원 도서관에 넣고, 최진옥崔珍玉 교수(당시는 연구원)에게 전산화하라고 했다. 최 교수는 사마방목을 분석해 학위논문(조선시대 생원진사 연구)을 썼으며, 전산화된『사마방목』의 CD-Rom은 동방미디어가 낸『한국역사 5천년』에 수록되어 있다.『잡과방목』도 공타로 쳐 넣은 것은 『조선시대 잡과방목 총람』(1985)이라는 이름으로 한국정신문화연구원에서 출판했고, CD-Rom(이남희 정리) 역시 동방미디어에서 독립적으로 간행했다. 『문과방목』은 원창애씨가 박사논문을 썼고 전산화된 것은 한국정신문화연구원 홈페이지에 올라 있다. 『무과방목』은 양도 많지만 남아 있는 것이 많지 않아 아직 전산화하지는 못했고 정해은·심승구가 박사논문을 써서 분석했다.

4) 고문서 수집·발간

1980년 내가 한국정신문화연구원 파견교수로 오자마자 고문서 사업을 시작했다. 역사연구실 연구발표회에 이선근李瑄根 초대 원장이 직접 참여해 듣고 있었다. 한영국韓榮國 교수가 단성향교에 갔더니 호적대장에 비둘기가 집을 짓고 살더라고 했다. 그리고 최승희崔承熙 교수는 안동댐 수몰지역에 있던 광산김씨 집에서 고문서 1,000건이 나왔는데 임진왜란 이전 문서가 100건이나 된다고 했다. 이선근李瑄根 초대 원장은 윤병석 역사연구실장에게 당장 가져다가 정리해서 발간하라고 했다. 이 일은 내게 떨어졌다. 우선 보진재寶眞齋 인쇄소에 다니면서 『경상남도단성현호적대장』(상)(하)를 간행했다. 교정을 위해 노홍두盧弘斗씨를 고용했다. 그리고 여러 차례 안동 광산김씨가를 방문해 그 문서들을 갖다가 『광산김씨고문서』(고문서집성 1)라는 이름으로 영인해 냈다. 초서는 탈초를 했다. 고문서집성이 간행되기 시작한 것이다. 그리고는 나와 박병호 연구부장·최근덕 자료실장·정구복 전북대 교수가 부안김씨 고문서를 조사해 사회과학자들의 집요한 반대에도 불구하고 고문서집성 2권(『부안김씨고문서』)으로 우여곡절 끝에 간행했다. 나아가서는 전북대학의 이강호李康浩 교수의 도움으로 황윤석黃胤錫의 『이재난고頤齋亂藁』를 빌려다가 20여 년에 걸쳐 탈초해서 간행했다.

그런데 『광산김씨고문서』를 간행한 뒤 광김에서는 군자리君子里에 고문서 전시관을 짓고 류승국 원장과 나를 기념식에 초청했다. 실무자인 장순범張舜範 전문위원도 같이 갔다. 비가 억수같이 오던 날 나는 장순범씨와 함께 서애西厓 류성룡柳成龍선생 종택과 학봉鶴峯 김성일金誠一선생 종택을 차례로 방문했다. 모두 불만이었다. 안동에는 광김만 있느냐는 것이었다. 지금이라도 의사만 있으면 준비되는 순서대로 간행해 주겠다고 약속했다. 학봉댁이 발이 빨랐다. 집안이 총동원되어 1주일 안에 2만 7천 여 건의 고문서을 모아 왔다. 그 중 일부는 이미 간행되었다. 그러나 서애 댁은 시간을 끌었다. 한국정신문화연구원의 박성수 교수가 민정당 기관지인 『평생동지』에 서애 류성룡이 율곡의 10만양병을 반대했는데 요즈음도 그런 사람이 많다는 내용의 글을 실은 것이다. 영남만인소가 올라 왔다. 박 교수를 해임하라는 것이었다. 이 일은 흐지부지되었지만 서애 집안에서 그런 기관에 문서를 내줄 수 없다고 버텨 여러 해 뒤에 서애 가문과 친한 허선도 선생님을 내세워 그 문서도 가져다 간행했다. 이렇게 하여 지금 약 100여책의 『고문서집성』이 간행되었다. 그리하여 많은 박사논문이 쏟아져 나오고 있다.

『고문서집성』을 내는 데는 예산이 필요했다. 그런데 마침 문교부 장관이 이현재 원장에게 국학을 진흥해야 하겠으니 국학진흥방안을 입안해 올리라고 부탁했다. 이 일은 내게 떨어졌다. 내가 연구책임자가 되고, 이원순(민추회장)·박병호(서울 법대 교수)·김정배(고대 교수)·안휘준(서울대 인문대 교수)·홍사명(학술진흥재단 실장)·박찬수(민추 자료실장)·이길상(정문연 교수)·최진옥(정문연 연구원)을 공동연구자로, 안승준(한국학대학원생)·임민혁(한국학대학원생)을 보조연구자로 해 교육부 관리 한 사람의 협조를 받아 1년 만인 1993년 정월에 『국학진흥방안연구』라는 이름으로 정책입안을 해 주었다. 여기에는 국학진흥을 위한 여러 가지 정책이 거론되었지만 막상 교육부에서 고른 것은 고문서연구 지원이었다. 그리하여 처음에 4억 예산을 책정해 한국정신문화연구원에 2억(1억은 고문서, 1억은 장서각 도서 간행), 규장각에 1억, 국편에 1억씩 배당했다. 이 국학진흥 예산은 그 후 계속 늘어나 지금은 15억 정도 되며 수혜기관도 많이 늘어났다. 따라서 『고문서집성』이 꾸준히 간행될 수 있게 된 것이다.

여기서 끝난 것이 아니었다. 1991년에는 내친 김에 우리는 고문서 학술회의를 열고, 학술회의가 끝난 다음 고문서학회를 만들어 지금까지 잘 운영하고 있다. 초대 회장은 박병호 교수였다. 『고문서연구』는 이미 32책이 나왔으며, 유수한 학술지로 평가받고 있다.

5) 역주사업

나는 그 동안 두 가지 역주사업에 참가했다. 하나는 사료로 본 『한국문화사』이고 다른 하나는 『역주 경국대전』이었다. 각각 5년씩 10년을 소비했다.

사료로 본 『한국문화사』는 『The Source of Korean Tradition』의 저본(底本)으로 간행된 것이다. 이 사업은 UNESCO 한국위원회가 맡았는데 Korean Committee와 American Committee가 있었다. Korean Committee에는 Senior Member로 김철준(서울대)·이기백(서강대)·한우근(서울대)·이광린(서강대), Junior Member로 최병헌(서울대)·민현구(고대)·이태진(서울대)·이성무(정문연)·신용하(서울대)가 선발되었다. 시대는 고대, 고려, 조선전기, 조선후기, 근현대로 나누어 고대는 김철준·최병헌이, 고려는 이기백·민현구가, 조선전기는 한우근·이태진이, 조선후기는 한우근·이성무가, 근현대는 이광린·신용하가 각각 맡았다. 작업은 근간이 되는 사료를 뽑아 역주하는 것이었다. 이 사업에 참여함으로써 역주가 어려운 것도 알고 조선후기의 역사의 줄기도 파악할 수 있었다. American Committee에서는 한국본을 참조는 하되 독자적으로 내용을 조절해 역주하기로 했으나 10년이 걸려서야 『The Source of Korean Traditon』(1)(2)가 출간되었다. 미국측 책임자는 UCLA 대학의 이학수 교수였다.

『역주 경국대전』은 이상하게 시작하게 되었다. 김성준 교수가 친구인 고병익 원장을 찾아와 자기 혼자 『경국대전』을 2년 안에 역주할 터이니 연구비를 달라고 했다. 원장은 역사연구실장인 나를 불러서 검토해 보라고 했다. 김철준·한우근 교수 등 원로 교수들을 찾아가 자문을 구했다. 모두 혼자서 2년 안에는 마치기 어렵다고 했다. 오히려 팀을 짜서 공동으로 역주하는 것이 전문성도 살리고 시간 내에 마칠 수 있을 것이라 했다. 그리하여 각 전 별로 이전은 한우근(한양대), 호전은 이태진(서울대), 예전은 김성준(수원대), 병전은 민현구(고대), 형전은 박병호(서울대), 공전은 송찬식(국민대)이 맡는 것으로 계획을 짰다. 그러나 김성준 교수가 혼자해야 한다고 우기고, 박병호·송찬식 교수가 건강이 나빠져 참여할 수 없게 되었다. 그리하여 예전은 이성무(정문연), 형전은 이태진(서울대), 공전은 권오영(정문연)이 맡기로 했다.

이 사업은 2년 동안 수행되었고, 연구자들은 전후 20여 차례나 집담회를 가지면서 토론을 거듭했다. 그러나 기한 내에 마치기 어려워 한국학대학원생들이 동원되었다. 이들에게는 좋은 기회였다. 모르는 용어를 어떤 책을 찾아야 알 수 있는가를 훈련받을 수 있었기 때문이다. 그러나 번역을 믿을 수 없었다. 한문 전문가에게 감수하게 했다. 그런데도 책이 나온 후에 틀린 곳이 몇 군데 보였다. 1,000책이나 찍은 것을 썰어버리고 주머니를 털어 다시 찍었다. 5년이 걸린 것이다. 북한에서 윤모가 『경국대전연구』라는 역주본을 1책으로 냈으나 질·양으로 비교가 되지 않았다.

6) 당쟁사 연구

나는 1991년에 정만조·이태진 교수와 조선후기 당쟁에 관한 세미나를 한국정신문화연구원에서 열기로 했다. 그런데 이 무렵 이태진 교수는 붕당정치론을 주장해 인기를 끌고 있었다. '당쟁'이라는 용어는 일제가 쓴 부정적인 의미가 담긴 것이니 써서는 안 되고 '붕당정치'라고 써야 한다는 것이다. 나는 반대했다. 당쟁은 붕당이 서로 싸우는 것을 말하는 일반명사일 뿐인데 일제시대에 썼다고 쓰지 못하게 한다면 국어·수학·철학 등 모든 용어도 쓰지 말아야 한다. 그리고 내용이 중요하지 용어에 죄를 뒤집어 씌워서는 안 된다. '붕당'도 '붕朋'은 같은 선생에게 배운 친구라는 의미라 좋은 뜻일 수 있으나, 당黨은 편당偏黨이라 좋을 것이 없다. 붕당도 편당이니 좋을 것이 없다. 또 역사를 사실을 말하는데 주력해야지 좋으니 나쁘니를 지나치게 따져서는 안 된다는 생각이었다. 이러한 이견이 학술회의를 서먹서먹하게 했다. 제자들에게 자제하라고 일렀으나 듣지 않았다. 이 문제는 학계로 비화되어 지금까지도 설왕설래하고 있다. 이 학술회의의 결과는 1992년에 『조선후기 당쟁의 종합적 검토』라는 이름으로 한국정신문화연구원에서 출간되었다.

나는 그 후에도 당쟁에 관한 논저를 계속 썼다. 1992년의 「17세기 예론과 당쟁」(『조선후기 당쟁의 종합적 검토』, 정문연), 1992년의 「조선후기 당쟁사 연구의 방향」(동상), 1994년의 「조선후기 당쟁의 원인에 대한 소고」(『이기백교수고희기념 한국사논총』, 일조각), 1999년의 「조선후기 당쟁에 대한 여러 설의 검토」(『조선의 사회와 사상』, 일조각), 2000년의 『조선시대 당쟁사』(상)(하)(동방미디어) 등이 그것들이다.

7) 해외 한국학 지원 사업

나는 한국학술진흥재단(KRF)과 한국국제교류재단(KF) 해외 한국학 지원사업의 자문위원으로 각각 10여 년 씩 봉사했다. 1980년 『조선초기 양반연구』(일조각)를 낼 때까지 나는 외국에 가 본 적이 없었다. 그래서는 안 되겠다고 생각했다. 우물안 개구리가 되기 때문이다. 1982년 1년 간 Harvard Yenching에 다녀오면서 생각이 바뀌었다. 가급적이면 외국에서 열리는 국제학술회의에 가서 발표도 하고, 외국인 학자들과 교류하고 싶었다. 1988년에는 독일의 Tuebingen 대학의 객원 교수로 가서 1년간 강의한 바도 있었다. AKSE(유럽한국학회)와 내가 창설하는데 일조를 한 PAKS(한태평양학술회의)를 비롯해 국제학술회의에 자주 참여했다. Hawaii 대학의 강희웅 교수·Edward Schultz 교수, 니지분겐(日文研-국제일본문화연구쎈타)의 가사야(쓰谷和比古) 교수, 대만대학의 까오밍스(高明士) 교수 등과는 수 차례 만나 동아시아 관료제에 관한 쎄미나를 가졌다. 아마도 나는 국사학자 중에서 가장 많이 국제회의에 참여한 사람 중의 하나일 것이다. 그러나 영어가 부족하고, 학술회의의 성격에 맞추어 논문을 쓰다 보니 주제가 산만해지고 중심 연구과제에서 벗어나는 결함이 있었다.

8) 양반 연구

나는 학부·석사과정에서는 교육사를 연구했다. 1960년의 학사논문은 「성균관 연구」였고, 1965년의 석사논문은 「조선초기 관학정비과정」이었다. 석사논문은 천관우 선생의 주선으로 「선초의 성균관 연구」로 축소해 1967년에 『역사학보』 35·36합집에 수록했다. 그리고 1970년에 「조선초기의 향교」(『이상옥박사화갑논문집』, 교문사), 1971년에 「조선초기 기술관과 그 지위」(『류홍렬박사화갑기념논총』), 1983년에 「주자학이 14·15세기 한국교육·과거제도에 미친 영향」(『한국사학』, 한국정신문화연구원), 1995년에 「조선시대 교육과 과거」(『한국사』 25, 국편), 1996년의 「조선의 성균관과 서원」(『한국사시민강좌』 20, 일조각) 등의 논문을 썼다. 나아가 한기언(서울대)·정순목(중앙대)·김인회(이대)·이문원(중앙대) 등과 함께 한국교육사연구회를 창립했다. 또한 서울대학교 출판부에 『한국교육제도사』를 써 주기로 했으나 아직 쓰지 못하고 있다. 교육제도는 과거제도와 함께 양반과 깊은 관계가 있기 때문에 이를 깊이 연구하지 않을 수 없었다.

과거제도는 학교(관학과 사학)에서 양성된 인재를 국가관료로 등용하는 시험제도였기 때문에 양반과는 불가분의 관계가 있다. 더구나 경전시험을 통해 인재를 선발하는 제도는 중국·한국·월남을 제외하고 동서고금에 실시된 적이 없었기 때문에 그 내용을 자세히 고구할 필요가 있었다. 그리하여 『조선초기 양반연구』에서도 첫 장에 '양반과 과거'를 넣었다.

과거제도에 대해서는 그 후에도 계속 연구했다. 1975년의 「조선초기 문과의 응시자격」(『국민대학논문집』 제9집 인문사회과학편), 1981년의 「한국의 과거제와 그 특성」(『과거科擧』, 역사학회편, 일조각), 1991년의 「조선초

기 음서제와 과거제」(『한국사학』12, 정문연), 1996년의 「빈공과賓貢科와 제
과制科」(제3차 환태평양한국학학술회의『한국학논총』), 1996년의 「과거와 고
문서」(『조선시대 생활사』(1), 역사와 현실사, 한국고문서학회) 등이 그것이다.
이러한 교육·과거제도에 관한 논문은 1997년에 『한국과거제도사』(대우
학술총서 인문사회과학 99, 민음사)라는 논문집으로 간행되었다. 이 책으로
나는 2001년에 대한민국 학술원상을 받았다. 1976년에는 개설서로서 『한
국의 과거제도』(한국일보, 춘추문고 19)를, 1994년에는 개정증보 『한국의
과거제도』(집문당)를 각각 간행했다. 전자는 북경대 출판부에서 1993년에
장연張璉이 『고려조선양조적과거제도高麗朝鮮兩朝的科擧制度』라는 이름으로
중국어로 번역했고, 후자는 2008년에 일본의 일본평론사日本評論社에서 희
라기 마고도(平木 實)가 일본어로 번역했으며, 2009년에 UCLA에서 영어
로 번역했다.

　나는 사실 대학원 시절에는 중인층에 대해 관심이 많았다. 중인층이 근
대화에 앞장섰기 때문이다. 그래서 『일성록日省錄』 등 관계자료에서 중인
층에 관한 자료를 모으고 있었다. 그러나 중인층이 언제 성립되었으며 그
신분적 특성이 무엇인가가 먼저 알아야만 했다. 그리하여 중인층이 성립
되기 시작한 조선초기로 올라왔다. 실록에서 중인에 관한 자료를 뽑고 있
었다. 그런데 박사과정의 지도교수이신 한우근 교수가 나를 불렀다. 국편
『한국사』의 조선시대의 편목에 양반관료국가의 성립, 양반관료국가의 모
순 등을 넣었으나 막상 양반에 대해서 쓸 사람이 없더라는 것이다. 그러
니 나보고 양반을 쓰라는 것이었다.

　이에 나는 중인연구를 위해 뽑은 자료를 중심으로 조선초기의 양반에
관한 글을 하나 썼다. 1973년의 「15세기 양반론」(『창작과 비평』제8권 제2
호, 1973년 여름호, 창작과 비평사)이 그것이다. 대단히 성근 잡문이었다.

참고문헌도 없었다. 세이마스(末松保和)의 「고려초기의 양반에 대하여」(『동양학보』 36권 2호, 1953.)와 북한 김석형金錫亨의 「양반론」(『조선 농민의 계급구성』) 뿐이었다. 고재국高在國의 「양반론」(『학풍』 3)이 있으나 잡문에 불과했다.

그런데 이 논문을 쓰고 난 뒤에 양반에 관한 원고청탁은 모두 내게 돌아왔다. 이대로는 감당하기 어려웠다. 할 수 없이 박사논문을 양반으로 바꾸었다. 조선시대의 양반은 지배층이었으므로 자료도 많고 내용도 복잡했다. 그래서 시대는 지배층이 양반과 중인으로 분화되는 조선초기로 국한하고, 『경국대전』 체제를 분석하는 것으로 정했다. 그리고는 양반에 관한 논문을 계속 썼다. 1976년의 「관료제도로 본 조선초기 양반의 신분적 지위」(『국민대학논문집』 제11집, 인문사회과학편), 1994년의 「조선의 양반」(『신편한국사』 5, 국편) 등이 그 예이다. 내용분석은 양반과 과거·관직·군역·토지에 국한했다. 다른 분야는 뒤로 미루었다. 특히 토지제도에 관한 논문이 많았다. 편수도 많았고, 분량도 많았다. 일제가 토지조사사업을 하면서 한국 토지제도에 대해 알 필요가 있었고, 이를 국유제로 몰고 갈 필요가 있었다. 나는 한 해 겨울방학을 이들 논문을 읽고 이해하는데 소비했다. 토지의 소유권은 사유제가 기초라는 것은 이우성 교수의 연구로 밝혀졌으나 조세에 관해서는 이론이 분분했다. 나는 고려시대부터 1/10조[什一租]가 일반화되었다고 보고, 성종 조의 1/4조는 국유지의 소작료를 반으로 깎아 준 것으로 보았다. 1978년의 「고려·조선초기의 토지소유권에 대한 제설의 검토」(『성곡논총省谷論叢』 제 9집, 성곡학술재단)와 1981년의 「공전公田·사전私田·민전民田의 개념-고려·조선초기를 중심으로-」(『한우근박사정년기념사학논총』, 일조각) 등의 논문이 그것이다. 그런데 『성곡논총』에 실릴 논문을 강진철 교수가 심사하게 되었다. 강진철 교수는

자기 이론을 비판했으나 고려대학교 출판부에서 곧 나올『고려토지제도
사』에는 반론을 쓸 시간이 없다고 했다. 그러나 실제로는 한 장을 할애해
내 의견을 반박하는 내용을 장황하게 써넣었다. 내 이론은 뒤에 김용섭
교수의 지지를 받아 일반화되었다. 나는 1980년에『조선초기 양반연구』
로 제 1회 두계학술상斗溪學術賞을 받았다. 이 책은 1996년에 양수지楊秀芝
에 의해 중화민국한국연구학회 번역총서 2로 중국어로 번역되었다.

　그러나『조선초기 양반연구』만으로는 양반문제를 다 해결했다고 보기
어려웠다. 더구나 한영우·송준호 교수가 내 이론에 전면적, 혹은 부분적
으로 비판하고 나와 오랜 동안 논쟁을 했다. 첫번 째는 1975년에 있었던
서울대와 Harvard대학 출신의 대전 학술회의에서 였고, 두 번 째는 1978
년 단국대학에서 열린 동양학학술대회에서였으며, 세 번째는『사회과학
평론』·『한국사론』·『역사학보』·송준호 교수의『조선사회연구』(일조각),
한영우 교수의『조선시대 신분사연구』(집문당) 등을 통한 논쟁이었다. 이
는 한국역사의 논쟁사에 한 페이지를 장식할만 하다. 이기백·한우근·
Edward Wagner·최재석·Martina Deuchler 교수는 내 이론을 지지했
고, 최영호·유승원 교수 등은 한영우 교수를 지지했다. 나는 한영우 교수
가 15세기에는 지배신분층으로서의 양반이 없었다고 한 것은 조선초기
를 긍정적으로 보려는 민족주의에서 나온 주장이라고 생각한다. 한국사
학계는 한 때 일제의 한국사 폄하에 반발해 한국사를 화려하게 서술하려
는 경향이 있었다. 그의 이론 중 양반과 중인이 16세기부터 생겼다는 설
은 수용할 수 없으나 그 때부터 반班·상常, 사士·서庶의 분화가 확연해지
기 시작했다는 설은 수용할 만 하다. 양반제가 강화되어 양반과 비양반이
양신분과 천신분의 구별보다 더 중요하게 된 것이다. 그리하여 양반은 벌
열閥閱과 잔반殘班, 구향舊鄕과 신향新鄕으로 나누어지고 양·천 농민은 사

회경제적인 처지가 접근되어 상한常漢이라고 불리우게 된 것이다.

이제는 시대도 중·후기로 내려오고, 연구주제도 폭을 넓혀야 했다. 이 이후에 쓴 논문으로는 다음과 같은 것들이 있다.

1982년의 「조선초기의 문·무산계」(『조선학보』 102집), 1987년의 「조선시대 노비의 신분적 지위」(『한국사학』 9, 정문연), 1987년의 「조선초기 노비의 종모법과 종부법」(『역사학보』 제115집), 1990년의 「조선시대 향촌지배세력의 추이」(『제 6회 정문연 국제학술회의논문집』 「한국학의 세계화」 I), 1991년의 「여씨향약과 주자증손여씨향약」(『진단학보』 제 71·72합병호), 1993년의 「경재소와 유향소」(『택와허선도교수정년기념 한국사논총』, 일조각), 1995년의 「조선초기의 사대부」(『조선양반사회연구』, 일조각), 1998년의 「조선시대의 왕권」(『동아시아의 왕권과 관료제』, 국학자료원)등이 그것이다. 이러한 논문들을 모아 나는 1995년에 『조선양반사회 연구』(일조각)이라는 논문집을 간행 해 1996년에 제 21회 월봉(한기악) 저작상을 받았다.

그러나 나의 마지막 양반연구는 사상사에 집중되었다. 1997년에 「성호 이익의 생애와 사상」(『조선시대사학보』 3집)을 필두로, 2000년의 「성호 이익의 가계와 학통」(『한국실학연구』 2, 한국실학연구회), 2002년의 「남명 조식의 생애와 사상」(『남명학보』 창간호, 남명학회), 2004년의 「성호 이익의 삶과 사상」(개정증보『조선의 사회와 사상』, 일조각), 2004년의 「서애 류성룡의 생애와 징비록」(『한국역사의 이해』 5, 집문당), 2006년의 「조선의 선비사상과 남명」(『남명학보』 제5호, 남명학회), 2006년의 「김상헌의 척화사상」(『한국역사의 이해』 6, 집문당), 2006년의 「백헌 이경석의 애국정신」(동상), 2006년의 '류성룡의 애국정신'(동상), 2006년의 「안동의 정신, 안동의 문화」(동상), 2008년의 「서애 류성룡의 생애와 사상」(태학사), 2008년의 「퇴계 이황의 생애와 사상」(『조선시대사학보』 45집), 2008년의 「퇴계 이황

'벽사학술상' 모하실학논문상 수상(2012년)

과 남명 조식」(『학술원논문집』 47-1호, 인문·사회과학편), 2008년의 「지천 최
명길의 생애와 사상」(『조선시대 사상사연구』(2), 지식산업사), 2008년의 「백헌
이경석의 생애와 사상」(동상), 2008년의 「다산 정약용의 생애와 사상」
(동상), 「수당 이남규의 생애와 사상」(동상) 등이 그것이다. 이러한 논문들
은 1999년의 『조선의 사회와 사상』(일조각), 2004년의 개정증보 『조선의
사회와 사상』(일조각), 2008년의 『조선시대 사상사연구』(1)(2), 지식산업
사) 등의 책으로 간행되었다.

　나는 이러한 연구업적에 힘입어 2001년에 제 4회 효령대상(문화부문),
2002년에 제 21회 세종문화상(학술부문), 2004년에 위암 장지연상(한국학
부문), 2005년에 용재 백낙준상(석좌교수), 2007년에 이천문화상(학술부
문), 2012년에 벽사학술상을 받았다.

그리고 매년 쓰는 역사관계 논설들은 1994년부터 2008년까지 속간된 『한국역사의 이해』(1)~(10)에 모아서 출판하고 있다. 표창은 1987년에 국민훈장 석류장을, 2004년에 황조 근정훈장을 받았다.

3. 국사편찬위원회 위원장으로서의 업적

1) 예산확보

나는 1999년 8월 2일에 제 7대 국사편찬위원회 위원장으로 임명되었다. 그런데 나는 위원장 취임을 수락할 입장이 아니었다. 9월부터 1년 간 교토에 있는 국제일본문화연구쎈타의 외국인 객원 교수로 가게 내정되어 있었기 때문이다. 이미 한국의 집도 세놓고, 일본에 살 집을 얻어놓은 상태였다. 한국정신문화연구원에는 안식년을 허가받아 두 기관의 월급을 다 받게 되어 있었다.

이러한 사정을 교육부 차관에게 말했더니 이미 대통령의 재가가 나서 어쩔 수 없다는 것이다. 주위 분들과 의논해 보았으나 모두 일본행을 포기해야 한다는 것이었다. 그래서 청와대에 들어가 임명장을 받았다. 임명장을 받고서 김덕중 교육부 장관과 교육부 식당에서 오찬을 같이했다. 이 자리에는 대학정책실장이 배석했다. 나는 그 자리에서 장관에게 국편에 자리가 비더라도 교육부에서 연구관이나 연구사를 내려보내지 말아달라고 부탁했다. 비전문가가 역사관계 업무를 수행하는 것은 비효율적이고, 본인도 행복하지 않아 한다는 이유에서였다. 더구나 승진을 기다리는 직원들의 사기가 떨어진다고 했다. 그래서 그 이후로는 한동안 교육부에서 교육연구관이나 교육연구사를 내려밀지 않았다. 그래서 승진도 잘 되었고, 신규채용도 많이 했다.

나는 교육부에서 돌아오자마자 취임식을 했다. 취임사에서 나는 국편 직원은 더 이상 아키비스트가 아니고 전문연구자라고 선언했다. 따라서 직무수행에 방해가 되지 않는 한 연구를 열심히 해 줄 것을 당부했다. 연구능력이 있어야 연구업무를 잘 할 수 있기 때문이다. 공부를 한다면 밤 늦도록 전기도 넣어주고, 강의나 학회참여도 가급적이면 편의를 봐주었다. 나도 약속이 없으면 밤 10시까지 공부하다가 갔다. 이것은 내 버릇이기도 하다. 매일 저녁 찰떡 하나로 요기하고 사무실에 남아서 공부하다가 갔다. 그래서 낮에는 온갖 보직을 다 하면서 연구업적을 축적할 수 있었던 것이다. 나는 책 50책과 논문 150편을 썼다. 그래서 학술상도 많이 받을 수 있었다.

그리고 직원들의 국내·국외 연수기회를 늘려주고, 위임전결의 폭을 넓혀 자주적으로 일할 수 있게 해 주었다. 권한을 위임해 주는 대신 책임을 물었다. 업무진행 상황은 체크 리스트를 만들어 매일 매일 확인했다. 그랬더니 직장 분위기가 좋아지고, 일의 진척이 빨랐다.

그런데 국편에 가보니 사업 예산이 너무 적었다. 직원은 정규직·사무직·일용직을 합쳐 100여 명이나 되는데 사업예산은 고작 15억이었다. 공무원인데다 예산이 적으니 한가해서 좋기는 하나 활기가 없고, 밖에서 보면 놀고먹는 기관이라는 인상을 주기 쉽다. 가정집에서도 쌀독이 차야 든든하고 힘이 나는 법이다. 쌀독을 채우는 일을 해야겠다고 생각했다. 쌀독을 채우려면 단기적·일회적 예산보다는 장기적 대형 예산을 따야 했다. 그러나 예산투쟁은 내 장기가 아니었다. 공부만 한 책상물림이었기 때문이다. 더구나 예산이 늘어나면 일이 많아져 직원들이 싫어할 수 도 있다. 그래서 사석에서 넌지시 물어봤다. "예산이 늘어서 일이 많아져도 괜찮겠느냐"고. 모두 예산을 따기가 어려워서 그렇지 상관없다는 것이었다.

그런데 기회가 왔다. 어느 직원이 김학준씨가 이사장으로 있는 국가기록연구원(사설)에서 정부기록보존소와 함께 외국에 있는 한국관계 기록을 수집하기 위해 100억 원을 청와대에 신청한다는 정보를 알려 주었다. 당장 정은성 청와대 대통령자료실장에게 전화를 걸었다. "왜 자료수집을 담당하는 국가기관이 있는데 사설기관에 국가예산을 지원하려 하느냐?" 정비서관은 국가기록연구원이 그런 요구를 해 왔으나 국가기관이 아니기 때문에 대전에 있는 정부기록보존소와 함께 신청해 보라고 했다는 것이다. 그래서 나는 국편에게도 기회를 달라고 했다. 매년 20억 씩 5년 간 100억을 지원해 달라고 했다. 우리는 건물을 새로 지을 것도 없고, 집기도 필요 없으며, 인력만 5명쯤 지원해 주면 된다고 했다. 청와대에서는 우리의 안을 채택했다.

그러나 청와대가 예산을 가지고 있는 것은 아니었다. 더구나 예산심의가 이미 끝난 때였기 때문에 국회 계수조정위원회에 특별예산으로 올려야 했다. 국편과 청와대가 힘을 합해 일단 교육위원회에서는 해외사료이전사업 예산 20억을 1순위로 계수조정위원회에 올렸다. 그러나 그 해가 국회의원 선거가 있는 해라 득표와 관계없는 예산은 모두 삭감되었다. 그러나 포기할 수 없었다. 특별예산이 안 되면 정규예산에 넣는 수밖에 없었다. 그리하여 다음 해 10억원을 해외사료이전 사업비로 땄고, 나머지 4년 간은 년 간 20억 씩 도합 5년 간 지원하기로 했다.

국가를 운영하는 데 정보가 매우 중요하다. 그런데 우리에 관한 정보가 남에게 가 있어서 그들은 보는데 우리는 볼 수 없으면 되겠는가? 시급히 이전해 와야 할 일이다. 문서뭉치를 그대로 가져오는 것이 아니라 그 중에서 한국에 관한 내용을 발췌해 와야 한다. 우선 미국의 National Archives에 있는 자료를 5명의 인원을 상주시켜 찍어 오기로 했다. 자료가 콘테이너 박스로 계속 오고 있다. 자료 이전 사업은 일본·러시아·유럽 등지로 확산되어 가고 있다. 그러니 5년에 한정할 것이 아니라 제 2차, 3차 5 개년 계획을 세워 모든 자료를 이전한 다음에 그만두어야 한다. 국편이 국가를 위해 큰 일을 하게 된 것이다. 일본은 이미 많은 자료를 이전해 갔고 지금도 자료를 계속 수집하고 있다.

가져 온 자료는 전산화해 홈페이지에 올리거나 책으로 발간했다. 중요한 자료는 미리 공개하기도 했다. 그런데 각 개인이나 기관이 경쟁적으로 같은 자료를 거듭 찍어와 국고를 낭비하는 경향이 있었다. 복사비도 올려받았다. 이에 국편에서는 법에 의해 유관기관 협의회를 열어 자료수집 행위를 조절하고, 찍어 온 자료를 공유하도록 했으나 잘 지켜지지 않는다.

20억 해외사료이전비만 가지고 쌀독이 차는 것 같지 않았다. 그래서 장기과제를 하나 더 개발하기로 했다. 『승정원일기』 전산화가 좋을 것 같다. 이것을 완결하려면 적어도 매년 15억 씩 15년을 투자해야 할 것이다.

다음 해 예산철이 다가왔다. 예산신청을 했더니 우선 『승정원일기』가 무슨 책이기에 이런 막대한 예산을 투입해야 하느냐는 것이다. 그래서 나는 『조선왕조실록』은 아느냐고 했더니 세계기록문화유산으로 등재되어 안다는 것이다. 『승정원일기』는 『조선왕조실록』의 5배나 되는 한국에서 가장 거질의 기록이고, 실록은 편찬한 것인데 비해 『승정원일기』는 원자료라고 했다. 그리고 내가 이 방면의 전문가이기 때문에 내가 국편 위원장으로 있을 때 착수해야 한다고 열변을 토했다. 나는 우선 예산 담당 주사와 과장을 찾아가 자꾸 절을 했다. 난처해 했다. 차관급 공무원이 주사에게 잘 봐달라고 절을 하니 난처할 수밖에. 오시지 말고 우리가 다른 과장과 싸워서 이길 자료를 준비해 달라고 했다. 그래서『월간조선』(2002년 2월호)에『승정원일기』를 소개하는 글을 쓰기도 하고,『승정원일기』학술회의를 열어 신문기사화 해 갖다 주기도 했다. 내가 열심히 하니까 직원들도 열심히 했다. 그러나 알아듣지 못했다. 이에 나는『승정원일기』를 세계기록문화유산으로 등록해 가지고 오면 예산을 주겠느냐고 물었다. 그러면 경쟁이 될 수 있다는 것이다. 경제기획원에 있던 후배공직자의 도움을 받기도 했다. 그리고 1년 동안은『승정원일기』를 세계기록문화유산으로 지정하는 일에 집중했다. 그래서 다음 해 청주에서『승정원일기』는『직지심체요절』과 함께 세계기록문화유산으로 지정되었고 전산화 예산도 향후 10년 간 매년 10억 씩 지원하게 되었다. 그리고 이 예산은 기획원이 가장 잘 준 예산 중에 하나로 뽑혔다.

2) 평양방문

2001년 2월 26일부터 3월 6일까지 나는 평양에 다녀왔다. 북한이 조일회담에서 일본으로부터 많은 보상을 받기 위해 남북학자들을 모아 일제의 만행을 규탄하는 자료전시화와 학술회의를 여는 것이 계기가 되었다. 나는 국사관계 통사학회장을 모아 남북 역사학 학술회의를 서울과 평양에서 교대로 개최하고, 인적교류, 자료교환을 하자는 제안서를 만들어 가지고 갔다. 나는 이종혁 북한 아태부위원장에게 이 제안서를 제출했다. 좋다고 했다. 우리는 허종호(조선역사학회장) · 정창규(북한 사회과학원 역사연구실장) · 원종규(근대사실장) · 리종현(교수) · 임미화(연구사) 등 역사학자들을 만나 토론하기도 했다.

남북 역사학 학술회의에 관한 후속 준비모임은 다음 해 금강산에서 열렸다. 북한에서는 주진구 조평통 부위원장이 참석했고, 남에서는 나와 최병헌(한국사연구회장)·방기중(한국역사연구회장)·강영철(국편 편사부장)이 참석했다. 그리고 매년 서울과 평양에서 격년으로 학술회의를 개최하기로 합의하고 쌍방 문서에 조인했다. 다음 회의는 일본 역사교과서 문제를 가지고 평양에서 개최하기로 했다. 그러나 9. 11 사태로 이러한 약속은 모두 물거품이 되고 말았다.

그 이외에도 2002년에는 독일과 일본에 보관되어 오던 민주화 자료를 위탁받아 전산화하고, 국사경시대회를 개최하도록 했으며, 동아시아 사료편찬회의를 결성해 국편에서 첫 번째 학술회의를 개최하기도 했다. 중·고등학교 역사교사 연수도 했다. 나는 2003년 6월 2일 물러날 때까지 3년 10개월 동안 실로 많은 사업을 수행했다고 자부한다.

4. 한국사 대중화 사업

1) 대중용 역사책

나는 60세가 되면 대중용 역사책을 쓰기로 했다. 그 전에는 역사학자로서 전문 연구논문을 쓰고 학생을 지도했다. 석·박사학생들을 위해 1981년에는 청계사학회를 만들어 『청계사학』이라는 학보를 내게 하고, 1992년에는 고문서학회를 창립해 『고문서연구』를 간행하게 했으며, 1997년에는 조선시대사학회를 창립해 초대회장으로서 『조선시대사학보』를 창간했다. 국편 위원장으로 있을 때는 한국사학회장을 맡아 한국사학회를 활성화하고『사학연구』를 A급 학회지로 만들었다. 그리고 2005년에는 성호학회를 창립해 초대회장으로서『성호학보』를 창간했다. 역사학회, 진단학회, 한국사연구회의 종신회원으로 활동하기도 했다.

전문서를 내면 500질을 찍어 5년이 걸려야 다 팔리고, 절판되면 다시는 더 찍지 않는다. 그러므로 일반 대중과는 무관하다. 지금은 대중화 시대다. 대중의 역사의식이 올바르지 않으면 역사연구는 상아탑에 갇힌 죽은 역사가 되고 만다. 그래서 60세가 되면 대중용 역사책을 쓰기로 했다. 그리하여 60세 이후에 10 여 책의 대중용 역사책을 썼다. 1998년의『조선왕조사』(상)(하)(동방미디어), 1999년의『조선왕조실록 어떤 책인가』(동방미디어), 2000년의『조선시대 당쟁사』(1)(2)(동방미디어), 2000년의『조선의 부정부패 어떻게 막았을까』(청아), 2002년의『라디오 한국사』(1)(동방미디어) 등이 그것이다.

대중용 역사책을 출판하자 신문·잡지에서 인터뷰를 하자는 데가 많고, 많이 팔리기도 했다. 많은 사람이 읽고 인사를 했다. 인세 대신 책을 받아서 많이 나누어주었다. 그러나 이것만으로 역사 대중화가 되는 것은 아니었다. 대중을 위한 강좌를 열어 많은 사람을 교육시켜야 했다.

2) 역사를 사랑하는 모임

우선 사회 지도층을 재훈련시켜야 했다. 역사관련 친목단체를 만들어 훌륭한 강사를 모셔다가 강연을 하게 할 필요가 있었다. 처음 만든 친목단체가 '역사를 사랑하는 모임'이다. 내가 국편 위원장으로 있을 때다. 2002년에 일본 중학교 역사교과서 문제가 터졌다. 정부에 대책반이 만들어졌다. 외통부 장관, 교육부 장관, 청와대 및 관계부처의 고위 공직자가

위원으로 임명되고, 나는 당연직 간사가 되었다. 그런데 이들의 역사의식
이 엉망이었다. 학교에서 국사를 제대로 배우지 않아서 그렇다는 것이다.
지금이라도 늦지 않으니 친목단체를 만들어 깨우쳐 줄 수 없느냐는 것이
다. 그래서 과천 정부 부처의 기관장을 중심으로 '역사를 사랑하는 모임'
을 만들고, 이웅근 동방미디어 회장을 회장으로 모셨다. 나는 부회장으로
서 회를 운영했다. 2달에 한 번 짝수 달 목요일 조찬으로 열린다. 역사학
자는 강의를 하고, 회원들은 강의를 들으며, 국내·외 답사를 하고, 관련기
관 방문을 했다. 역사문제가 생기면 시민단체로서 관심을 갖았다. 2대 회
장은 청강대 이사장인 정희경이었고, 3대 회장은 내가 맡았으며, 지금 4
대회장은 이문원 수당교육관장이다. 회원은 120인 정도이다.

3) (사) 한국역사문화연구원 설립

그리고 2003년에는 사단법인 역사문화연구원을 설립해 원장으로서 역사강좌와 한문 초급·중급 강좌를 열고 있다. 초급은 『명심보감明心寶鑑』·『격몽요결擊蒙要訣』·『통감절요通鑑節要』를 1년 과정(월요일 저녁 6~9시)으로, 중급은 4서四書를 2년과정(수·목 7-9시)으로 열고 있다.

한국역사문화연구원은 '역사를 사랑하는 모임'에서 발족한 기관이다. 역사 마니아들만 모인 '역사모'만 가지고는 역사대중화를 할 수 없으니 평생교육 차원에서 사단법인을 만들어 지속적으로 대중을 향해 역사문화 강의를 해야 한다는 것이다. 그런데 2003년에 마침 내가 교직에서 정년을 했으니 나보고 원장을 맡으라고 했다. 그래서 2003년 9월부터 이화여대 평생연구원과 함께 '한국역사문화 최고지도자과정'을 개설해 4년간 운영했고, 2004년 봄부터 성남문화원과 '한국역사문화 최고위과정'을 2년간 운영했으며, 서초동 강남역 근처에 있는 한국역사문화연구원에서는 역시 2004년부터 지금까지 한국역사강좌─이성무의 역사교실─을 운영하고 있다. 강좌는 1학기에 15강을 매주 목요일 18:00부터~20:00까지 강의를 듣고, 끝난 다음 간단한 저녁과 함께 대화를 나눈다. 2학기를 다니면 수료증을 주되 원하는 사람은 얼마든지 더 수강할 수 있다. 그러기 위해서 매학기 강의는 새로운 주제로서 편성한다. 1학기에 한 번씩 국내·외답사를 하며, 수시로 박물관, 미술관, 음악회, 전시회, 학술회의에 동참한다. 수강생들은 자율적으로 이벤트를 만들기도 하고, 문화행사에 참여하기도 한다. 외부에서 요구하면 학술회의도 해준다. 여기서 연구된 논문들은 한국역사문화연구총서로 발간된다.

4) 뿌리회 결성

2004년에는 뿌리회를 만들었다. 전통사랑 모임이다. 성균관을 비롯한 전통사랑 모임은 전통을 묵수해 현대에 되살리지 못하고 있다. 뿌리회는 전통을 비판적으로 계승하는 것을 목표로 한다. 그래서 뿌리회는 학술위원인 젊은 인문학자들이 운영하며, 문중 사람들은 학술위원의 설명을 듣게 되어 있다. 주요 사업은 지역별로 문중을 방문해 유적을 답사하는 것이다. 강연회도 열고 학술회의도 한다. 2008년 11월 21일에는 서울 역사박물관에서 제 1회 동아시아 족보국제회의를 개최했고, 2009년 11월 6~7일에는 미국 Utah 주의 Bringham Young 대학에서 제 2회 족보 국제회의를 개최했다. 뿌리회에는 3대 강령이 있다. 1. 당파를 말하지 말라. 2. 적서嫡庶를 말하지 말라. 3. 남녀를 구별하지 말라는 것이다. 경기도가 개발되어 문중이 부자가 되었다. 이에 재산을 관리하기 위해 그 집안에서 가장 출세한 사람이 종친회장을 맡고 있다. 이들은 뿌리회에 와서 배우고자 한다. 이들은 다른 문중이 어떻게 운영하고 있는가를 알고 싶어 한다. 따라서 지도층에게 전통을 어떻게 전수해야 하나를 배우는 기회가 되기도 한다. 회원은 약 250인 정도이다.

박 성 수

1. 학력

1931년 10월 29일 일본 나라현 오조 출생
1955년 서울대학교 사범대학 졸업
1959년 고려대학교 대학원 졸업

2. 경력 및 수상

1965년~1975년 성균관대학교 문과대 조교수, 부교수.
1982년~1984년 국사편찬위원회 편사실장.
1983년~1989년 독립기념관 건립추진위원회 기획위원.
1996년~2000년 한국방송공사(KBS) 이사.
1994년~1996년 한국정신문화연구원 한국학 대학원 교수, 현 명예교수.
2002년~2004년 국제평화대학원대학교 총장, 현 명예총장.
1986년 국민훈장 목련장.
1993년 국민훈장 동백장.
2004년 의암대상 학술상.

3. 저서와 논문

1) 저서

『한국독립운동사 1』, 국사편찬위원회, 1965.
『독립운동사 연구』, 창작과 비평사, 1980.
『민족사의 맥을 찾아서』, 집현전, 1985.
『한국독립운동사론』, 한국정신문화연구원, 1996.
『단군문화기행』, 서원, 2000.
『民族正氣』, 보훈교육연구원, 2001.
『새로운 한국사』, 集文堂, 2005.
『독립운동의 아버지 나철』, 북캠프, 2003.
『한국인의 역사정신』, 석필, 2013 외 다수.

2) 논문

「金納化論攷 -영국莊園解體의 기초과정-」, 『역사교육』 2, 1957.
「貨幣封地性格論」, 『사총』 3, 1958.
「中世末의 景氣變動論」, 『역사교육』 3, 1959.
「雇工研究」, 『사학연구』 18, 1964.
「내미아史學에 대하여」, 『역사교육』 10, 1967.
「1907~10년간의 義兵戰爭에 대하여」, 『한국사연구』 1, 1968.

나의 역사연구를 뒤돌아본다.

박 성 수

1. 머 리 말

어느 해인가 기억이 나지 않는데 전화가 걸려 왔다. "박성수 선생님…
안녕하세요. KBS 방송국 나의 일생 담당 기자입니다. 제목처럼 선생님
이 살아오신 일생에 대해 얘기하는 프로입니다. ―지금 하고 계신 일에 관
해…(업적, 시작동기…) 가족 얘기, 고향, 어린 시절, 부모님, 형제들, 학창
시절 그리고 좌우명 취미생활, 특별히 기억에 남는 사건 등등에 대해 80
분간 이야기 하여 주세요." 거기다 내가 좋아하는 노래까지 적어달라고
하니 보통 일이 아니었다. 그러나 오늘 이야기 할 내용은 역사연구와 관
련이 있는 일만 쓰면 된다고 하니 쉬운 일이라 생각했다. 그러나 막상 쓰
고자 붓을 들고 보니 방송국의 요구보다 훨씬 어려운 것을 알았다.

2. 내 고향 무주 설천(구천동)

먼저 이런 자리를 마련해 준 한국사학사학회 여러분에게 감사합니다.

1931년생이니까 나는 내년이면 만으로 85이 되는 할아버지이다. 내가 대학에 입학하고 졸업한 1951년에서 55년까지의 일만 해도 까마득한 먼 옛날 이야기가 되었다. 그러니 회고담을 쓸 만한 나이이긴 하다. 그러나 회고담을 아무나 쓰나. 회고담을 쓰기 위해서는 첫째 성공한 사람이어야 하고 둘째 글을 잘 써야 한다. 이름난 회고록으로는 처칠의 소설 같은 회고록이 있지만 나로 말하면 글재주도 없고 이렇다한 이야기거리도 없는 사람이다. 그런 사람이 회고 운운한다는 것은 당초부터 큰 잘못이다.

내가 태어난 곳은 일본이며 나이 열다섯에 귀국한 곳은 전라북도 무주였다. 짐을 가득 실은 트럭 위에 앉아서 넘어질 듯 고개를 넘어 가던 일은 지금도 눈에 선하다. 그 무렵 무주구천동 설천의 이야기는 이미 18년 전에 서울신문에다 써주었다. 신문에 난 그때 내 사진을 보니 62세 되던 나의 얼굴은 아주 젊어서 좋았다. 신문은 "눈에 선한 구천동 70리 계곡 하얀 물살이 가르는 설천" 이렇게 구천동을 아름답게 표현하고 있지만 나의 어린 시절 기억과는 전혀 다르다.[1]

1) 일본에서 한국으로

어머니가 "너를 뱄다"고 말씀하시던 전북 무주茂朱 구천동九千洞의 설천雪川 마을. 이곳을 처음 찾은 것은 1946년 15살 되던 봄의 일이었다. 돌아가신 어머님 말씀에 의하면 이 구천동 골짜기에서 나를 임신하신 후 신랑인 아버님 박판준朴判俊을 따라 일본 나라(奈良 = 나라는 순수한 우리말이다.)로 건너 가셨다는 것이다. 그때 몹시 엄격하시던 시어머니(필자의 할머

---

1 「서울신문」(1992년 3월 3일자) "명사의 고향"- 精文硏 敎授 朴成壽의 茂朱-

니)의 반대가 두려워서 임신하신 배를 허리띠로 동여매고 어머니는 나를 밴 사실을 감추셨다는 것이다.

그러니까 필자는 배속에서부터 고생하기 시작했던 것이다. 그로부터 15년 뒤 일본에서 초등학교[和歌山 橋本小初等學校]와 중학교[日本大學 大阪中學校] 2년까지 다니다가 고국으로 돌아 왔다. 일본에 잔류하여 재일교포가 될 수도 있었지만 아버님은 단호히 "죽으나 사나 고국으로 가야 한다" 하시면서 장자인 나를 포함한 가족 6명 모두 함께 송환열차에 태워 귀국했다. 그때 아버님의 결단에 지금도 감사하고 있다.

그러나 15세 소년의 눈에 비친 나의 고향 아니 아버지의 고향 설천은 꿈에도 예상하지 못했던 가난하고 초라한 빈촌이었다. 도대체 아버지는 이런 곳을 고향이라 하여 찾아오셨는가. 나는 아버지가 지극히 원망스럽고 불쌍했다. 아버지는 그 옛날 젊은 시절에 이 가난한 마을을 떠나 아무도 아는 사람이 없는 일본으로 망명(?)하셨던 것이다. 그러니 나도 귀향 즉시 이런 시골구석에 있을 것이 아니라 하루속히 서울로 나가야 한다고 생각했다. 이곳을 탈출해서 서울에 가서 공부하는 것이다. 그리고 일본에서 일본인 선생님이 "돌아가서 너는 큰 인물이 되라" 하신 말씀처럼 애국자(?)가 되는 것이다.

그렇게 결심을 하고 설천을 탈출한지 어언 60년. 이따금 백운산白雲山 아래 아버님의 산소를 찾아 갔을 때 말고는 고향에 가는 일이 없다. 그러나 지금은 옛날처럼 할머니와 아버지 그리고 어머니까지도 고생시킨 설천이라는 생각을 하면서도 고향을 원망하지 않는다. 역시 나도 고향이 그립다.

2) 고향은 가도 나는 실향민

설천에 대한 나의 생각을 고쳐먹기 시작한 것은 어느 해였던가 서울에서 태어나서 고향을 모르고 자란 두 아들 둘[장우章祐와 장균章均]을 데리고 아버지 산소를 찾아갔을 때였다. "여기가 어디? 아버지 고향이? 이렇게 묻는 큰아들을 보고 나는 아들을 이렇게 길러서는 안 되겠다고 생각했다. 죽으나 사나 고국에 가자고 하신 아버지 생각이 난 것이다. 어찌 보면 오늘의 모든 서울사람 특히 젊은 세대는 실향민이다. 비단 북한에 고향을 두고 온 사람들만 실향민이 아닐 것이다. 남한에 고향을 두고서도 명절날 찾아갈 고향이 없는 사람은 모두 실향민인 것이다.

예전에 설천에 가면 나더러 "성수야 너 왔나" 하면서 반갑게 맞아 주던 사람들이 있었으나 어느 때부터인지 고향에 그런 사람이 없어졌다. 나도 고향을 잊고 고향도 나를 잃은 것이다. 고향의 옛 친구들은 다 죽고 없다. 살아 있다 해도 옛날 그 친구가 아니며. 모두 도시로 떠나 나처럼 실향민이 되었을 것이다. 설천에 가 보면 마을의 모습도 달라져서 옛날 같지 않고 사람까지 낯선 것이다. 그러니 고향이라 할 수 없다. 일본에서 태어난 필자로서는 더욱 그런 내가 서럽다. 그래서 간혹 고향에 가서 나를 알아보는 젊은 사람들을 만있면 "자네들이 고향을 지켜야 하네. 자네들이 없으면 고향이라 할 수 없지 않는가. 고향이라고 해서 산천을 보러 오겠는가. 아니다. 고향이라면 고향사람이 있어야 하네".

산천은 의구한데 인걸이 없으니 망도亡都 개성은 고려 충신 길재吉再에게 서울이 아니었다. 그렇듯 설천은 아버지의 고향이요 나의 고향이었으나 나를 아는 사람이 없는 곳이 되었으니 길재에게 개성과 같은 그런 맘도 있다. 단지 설천은 위풍당당하게 생긴 백운산白雲山만 살아남아 물끄러미 내려다보며 모처럼 고향을 찾은 나를 반갑게 웃어 주고 있었다.

언젠가 내가 태어나고 자란 일본 나라(奈良)에 가 보고 싶어 가보았다. 거기에는 더더욱 나를 아는 사람이 없었다. 그런데 단 한 사람 나를 알아보는 술가게 주인(일본에는 일반 가게에서 술을 못 판다.)이 나를 알아보고 "보꾸 상[朴君]!"이라고 반겨주었다. 그때가 언제인가 어릴때의 나를 알고 살고 있으니 얼마나 반가운지 몰랐다. 그러나 나와 가장 친했고 반에서 일 이등을 다투던 라이벌 사카이(坂井) 라는 친구는 어디로 갔는지 찾아 볼 수 없었다. 그놈만 만났더라면 분명 그때 내가 일등이었는데 조센징(조선놈)이라 하여 너를 일등으로 앉히고 나를 2등으로 강등한 일을 말하고 싶었다. 그러나 철물점 아들이었던 그는 어디로 이사 갔는지 그 집에 없었다. 그리고 너는 조국에 돌아가서 큰 인물이 되라고 하시던 노 선생님도 못 만나 뵙고 돌아왔다. 어린 내게 희망을 안겨 준 단 사람의 스승이 일본인 호시노(星野) 선생님이었던 것이다.

이렇게 생각하니 한 번 지나간 시간은 절대 다시 돌아오지 않는다는 뻔히 아는 법칙을 새삼 깨닫고 나서 역사를 원망하였다. 우주宇宙란 글자는 모두 집을 뜻하는데 우는 공간이란 집이요 주는 시간이란 집이다. 한번 가면 다시를 오지 않는다는 집이 시간이 아니고 무엇인가. 내가 태어난 곳 일본 나라(奈良)나 15세에 돌아온 우리나라 전북 설천도 다 다시 갈 수 없는 곳으로 변한 것이다. 산천은 의구하지만 인걸이 없으니 모두 내 집이 아니다.

오랜 동안 내 고향 무주 구천동은 남한의 삼수갑산三水甲山이란 소리를 들었었다. 가을에 단풍이 좋아 주계朱溪라고도 불렀고 붉게 물든 70리 계곡에 하이얀 물살이 가른다 하여 강물을 설천雪川이라고도 했다. 설천의 원명은 배내[백천白川]인데 지명은 왜 붉은 계곡 주계로 변했는가. 거기에는 또다른 사연이 있었다.

3) 설계 박치원과 설호사

삼국시대에 무주는 나제통문羅濟通門을 사이에 두고 신라군과 백제군이 대치하던 곳이다. 김유신이 이끄는 신라군이 백제군을 공격하여 3000명의 전사자를 내고 승리한 싸움터였다. 지금 그들 전사자의 뼈를 묻은 산소가 큰 능으로 조성되어 있으나 1천년이 넘은 옛 이야기를 누가 기억해 주겠는가.[2] 그러나 백운산은 이 사실을 알고 있다. 백운산 아래 작은 동네가 내 고향 설천면 소천리所川里다. 설천에는 일단의 밀양 박 씨들이 집성촌을 이루어 살고 있다. 그 호수는 겨우 40호. 그들이 어디에서 왔는가. 그 이전에는 아마 밀양 근처에서 살다가 임진왜란 병자호란 등 거듭되는 변란에 십승지十勝地 무주를 찾아 왔던 것 같다. 그들이 정착한 곳이 설천 양지陽地 말[마을]이다. 박 씨들은 그로부터 500년을 손바닥만 한 논밭에 의지하고 살아왔다.

그런데 18세기 영조 때 박 씨 가문에 작은 경사가 났다. 설계 박치원雪溪 朴致遠(1732-1783)이란 실학자가 난 것이다. 그 분이 돌아가시면서 후손들에게 "너희들은 절대 이 고장을 떠나지 말라"고 하였다 한다. 후손들은 그 말씀을 충실히 지켰던 같으나 아버님은 일제강점 하에 훌쩍 고향을 떠나신 것이다. 아주 어릴 때 일이었다. 어느 날 아버지는 나에게 대학자 설계 할아버지 이야기를 들려 주셨다. "너의 할아버지 가운데 설계 朴道士라는 대학자가 계셨다. 그 분은 축지법을 쓰셨는데 아침에 설천을 떠나시

---

2 『태권도 역사성에 관한 학술보고서』, 무주문화원, 2004.

면 서울에서 점심을 드시고 저녁에는 다시 설천으로 돌아오셨단다."

설천에서 서울까지 어림잡아 1천리나 되는데 그런 먼 길을 하루에 왕래하였다고 하니 거짓말이다. 그러나 해방 후 귀국하여 그 박 도사를 모신 양지마을의 설호사雪湖祠란 사당에서 할아버지에게 절을 하고 나니까 아버님 말씀이 아주 거짓말이 아닌 것을 알았다. 박 도사가 축지법을 썼는지는 모르지만 그가 『설계수록雪溪隨錄』(27권 11책)이란 문집을 남긴 것으로 보아 학자임에 틀림이 없었다. 원본은 필자가 재직한 한국정신문화연구원(현 한국학중앙연구원)판에서 출판하여 드렸으니 나의 유일한 선조에 대한 보답이었다.

필자는 선생의 7대손에 해당하는데 선생에게는 후손이 없어 조카를 양자로 삼았다. 설계 선생은 철저한 국학파國學派였다. 신라 말의 최치원과 이름은 같으나 우리 할아버지는 나처럼 유착하지 않았다. 전설에는 설호사 뒤에 대나무(흑죽黑竹)들이 우거졌는데 모두 선생님이 중국에서 가져온 것이라 하지만 믿을 수 없다. 아무튼 『설계수록』의 서문에 다음과 같은 일화가 기록되어 있다,

선생이 아주 어릴 때였다. 선생의 아버지 박세건朴世建이 밭에서 일하고 있는데 지게에 책을 잔뜩 지고 가는 사람이 있었다. 아버지는 다가가서 그 사람에게 물었다. "이 많은 책을 지고 어디로 가는 것이요." 지게꾼은 대답하기를, "난리가 나서 구천동으로 피난 가는 길인데 무거워 죽겠습니다." 박세건 할아버지는 천재로 소문난 막내 동이을 위해 몽땅 책을 사주기로 마음먹고 "무거운데 책을 내게 파시오. 우리 아들이 신동神童이라오"라고 했다. 얼마를 주고 샀는지는 몰라도 이 떠돌이 책들이 이 산골에 대학자를 나게 했던 것이다.

4) 하늘의 소리를 듣고 싶다.

설계 선생은 양지말의 백운산 기슭에다 초막을 짓고 30년간이나 칩거하면서 공부하였다. 그러면서 터득한 말씀이 "나는 하늘의 소리 천뢰天籟를 좋아하지 사람의 소리 인뢰人籟를 좋아하지 않는다"고 하셨다고 한다. 그러나 『설계수록』 안에는 인간의 소리를 듣기 위해 여러 가지 사회제도를 연구하고 그 개혁방안을 내어놓았다. 그는 아주 독보적인 실학사상가였던 것이다.

어느 날 영조 임금의 스승(경연관)인 석학 송명탁宋明鐸이 우연히 구천동을 찾아왔다가 초막에서 홀로 공부한다는 박 도사를 만나보고 깜짝 놀랐다. 이런 시골에 자기보다 한 수 위인 학자가 있는지 꿈에도 몰랐던 것이다. 박 도사를 만난 뒤 서울에 올라간 송명탁은 이 사실을 널리 알려 설계 박치원의 이름이 세상에 널리 알려졌다고 한다. 박치원 할아버지의 『설계수록』에는 동양 역사(권 23) 훈민정음과 음악 (권 24-5) 사회제도(권 26-7) 등이 수록되어 있어 그가 탁월한 실학자였던 것을 알려주고 있다.

오늘도 설계를 낳은 백운산은 양지마을의 박씨 동네를 내려다보며 무언가 하고 싶은 말을 하지 못하고 있다. 그것이 무엇인가. "설계처럼 축지법을 써서 멀리 설천을 떠나 넓은 세상을 보거라"고 말하고 있는 것이다. 이곳이 너의 고향이 아니니 멀리 떠나라고 말하고 있는 것이다. 1989년 8월 1일 필자는 백두산에 올라 통일을 기원하는 천제를 올렸었다.[3] 그때 불현듯 고향의 백운산을 생각했다. 백운산은 일찍이 나제통문에서 삼국의 통일을 위해 3천명이 죽은 무산전투를 목격하였다. 그런데 백두산 너

---

3 「민족의 머리 산, 백두 올라 통일 기원 天祭」(『경향신문』 1989.8. 16일자).

는 왜 남북통일의 날을 보게 해 주지 못하는가. 이렇게 나는 백두산 천지를 둘러싼 봉우리를 올려다보고 분단된 조국을 원망하였다. 백두산에 힘이 없다면 백운산이라도 힘을내라.

3. 나는 일제침략의 희생자

내 나이 된 사람으로 일제침략과 8.15 광복 그리고 6.25 남침을 보지 못한 사람이 어디 있는가. 우리는 모두 임진왜란과 병자호란 때처럼 많은 사람들이 죽어가는 것을 목격했다. 그런데 우리는 살아남은 것이다. 특히 6.25로 행방불명이 되거나 죽은 사람들을 생각하면 살아남을 것이 무안할 뿐이다.

1) 인생의 흔적을 남기지 말라!

나는 부모님의 덕으로 최근까지 건강에 아무 이상이 없어 자기 역사 즉 개인사(Personal history) 라도 쓰고 죽어야 되겠다고 맘먹고 있었다. 옛날 선비들은 생전에 절대 문집을 내지 않았고 사후에 후손이나 제자들로 하여금 출판하도록 하는 것이 관례였다. 공자가 그랬고 소크라테스가 다 그랬다. 일본의 사무라이들은 글자를 모르니 남길 것도 없었겠지만 죽기 전에 모든 기록들을 불에 넣어 없앴다고 한다. 자기 밖에 모르고 또 자기만이 갖고 있는 증거물들을 다 없애지 않으면 후손들이 해를 입을까 두려워서 그랬던 것 같다. 그러나 우리는 다르다.

여담이지만 한국의 역대 대통령은 임기를 마치고 청와대를 떠나는데 종이 한 장 남기기 않고 모두 갖고 간다고 들었다.[4] 종이 한 장이라도 그 것이 사물私物이 아니라 공물公物이라면 두고 가야지 왜 다 가져가는가. 내 것 네 것 가리지 않고 가져가는 자는 도둑이다. 죽을 때도 다 가져갈 것인가. 우리나라 대통령들은 왜 공물사물을 할 것 없이 다 가져가는 것 인가. 혹시 막스 베버가 말한 천민자본가賤民資本家들이 아닌 이상 그래서 는 안된다. 조선시대 선비들은 모두 내 것이 아닌 것은 두고 떠났다. 그러 니 우리는 지금 나라의 권력이나 자본을 모두 천민들이 갖고 잘살고 나같 은 진짜 양반들은 가난하게 살게 된 것이다.

그 옛날 이름난 제주 유수가 있었는데 임기를 마치고 제주를 떠날 때 선상에서 내가 혹시 한 가지라도 공물을 가져가는 것이 아닌가 생각했다. 자기 손에 쥔 부채가 공물이었다. 그래서 그 즉시 부채를 바다에 던져버 렸다는 것이다. 조선시대 공직자들은 청렴했다. 임기를 마치고 집에 돌아 가서 장독을 열어보면 쌀이 없었다고 한다. 만일 그렇지 않고 호의호식한 다는 소문이 나면 즉시 서울까지 알려져서 본인은 물로 후손들까지 공직 에 취임하지 못했다.

그러나 나는 남부끄럽게도 나이 60이라 하여 『화갑논총집』[5]을 출판하 였고 또 65세 정년이라 하여 다시 『정년기념논총』[6]을 출판하였다. 이것만 해도 너무 과분하고 내가 청렴하지 못하다는 증거다. 지금 나의 연구 업 적을 세어 보니 단행본만 50권이 넘었고 논문과 기타 잡문을 합하면 300 편이 넘는다. 지금도 노욕이란 소리를 들어가면서 글을 쓰고 있다.[7]

---

4 부패의 역사 부정부패의 뿌리 조선을 국문한다. (모시는 사람들, 2009).

5 『白山 朴成壽 敎授 華甲記念論叢 韓國獨立運動史의 認識』, 삼화인쇄, 1991.

6 『白山 朴成壽 敎授 停年記念特輯號 청계사학』 13호, 1997.

7 이 글의 말미에 주요저술을 나열했다.

양이 많다고 해서 절대 훌륭한 연구자가 아니란 것을 잘 알면서도 왜 그렇게 과부 아이 낳듯이 원고를 긁었는지 알 수 없다. 글 짤 쓰는 것이 삼불행三不幸 중 하나라 하지 않던가.[8] 그러나 단지 붓을 놀리다 보니 그만큼 책을 읽게 되고 생각을 가다듬게 되니 그것이 내게 득이요 행이었다. 그래서 나 같은 둔재鈍才에게는 질보다 양이 더 중요했던 것 같다. 내가 쓴 글들을 다시 읽어보니 그 붓끝이 무디어 문체가 엉망이다. 문체는 영어로 스타일이라고 한다. 역사가는 문체가 좋아야 한다. 역사는 과학이 아니기 때문에 문체가 중요하다. 시인이나 소설가보다야 못하지만 역사가다운 문체가 이루어져야지 그렇지 않으면 역사가라 할 수 없다.

2) 조선인에서 쪽발이로

앞에서 말한 대로 나는 일본 나라(奈良) 오조五條에서 태어났는데 1946년 해방 이듬해 봄에 귀환하였다. 그러나 돌아와 보니 일제의 가혹한 식민지통치로 인하여 황폐화된 고향이 참담하였다. 쌀이 없어 어머님이 밀가루로 빚은 먹기 싫은 수제비를 내어놓으시는 날이 예사였다. 또 잊을 수 없는 것은 우리가 타고 온 송환선이 부산항에 입항하였을 때 미군이 마치 노예 다르듯 빨리 빨리 내리라고 소리를 지르는 것이었다. 그때 "하바! 하바! 가뎀!"이라는 욕설을 처음 들었고 우리나라가 전승국戰勝國이 아니란 사실과 부끄러운 전식민지국前植民地國이란 사실을 비로소 알았다. 지금도 '하바하바'란 말을 싫어한다.

나중에 안 일이지만 우리를 거칠게 다룬 미군들은 오키나와 점령 작전

---

8 三不幸이란 年少合格 父強美官得 그리고 文言巧이다. 혀나 붓이나 다 잘못 놀렸다가는 큰 화를 입는다.

에 투입된 미국 남부 출신의 무식한 사람들이었다는 것이다. 일본에 주둔한 미군들은 미국 북부의 얌전한 대학출신 백인들이었는데 식민지 한국에는 남부의 고약한 흑인들을 보낸 것이다. 일본에서 잔뜩 민족차별을 받다가 해방된 조국에 돌아와 보니 미군까지도 우리를 노예로 취급하니 그 울분이 어린 내 마음에 깊은 상처로 남았다. 지금도 링컨의 흑인해방을 그리 좋게 보지 않는다.

처음 한국에 돌아왔을 때 나는 한국말을 제대로 하지 못했고 '쪽발이'란 역차별逆差別을 받았으며 그래서 열심히 발음연습에 열중했다. 일본에서 일본인들에게 차별을 받다가 조국이라고 돌아오니 또다시 '쪽발이'라는 차별이 기다리고 있었던 것이다. 그때는 그 말이 무슨 말인지 몰랐다. 요즘 사전을 찾아보니 쪽발이란 "다리를 절룩거리며 걸어가는 병신"이란 뜻으로 "일본인이 아니라 일본인에게 동화당한 한국인"이란 뜻이었다. 그러나 지금 나는 쪽발이가 된 강단사학자들과 맞서 싸우고 있다. 그러니 나는 누구보다도 굳건한 한국인이었다.

3) 일본역사교과서 비판

1991년 일본 역사교과서 문제를 놓고 일본 동경과 서울을 왕래하면서 한일 간에 공동연구회를 열었는데 나는 불식간에 일본인에 대해 심한 욕설을 퍼부었다. 일본의 역사교육은 모름지기 지난날의 한국침략과 식민지통치에 대해 반성해야 하고 일본인 교사들은 교실에서 학생들에게 "우리는 악마의 후손"이라 가르쳐야 한다고 했다. 장소가 일본 동경 명치대학 강당이었고 수많은 방송국 카메라가 나를 찍고 있었으니 그들로서는 매우 좋은 뉴스거리였을 것이다.[9]

1988년 한국학대학원 답사(일본)

　　지난날의 일본 역사를 돌이켜 볼 때 일본인은 한국인에게 악마와 같은
존재였다. 그러니 일본 교과서는 마땅히 우리 조상이 한국인에게 〈악마〉였
다고 가르쳐야 한다.

　좀 지나친 발언이긴 했다. 그러나 NHK가 카메라에 이 발언을 전국에
그것도 세 번이나 방영하였다는 후문이다. "이것 보라. 한국인 가운데는
이런 학자가 있다"고 하면서 나의 발언을 화면에 담아 보여준 것이다. 그
때 어떤 일본인 여성 역사교사가 왜 한국에서는 일본천황日本天皇을 왜 일

---

9 『일본역사교과서와 한국사의 왜곡』, 민지사 1982.
　『한국독립운동사론』, 한국정신문화연구원 1996.
　「일본의 한국사 왜곡」, 『치암 신석호선생 탄신 100주년 기념논총』, 2005.

왕日王이라 하는가를 짓궂게 물고 늘어졌다. 내가 일본인들 앞에서 악마의 후예 운운한 것에 대한 반발이었던 것 같다.

나는 그 때 비단 일본뿐만 아니라 모든 식민제국주의자들을 비난했던 것이다. 그리고 나는 자본주의나 공산주의나 어느 체제를 막론하고 소위 민주주의民主主義와 법치주의法治主義를 내세우며 자국민에게도 유사 식민지 통치類似 植民地 統治를 한 사실을 비난 하였던 것이다. 독재이건 아니건 인간을 다스리는 모든 정치는 악惡이라는 전제하에서 모든 정치깡패들과 마피아들을 규탄하였던 것이다.

천황을 왜 한국인은 일왕이라 부르느냐고 질문한 일본인 여교사는 지금의 평균적인 일본인의 역사인식을 대변하고 있었다. 그녀는 일제침략의 모든 법죄 행위가 일왕의 결재 하에 자행된 사실과 바로 그 일왕이 끝까지 한국을 일본고유영토라 고집했던 일들을 모르고 있었다. 그래서 우리로서는 그런 일본인의 역사의식이 불쌍한 것이다. 덕천막부德川幕府 시대의 일왕은 여장女裝을 하여야만 살 수 있었다. 명치明治유신 이후 비로소 군복을 입혀 대중 앞에 나오게 하고 천왕을 생신으로 둔갑시켜 이용한 세력. 그리고 일제침략의 도구로 삼은 세력이 바로 안중근의사에게 총살당한 이등박문伊藤博文 이었다. 이 사실을 아직도 일본인들은 옳게 알지 못하고 있는 것이다.

명치천왕 아니 명치일왕이 이등박문 일당의 사주를 받고 아버지 효명천황孝明天皇을 암살한 사실도 일본인들은 모른다. 알고 있어도 공공연히 말을 못한다. 매일 대낮에 동경 거리에 검은 장갑차를 몰고 나오는 극우파가 있기 때문이다. 훗날 한 일본인 학자는 내게 "나는 그때 당신이 테러 당하지 않을까 걱정했다"고 충고하여 주었다. 물론 그런 일은 일어나지 않았지만 만일 일본 야꾸자(일본깡패)가 그 자리에 있었다면 지금 나는 이 글을 쓰지 못하고 죽거나 병신이 되었을 것이다. 요즘의 젊은 사학자들은 일본인들과 역사를 토론할 때 그들의 마음속에 시퍼런 단도(칼날)가 숨겨져 있다는 사실을 모른다.

한 번 역사의 객관적 진실로 포장되기만 하면 그 허위사실들은 그렇게 간단하게 허물어지는 것이 아니다. 완전 무장한 전투경찰대들이 이중 삼중으로 호위한 가운데 머젓이 역사교과서에서 떠나지 않기 때문이다. 알게 모르게 역사가들은 이미 이전부터 역사의 진실이라 정해진 기정사실 status quo에 굴복하기 마련이다. 식민지 지배를 받은 백성들이 해방되었다는데 왜 미국의 흑인들처럼 그렇게도 기왕에 적들에 의해 정해진 현상유지 적 역사왜곡에 무력한가. 내가 공부한 역사에서 배운 것이 바로 그 역사의 부당성이었다. 제국주의 국가의 선량한 피해자들은 자기도 모르게 자신의 분노를 한 잔 소주로 달래게 된다. 이 말을 나는, 술을 무척이나 좋아한 재일동포 사학자 김달수金達壽에게 말했다. 술을 끊으시라 이건 일제 식민통치의 유산이라고 한 것이다. 그러나 내가 보기에 그는 이미 술을 끊지 못하는 단계에 있었다. 내가 술을 끊은 것은 겨우 75세 때 일이었다. 담배와 술을 끊어 역사의 부당성에 항변할 수 있게 되었으나 내게는 이미 입을 다물어야 할 날이 얼마 남지 않았다.

4. 독립운동사 연구와 나

내가 독립운동사를 연구하게 된 것은 실로 우연한 일이었다. 그런데도 그것이 일생의 업이 될 줄은 꿈에도 몰랐다. 내가 한국독립운동사를 연구하게 된 것은 내가 애당초 역사연구를 하게 된 사건만큼이나 우연한 일로 여겼었다. 그러나 지금 이글을 쓰면서 결코 우연이 아니란 것을 깨달았다. 내가 일본역사교과서를 비판한 것이나 독립운동사를 연구한 것이나 다 필연이었던 것이다. 지금까지의 글만으로도 그것을 알 수 있을 것이다.

1) 서양사연구와 한국사 연구

역사가의 전형적인 시대 구분은 고대 중세 근대의 3분법이다. 여기다 앞뒤로 원시시대와 현대를 추가하면 5분법이 된다. 나는 1951년 6.25사변 발발 이듬해 서울 사범대학에 입학하였으나 명색이 대학이지 교사는 부산 공설운동장 뒤편에 지은 판자 집이었다. 졸업은 다행히 서울로 환도

한 뒤에 하게 되었으나 졸업하자마자 광주의 육군 보병 학교애서 훈련받고 입대하여야 했다. 1955년 대학졸업논문으로 「인도의 근대화와 민족운동」(이 글은 안타깝게도 지금 없다. 누군지 모르지만 어느 후배가 가지고 갔다.)을 썼다. 그러나 고려대학 대학원에 입학하여 1957년에 「금납화론고金納化論攷 -영국장원해체英國莊園解體의 기초과정-」이란 처녀작을 『역사교육』 2호에다 발표하였다. 그 뒤 영국봉건제도의 붕괴과정을 주제로 석사논문을 썼으니 이 무렵의 역사연구가 나의 역사연구사에 있어서의 고대였다고 할 수 있다.

그러니까 처음부터 나는 동양사와 서양사의 담을 넘어서 방랑하였던 것이다. 누구나 젊은 시절의 방랑기는 길면 길수록 보약이라 했다. 아무튼 나는 인도사의 문을 두들기다가 영국사의 문을 두들겼으나 이것도 우연히 독립운동사와 근대화에 관심이 쏠려 있었다. 그러다가 우리나라 독립운동 연구에 평생을 바치게 된 것이다. 그러나 남들이 보기에는 여기저기 기웃거리는 사람으로 비쳤을 것이다. 1967년에 국사편찬위원회에서 『한국독립운동사韓國獨立運動史』 1권을 냈다. 이것이야 말로 나의 처녀작이었다. 그런데 이 책 역시 내가 지도하던 한 학생이 빌려가서 돌려주지 않아 지금 내 서가에는 볼 수가 없다.

인도에 관한 대학졸업논문은 내게 인도의 독립운동사를 가르쳐 주었고 다음 「금납화론고」는 역사연구에 있어서의 좌우익 논쟁이 무엇인지를 가르쳐 주었다. 영국의 경제사학자 포스탄과 소련의 역사가 코스민스키 사이에 오간 논쟁은 지금 생각해도 멋진 싸움이었다. 보통 생각하기에 서양 중세의 농노가 영주의 노예였다고 생각하지만 그들은 자기 농지의 경작권을 가진 농민들이라 절대 불행한 사람들이 아니었다. 그러나 근대화의 사회적 배경으로 인식되었던 자유민들은 오히려 불행한 비정규직이요 실직자들이었던 것이다. 두 사람의 논쟁에서 포스탄이 이기고 코스민스키가 진 것인데 아직까지도 승패가 뒤집혀지지 않았다.

중세 봉건제도의 경제적 기초는 장원제도였다. 그런데 장원제도는 농민을 반노예상태로 부려먹는 농노제도를 말하는 것인데 이 농노제도가 어떻게 해서 붕괴되었는가. 전통적인 마르크스주의 해석에 의하면 화폐대납 즉 금납화가 그 위인이었다는 것이다. 그러나 포스탄은 이 설에 이의를 제기하였고 코스민스키는 마르크스주의의 정설을 옹호하였다. 그러나 포스탄은 장원의 농노는 영주에게 예속된 반노예半奴隸가 아니라 생존이 보장된 행복한 중세 농촌의 정규직이었다고 해석하고 농노가 되지 못한 자유민은 장원 밖에서 불행한 실직자 신세를 명치 못했다고 보았다. 그는 인구가 증가하고 자유민이 늘어남으로서 실업자가 늘고 봉건제의 핵심인 농노제가 흔들림으로서 봉건제가 무너졌다고 보았다. 농노는 경작권을 보장받은 정규직이었지만 자유민은 어디에도 자기 농토를 갖지 못한 반실업半失業 농민이었다. 정규직인 농노의 수가 줄어들고 비정규직인 자유민이 늘어남으로서 봉건제도가 무너진 것이지 화폐대납 즉 금납화로 무너지지 않았다는 것이다. 따라서 근대화로 인해 농노가 해방된 것이 아니라 반대로 임금제 농민의 증가로 봉건제가 무너져 농민 전체가 불행해 진 것이다.

다시 말해서 서양의 중세봉건제도 자체의 모순 때문에 봉건제가 무너진 것이 아니며 자본주의적인 화폐경제라는 변수로 인해 봉건제가 무너졌다는 이석異釋이 제기 된 것이다. 포스탄의 이러한 이설異說로 인하여 마르크스주의적 역사해석에 대한 의문이 일게 되었고 동시에 근대자본주의가 중세봉건주의보다 우월하고 행복하다는 근대주의(근대화이론)를 동시에 반대하고 부정하였다. 지금은 포스탄의 이설을 다 알고 있지만 그 당시는 전혀 몰랐던 반근대화론이었다. 지금도 우리가 벗어나지 못하고 있는 근대화이론의 함정은 첫째 중세는 불행했던 시대였으나 자본주의의 발전으로 인류역사의 종말을 막았다. 둘째로 근대화로 인하여 세계사의 중심은 서유럽으로 넘어가 지금 인류를 구제하고 있다는 결론을 내리고 있다. 그러나 이러한 거짓말은 서구문명의 위기를 맞아 최근에 와서 무너지기 시작하고 있다.

그런 예행연습을 치른 끝에 국사편찬위원회 편사관보(1963년)로 들어가서 한국독립운동사 편찬업무를 맡았던 것인데 그 때 연구생활이 내게는 두 가지 의미가 있었다. 하나는 내게 서양사를 버리고 국사 쪽으로 선회하라고 가르쳐 준 것이고 다른 하나는 국사편찬위원회가 사료편찬에만 열중하지 말고 역사를 서술하고 해석하고 연구하여야 한다는 것을 내게 가르쳐 주었다. 그때까지만 해도 한국독립운동사 연구는 이승만 정권의 금지령으로 인하여 사실상 연구가 금지되고 있었다. 한국독립운동은 이승만 박사 혼자서 한 것처럼 꾸미기 위한 자유당 정권의 술책이었다. 그런 금지구역이 박 정권 때에 가서야 해방되었으니 독립운동사 연구로서는 해방이 20년이나 늦은 1960년대였던 것이다.

나 개인으로서는 『한국독립운동사』 1권을 내고 그것이 나의 처녀작이 되었고 또 국사편찬위원회로서는 일제하의 총독부 어용단체인 조선사편수회의 틀을 벗어나서 최초로 연구논저를 내게 되었던 것이다. 그때만 해도 한국사 연구라면 단연 고대사였다. 조선사 연구만 해도 한국사 고유의 영역이 아닌 것처럼 푸대접하던 때였다. 그러니 근대사와 독립운동사는 말할 것도 없이 이단자들의 연구영역이었다.

당시 국사편찬위원회(국편)는 황현의 『매천야록梅泉野錄』 이기李沂의 『해학유서』 등 사료집만 내는 것이 고작이었다. 그래서 국편이 독자적으로 펴낸 연구논저가 없었다. 지금도 국편은 일본 동경대학의 사료편찬소 역할을 흉내 내고 있다. 나는 이미 그때 이것을 엄청난 잘못이라 생각하고 있었다. 왜 국편이 역사를 연구하여야지 사료편찬에만 주력하는가. 사료편찬과 역사연구는 둘이 아니라 하나란 것을 왜 모르는가. 물론 나는 치암 신석호 선생님의 명에 따라 『한국독립운동사』를 출판하였지만 평소 내가 생각했던 국사편찬위원회의 위상에 걸맞는 편찬사업이었다. 그때 북한에서는 이미 조선근대사는 물론 조선통사 조선전사 등 개설서가 발간되어 남한보다 한 발작 앞서나가고 있었다. 그 당시만 해도 북한의 역사서들이 김일성 우상화의 수단이 아니었다.

어찌 되었건 내 나름으로는 애를 써서 『한국독립운동사』제1권을 완성했던 것인데 신석호 선생님이 정년으로 국편을 떠나신 뒤 독립운동사의 출판을 반대하였던 사람들 김성균과 최영희 등 제씨가 국편을 주도하게 되어 갈수록 사료편찬소가 되고 말았고 지금도 그렇다. 실망한 나는 때마침 성균관대학에 자리가 났다는 신석호 선생님의 권유로 재직 4년 만에 국편을 떠났다. 1981년 다시 국편에 편사실장으로 복귀하였으나 이미 15년이란 세월이 흘러간데다가 2년이 못되어 한국정신문화연구원으로 다시 자리를 옮겨 한국민족문화대백과사전의 편찬부장으로 가게 되었으니 나와 국사편찬위원회는 서로 인연이 없었던 것이다.[10] 다행한 절연이었다. 아내는 그 시절의 국편을 우리 살림을 가난하게 만드는 원한의 직장정도밖에 여기지 않았다.

---

10 『한국독립운동사』1, 국사편찬위원회, 1965(공저).
　『독립운동사연구』, 창작과 비평사, 1980.
　『민족사의 맥을 찾아서』, 집현전, 1985.
　『한국독립운동사 -남과 북의 시각-』, 삼광사, 1989.
　『이야기 독립운동사』, 교문사, 1996.

2) 역사연구와 역사교육

내가 국편을 떠나 성균관대학교로 간 것이 1967년의 일이었다. 대학에 가보니 우선 월급이 많아 좋았다. 집에 첫 월급봉투를 들고 갔을 때 아내에게 칭찬 받은 것이 그 때가 처음이자 마지막이었다. 그러나 한 가지 모순이 내 교수생활에 따라다녔다. 그것은 강단에서는 서양사를 가르치고 연구실에서는 한국사를 공부하였기 때문이다. 그 때 30대 후반 40대 전반의 청장년기였기 때문에 나는 비교적 정력적이었다. 지금도 젊은이들 못지않게 연구를 하고 있으나 그때에 비하면 아무것도 아니다.

그때 쓴 논문가운데는 「고공연구雇工研究」, 『사학연구』 18(1964), 「한국광복군韓國光復軍에 대하여」, 『백산학보』 3(1967), 「1907-10년간의 의병전쟁에 대하여」, 『한국사연구』 1(1968), 「구한말 의병전쟁과 유교적 애국사상」, 『대동문화연구』 6·7합(1969), 「3·1운동에 있어서의 폭력과 비폭력」(『3·1운동50주년기념논총』, 1969) 등이 있었다.

다른 한편 서양사 논문도 열심히 썼다. 가령 「내미아사학史學에 대하여」, 『역사교육』 10(1967), 「역사의 대중화를 위하여」, 『김성근화갑논총』(1969), 「계량사학의 이론과 방법」, 『성대 인문과학』(1967) 등이 그것이다. 이 무렵 나는 신석호 선생님의 명령을 받아 고등학교 세계사 교과서까지 썼다. 그 뒤 변태섭 교수와 같이 세계사를 쓰기도 했다. 그러나 국사 교과서는 쓰지 못했다. 앞에서도 말했지만 역사는 단지 연구하기 위해 존재하는 학문이 아니라 동시에 교육하기 위하여 존재하는 학문이다. 그때는 연구만 나빴다. 지금은 연구도 나쁘고 교육도 나쁘다.

이것을 이해하지 못하고 교육과 연구가 다르다고 생각한 것은 일제식민사학의 잘못된 유산이었다. 천황을 국체國體로 알고 있던 일본인들은 일본사를 가르치는데 황국사관이 필수적이었기 때문에 차마 그런 엉터리 사관에 입각하여 일본사를 서술할 수 없었던 것이다. 그러나 그런 속사정을 알면서도 교육과 연구를 별개로 생각한 것은 우리나라 한국사학자들의 큰 무지요 오산이었다. 연구와 교육을 별개의 영역으로 생각한 역사학자들의 오산으로 첫째 교과서를 쓰는 학자를 외도하고 있다고 비난하였고, 둘째 2류 3류의 역사학자들이 역사 교과서의 질을 떨어뜨렸다. 셋째 미국에서 교육학을 공부한 사람들이 역사교육이 갖는 특수한 성격을 무시하였다.

나의 '연보'를 보니 1960년대 후반부터 서양사연구를 버리고 조금 씩 조금 씩 한국사 연구로 다가가는 것을 알 수 있다. 도대체 서양사 연구란 우리 역사가 아니지 않는가. 왜 아까운 일생을 남의 역사에다 바치는가. 안 된다. 남의 역사연구를 대행할 것이 아니라 우리 역사를 연구하자. 그리고 역사교육에도 조금은 참여하여야 한다. 연구도 중요하지만 연구 말고 교육도 중요하다고 깨닫기 시작한 것이다. 연구는 교육하기 위해 존재하는 것이다. 그걸 모르고 있다.

5. 왜 역사학 개론을 써야 했나.

1) 용케 살아남은 사람들

얼마 전 역사가들이 친일파 명단을 발표하여 적지 않는 일제강점기 역사가들에게 친일파란 더러운 갓을 씌웠다. 나도 친일파의 한 분인 육당 최남선을 비판한 논문을 쓴 일이 있다. 그러나 그 후 가만히 생각하니 내가 만일 일제 때 역사가로 태어났다면 육당만한 학자가 될 수 있었을까 반성하게 되었다. 일제 36년의 치욕에 책임질 사람은 한 두 사람이 아닐 것이다. 내가 존경하는 역사가 매천 황현 선생은 을사5조약과 경술국치를 경험한 분으로 일제하에서는 차마 살수가 없다 생각하여 자결 순국하였는데 그때 이런 말을 하고 있다. "굳이 내가 책임질 일은 아니나 나라가 망했다는데도 자결하는 사람이 없으니 내가 죽는다." 지금도 여전히 역사가에게는 누구보다도 지조가 중요하다. 그러나 오늘의 역사가에게 지조라는 덕목이 없다.

3.1운동 때도 민족자결이란 말을 듣고 목숨을 끊은 선비가 많았다. 민족자결의 자결이란 말은 자살이란 뜻으로 오해했던 것일까. 아니다. 광개토대왕비문 하나 제대로 해석하지 못하는 일본학자들과 우리나라 유생들과는 다르다. 단 한 번 만세를 불렀던 것보다 목숨을 끊고 자결한 애국지사 쪽이 훨씬 더 대한민국의 건국에 공이 크다고 보아야 할 것이다. 그러나 건국공로 훈장을 드리는 기준은 그런 분들을 높이 평가하지 않는다. 자기 목숨을 끊는다는 것이 얼마나 큰일인가. 그런데도 그 공로가 충분히 인정되지 않는 것이 안타깝기만 하다.

친일파 명단을 작성한 역사학자들은 친일 애국을 가리는데 있어 모든 인간을 친일파와 애국자를 갈라 처단 내지 포상을 한 것이다. 그러나 역사가는 과연 인간을 그렇게 둘로 분류하고 재판할 자격이 있는 것일까. 반성할 필요가 있다. 앞에서 말한 바와 같이 필자도 어떻게 보면 친일파이다. 다행히 미성년자이어서 역사의 책임을 면하였으나 하마터면 친일파가 될 뻔하였다. 해방이 되어 귀국해서는 곧 6.25 남침을 만나 출정하였고 자칫하면 낙동강전선에서 죽을 뻔 했다. 그래서 나는 늘 내가 생존자가 아닌 죽지 않고 살아남은 생잔자生殘者라고 생각하고 있다.

그런 사람이기 때문에 나는 쉽게 친일·반일, 애국·변절자를 가리는데 있어 자의적인 잣대를 휘둘러서는 안 된다고 생각하고 있다. 나는 나를 대학교수직에서 몰아낸 원수를 잊지 않고 있다. 이름은 밝히지 않겠으나 이 사실은 나의 『새로운 역사』(역사학개론 개정판) 서문에다 명기하였다. 소설을 쓰는데 기승전결起承轉結의 법칙이 있다고 하는데 인생에도 소설처럼 모든 이야기를 뒤엎어 버리는 전환이 있는 법이다.

2) 역사학개론과 나

필자가 일생에 겪은 불행가운데 가장 큰 사건은 1974년 성균관대학에서 재직 10년만에 추방당한 일이었다. 옛날 조선시대의 사관들이 글을 잘 못쓰다가 보복당한 예는 있었으나 이승만 시대에는 그런 일이 없었다. 이승만은 독립운동사 연구를 전면적으로 금했다는 흠이 있었으나 박정희처럼 대학교수를 교단에서 몰아내지는 않았다. 박정희는 정권연장을 위해 1974년 유신헌법을 선포하고 410명이나 되는 교수를 대량 해고하였다. 그러니 이 사건은 유례없는 현대판 분서갱유焚書坑儒였다. 자기를 반대하는 역사학자를 여러 차례 시베리아로 유배한 스탈린의 공포정치를 책에서 보았고 북한에서도 수많은 역사학자가 강제수용소에서 살고 있다는 소리를 들었으나 설마 했으나 그런 만행이 우리나라에서도 재연되었던 것이다. 필자는 1974년 거기에 걸려 정든 교단을 떠났다. 그리고 동료 교수나 학생들이 떠나는 나를 보고 조금도 슬퍼하지 않는 것을 체험했다. 대학이란 과연 이런 곳이구나 하는 것을 그때 알았다.

실망한 나는 전국을 돌아다니면서 아는 사람들의 술대접을 받았다. 그런데 대구에 갔을 때 한 모라는 경북대 역사학 교수가 자살(자결)했다는 소리를 듣고 급거 귀가하여 책을 썼다. 이름 하여 『역사학개론』(삼영사 1977, 2000년 현재 17쇄)이라 하였다. 10여 년 간 모아놓은 카드를 2년이 걸려 집필한 책이었다. 많은 교수들이 불쌍한 실직교수의 책을 채택하여 주었다. 그래서 그런지 30년간이나 대학 교재가 되었다. 이렇게 오래 동안 책이 팔린 것은 불우한 역사학자를 잊지 않은 선후배 역사학자들의 은덕(?)이었다고 생각한다. 전화위복이란 이를 두고 한 말이었다. 30년 만에 출판사의 요청으로 개정판을 냈는데 그 머리말에 다음과 같은 글을 썼다. 약간 길지만 필자의 역사연구에 있어서는 가장 중요한 부분이기 때문에 참고로 읽어주기 바란다.

이 책을 낸지 어언 30년이 가까워지고 있다. 아니 저자가 이 책을 쓰기 위해 노트와 카드를 만들기 시작한 준비기간을 합하면 40년이 훨씬 넘는다. 아마 그 때 성균관대학교 교수직에서 추방당하지 않았었다면 1977년에 이 책이 나오지 못했을 것이다. 따라서 이 책은 1975년 유신정국 하에서 410명의 교수들이 대량해고 되는 비극 속에서 태어난 사생아였다.

저자는 영광(?)스럽게도 410명 중의 한 순교자로 끼어 천직으로만 알았던 교직을 떠났고 거의 1년 동안 지방을 돌아다니면서 술을 마시며 이 세상을 개탄하였다. 박정희 한 사람의 권좌를 유지하기 위해 수많은 학생들을 감옥에 보내다가 모자라서 410명에 달하는 무고한 대학교수를 몰아낸 독재자를 원망하면서 술잔을 들었을 때 대구의 어느 대학에서 실직당한 역사학 교수가 자살하였다는 비보를 들었다. 필자는 그 순간을 지금도 잊을 수 없다.

"죽다니. 왜 죽어! 살아서 이 원수를 갚아야지."

나는 그 때 즉시 서울로 돌아와서 원고를 정리하기 시작하였다. 그러기를 2년 만에 햇빛을 보게 된 것이 바로 이 책 『역사학 개론』이다. 감옥에서 눈물에 젖은 주먹밥을 먹어보지 못한 놈은 인생을 논하지 말라고 했다. 나는 그때 원고를 쓰면서 저절로 나오는 눈물을 닦아야 했다. 내가 1960년 중반에 안중근 의사의 공판투쟁기를 읽고 그것을 원고에 옮겼을 때 감격의 눈물을 흘린 기억이 난다. 요즘에도 안 의사에 대해 언급할 때면 나도 모르게 눈물이 나는 것을 참지 못하는데『역사학개론』을 쓸 때 가슴 속에서 흘러내리는 눈물은 아마 내가 하룻밤에 마신 술만큼이나 되었을 것이다.

일찍이 역사의 아버지로 추앙되는 사마천司馬遷이 당시의 폭군 한 무제에게 궁형을 당한 뒤 실의에 빠져 있다가 역사를 쓰기 시작한 것이 불후의 명저『사기史記』가 되었는데 역사를 공부한 사람이면 이 사실을 모르는 사람이 없다. 20세기에 들어와서도 프랑스의 역사가 마르크 부록이 나치 독일에 저항하다가 학살당하였으니 그가 비록 부당한 역사에 의해 죽임을 당하였다고 하나「뉴 히스토리」(신사학新史學)라는 귀중한 유산을 남겨 오늘에 살아있으니 이 또한 역사라는 것이 어려운 처지에서 나오는 것임을 알 수 있다.

우리나라에서도 단재 신채호와 같은 역사가가 있어 한국사 연구에 귀중한 유산을 남겨주고 있다. 신채호 선생은 안중근 의사가 순국하신 바로 그 감옥 즉 여순旅順 감옥에서 돌아가셨는데 유언으로 남긴 말이 "절대 내 유골은 일제강점 하의 조국에 묻지 말고 바다에 뿌려라"고 하셨다. 또 유태인이었던 마르크 부록은 진실을 위해 살았다고 말해다오 라는 한 마디를 남겼는데 결국 두 사람의 유언은 같은 것이었다고 본다.[11]

진실! 진실이 무엇인가. 감히 나를 황현이나 신채호나 박은식에다 비유할 수 없으나 모름지기 역사학자는 진실을 위해 목숨을 바친다는 정신이

---

11 졸저,『역사학개론』, 삼영사, 1977.
    졸저,『새로운 역사학』, 삼영사, 2006.

있어야 하며 그러다 보면 엉뚱한 광견에 물리기도 하는 것이다. 광견은 박정희 말고도 많다.

3) 상고사 연구와 나

역사는 자연 과학이 아니기 때문에 특별한 자기 분야가 있는 것이 아니다. 의사로 말하면 외과 내과가 있듯이 동양사 서양사는 있어도 넘을 수 없는 압록강이 아니다. 간혹 역사를 과학으로 알고 한국사를 고대사 고려사 조선사 근대사 따위로 구분하고 월강을 금지한다. 그렇다면 여러차례 강을 건넌 나는 외도만 한 사람이 되는데 그중 나의 가장 심한 외도는 한국 상고사 연구이다. 이 분야는 당초 학계에서 인정하지 않는 분야였는데 서양사를 한다는 내가 월담하였으니 엄청난 절도행위라 하지 않을 수 없었다.[12]

내가 언제부터 단군에 관심을 갖게 되었는지 나도 모른다. 그런데 1960년대에 가르쳤던 한 제자가 우연히 길에서 만나 이야기 해보니 이미 그때(1960년)부터 서양사 강의인데 단군에 대해 언급했다는 것이다. 얼마 전 내가 그렇게도 증오했던 동경대학 사료편찬소에 가보았더니 아니나 다를까 일제가 개필한 『삼국유사』 사본이 세 개나 나왔다. 거기 고조선조古朝鮮條 기사 "고기운 석유환인古記云 昔有桓因"이란 부분을 들여다 보았더니 "고기운 석유환국古記云 昔有桓國"으로 된 것을 발견하고 역시 육당

---

12 『단군문화기행』, 서원, 2000.
  『정인보의 조선사연구』, 서원, 2000.
  『독립운동의 아버지 나철』, 북캠프, 2003.
  『한국 선도의 역사와 문화』, 국제평화대학원 대학교, 2006.

이 말하고 재야에서 말하던 것이 맞는구나 싶어 일본인들은 원사료原史料까지도 서슴없이 날조한다는 사실을 알았다. 지금 중국이 동북공정을 하면서 사료자체를 고치고 있다고 한다.

일제말기에 북해도 탄광으로 강제 연행당하여 죽게 만든 일본탄광회사의 기록들을 모두 불태워 없애거나 기록을 날조한 사실이 최근에야 드러났다. 그런 놈들이 일제였으니 무슨 기록인들 고치고 날조하지 않을 리없다. 해방 후 일본정부가 모두 없애란 명령을 내려 대다수의 강제연행기록이 없어졌다는 사실과 『삼국유사』를 개찬한 것이나 또 경술병합 후전국에서 20만권의 고전을 몰수하고 불태운 일이나 모두 같은 만행이지만 어디에도 기록되지 않았다.

『삼국유사』를 가져다가 고조선 기사를 날조한 동기는 단군조선 말살을 위한 것이었다. 그러니 동경제국대학 사료편찬소가 단순한 사료편찬소가 아니라 사료 개작소였던 것을 알 수 있다. 사료날조연구소였던 것이다. 단재는 우리나라에는 위서가 없다고 했다. 지난날 일제는 일본사를 600년을 더해서 2600년 역사로 만들었으나 그것은 '우가야'문서였다. '우가야'는 '고령가야'였다. 남의 역사를 갖다가 자기 역사로 만든것이다. 그대신 식민지인 조선의 역사는 2000년을 깎아내려 2000년사로 만들었다. 그 총본부가 동경대학 사료편찬소였던 것이다.

그러나 우리가 개탄할 일은 일제의 역사왜곡보다 우리나라 상고사에 대한 우리나라 역사학계의 상고사 말살이다. 한일 공동으로 단군을 부정하고 있기 때문이다. 요즘에는 한국기독교계와 손을 잡고 단군조선에 대한 모든 연구와 사업과 시설을 반대하여 단군말살운동을 벌이고 있다. 나는 오래전부터 상고사에 대한 연구논문을 써왔다. 특히 정년퇴직 이후 상고사 복원을 위한 연구에 몰두하고 있다. 제자들은 상고사연구에 열을 올리고 있는 나를 의아하게 생각하고 있는데 그것은 그들이 실증주의 역사를 반대하는 스승의 마음을 이해하지 못하기 때문이다.

6. 구사학舊史學의 담을 넘어

나는 피난 수도 부산 공설운동장 뒷켠에 임시로 세운 판자 집 대학(서울대학교 사범대학)에서 역사 공부를 시작했다. 그 때 우리 과에 의과대학을 싫다 하여 역사과를 선택한 학생이 있는가 하면 상과대학이 싫다하여 역사과를 선택한 학생도 있었다. 요즘에는 절대 그런 학생이 없겠지만 그 때는 단연 역사학이 우대받는 인문학의 요순시대이었다. 그래서 역사공부를 한다는 것이 자랑스러웠다. 아버님은 여느 부모님들과 같이 법과를 선택하기를 희망하셨으나 나는 우연히 실로 우연히 역사과를 택했으나 지금까지도 불효라고 생각하지 않고 있다.

1) 안중근 의사의 혼백론

그러나 역사공부를 하면서 차츰 역사공부를 평생 사업으로 선택한 것을 후회하게 되었다. 그것은 역사를 너무나 만만하게 보고 공부한 것을 알았기 때문이다. 역사공부를 해보니 역사가 결코 쉽고 재미있는 학문이 아니라는 것을 최근에야 깨달다. 역사에 대한 당초의 생각이 오산이었다는 것을 알게 된 것이다. 역사는 다른 어느 학문보다도 어렵다는 것을 모르고 쉽고 재미있다는 생각만으로 역사를 선택한 것은 일생일대의 실수였다.

지금 역사학 자체가 일대 위기에 봉착하고 있다. 역사의 객관성이 무너진 데 다가 역사의 필연론도 무너졌다. 그래서 내가 배운 실증주의 역사학의 시대는 지금 지나간 것이다. 역사는 객관적인 것이 아니라 주관이 깊이 개입된 것이며 필연적인 것이 아니라 우연이 개입된다는 사실을 알게 된 것이다. 역사는 인과관계로 얽혀있는 것이 아니다. 그 대다수 아니가장 중요한 사건에 있어서 인과관계가 단절되어 있는 것이다. 그러니 설혹 역사적 사실의 인과관계를 밝혀내는데 성공하였다 해도 그것이 역사의 모든 것을 밝혀낼 수 없는 것이다. 지금까지 대다수의 역사학자들은 나와 같이 이같은 역사의 극비사항을 모르고 천진난만하게 역사의 사실연구에 정진하면 언젠가는 역사의 전모가 밝혀진다고 믿었었다. 그러나그것은 미신이었다.

역사연구에는 목적이 있다. 아무 목적도 없이 아무거나 연구하는 것이아니다. 의사들이 병든 사람을 고치기 위해 환자를 진단하고 약을 처방하듯 역사가도 역사가 잘못 되어 있다는 것을 알고 이리가라 저리 가지마라고 지시하여야 한다. 그러나 역사가는 그런 당연한 권리를 버리고 철학이나 사회과학이나 다른 인문학에 맡겨버렸다. 그리하여 사실만 정확히 인식하면 만사가 다 끝나는 기초연구에만 작업을 환정하고 말았다.

필자는 얼마 전 안중근 의사가 여순旅順 감옥에서 집필하다가 중도에서붓을 던진 동양평화론을 안 의사가 칸트의 영구평화론을 읽고 그 영향을받았다는 어처구니없는 발표를 하는 것을 들었다. 도대체 왜 이런 어처구니없는 생각을 하였을까. 만일 그렇다면 한국혼韓國魂을 쓴 예관 신규식이나 백암 박은식이 일본의 대화혼大和魂이나 헤겔의 철학의 영향을 받았다는 이야기가 된다. 그러나 기초적인 유학을 한 사람이면 혼백론의 뿌리는 공자의 혼백론魂魄論을 이은 것을 안다. 사람이 죽으면 혼이 백을 떠나

간다는 것이 우리의 전통적인 상식이다. 여순 감옥에 갇힌 안 의사가 어떻게 칸트의 철학을 알 수 있으며 설혹 칸트의 평화사상을 알았다고 해도 칸트나 헤겔의 평화론은 인간이 살고 있는 한 전쟁 없는 영구평화는 불가능하다고 주장한 것인데 안 의사가 그런것까지 알았을까. 그것을 모르고 짧은 식견으로 안의사를 아니 우리나라 전통문화를 모멸한 것이다.

안 의사는 동양평화나 세계평화를 위해 이등박문을 총살한 것이 아니다. 오로지 우리나라를 침략한 원수를 갚기 위해 총을 든 것이다. 여순旅順이나 대련大連이 중요해서 총을 든 것이 아니라 우리나라가 중요해서 의거를 한 것이다. 그래서 일본에서 안의사의 「동양삼국평화론東洋三國平和論」 원고가 나왔을 때 위작이라 하였다. 차가운 여순 감방에서 사형수가 된 안 의사가 동양 삼국 평화론을 주장한 것은 안 의사의 당초 의거 목적이 아니었다. 경복궁을 점령하고 국모를 죽이고 국왕까지 러시아공관에 유폐한 이등박문이 그것도 부족하여 동양평화를 위장하여 일본인까지도 속인 놈을 일본인을 대신하여 총살한 것이지 동양 평화 같은 고상한 목적 때문에 총을 든 것이 아니었다.

다시 말하면 실증주의라고 해서 역사의 인과관계를 이렇게 잘못 오진하면 역사라는 거대한 환자는 죽고 만다. 역사는 인과관계로 구성된 것이 아니며 설혹 구성되어 있다 해도 그렇게 간단히 설명할 수 없는 것이다.

2) 역사는 이바구이다.

실증주의 역사학을 배우다보면 이야기 없는 역사를 만든다. 역사는 본질에 있어서 과학이 될 수 없다. 그것은 본시 스토리였다. 우리나라 방언으로 이바구이다. 역사는 이야기에서 시작하였기 때문에 이야기 없는 역사는 역사가 아니다. 역사에서 이야기를 빼어버리면 양념이 없는 배추나 다름없다. 역사 아닌 과학이 되고 마는 것이다. 그런데 우리는 오래 동안 역사를 과학이라 생각해 왔다. 적어도 필자는 그렇게 학교에서 배웠다.

과학에서는 물을 H_2O라는 기호로 설명할 수 있으나 역사는 그럴 수 없다. 이야기가 없으면 역사에서 인간이 사라지고 만다. 인간이 없는 역사란 단순한 물리학이다. 사마천의 『사기』 가운데 많이 읽히는 부분은 「열전」이다. 『사기』의 「본기」에도 이야기가 가득 차있다. 그래서 사마천은 역사의 아버지가 된 것이다. 김부식의 『삼국사기』 일연의 『삼국유사』도 그 속에 인간의 이야기로 가득 차 있다. 그래서 죽은 인간들이 살아나고 있는 것이다. 그러나 요즘의 역사학에는 이야기가 사라지고 없다.

우리 할아버지(박치원)가 하늘의 소리를 듣기 위해 30년을 초막에 들어앉았으나 그가 들은 소리는 인간의 소리[人籟]였다. 그가 들을 수 있는 하늘의 소리[天籟]는 들리지 않고 인간의 소리만 들렸던 것이다. 최근의 일이지만 한 때 이야기가 싫어서 역사를 수자나 기호로 설명하려고 한 학파가 등장했었다. 그러나 이들 일단의 신사학자新史學者들은 몇 년 못가서 무대에서 사라지고 말았다. 아무리 구사학의 담을 넘어 신사학으로 간다 해도 한계가 있다는 것을 알 수 있다.

나는 대학에서 이야기 없는 역사 강의를 듣고 실망하였다. 중고등학교에서 배운 역사선생님의 역사보다 훨씬 재미가 없었다. 실명을 들어서 미안하지만 대학시절 이름도 요란한 이병도 황의돈 조의설 등등 명교수의 강의를 훔쳐 들었으나 모두 '드라이 아즈 다스트', 재미가 없는 나사 빠진 역사였다. 재미가 없으니 감명을 받을 수 없고 무언가 미래를 알려주는 역사가 아니다. 모두 일본인들에게서 배운 잘못된 실증주의 사학이 아니면 구닥다리 구사학이었던 것이다.

지금도 간혹 일본인들이 연구발표 내지 강의하는 것을 보면 재미가 없다. 수학인지 물리학인지 모르는, 아무도 묻지 않는 질문에 혼자서 대답을 하는 역사였다. 웃을 수도 없고 흥분할 수도 없는 맛없는 무국적의 요리였다. 한국의 국회의원들처럼 비서들이 조사하여 써 준 글을 받아서 낭독하는 것이 고작이니 그들은 국민과는 아주 거리가 먼 혼자 말을 하고 있는 것이다. 자기가 직접 연구한 조사결과를 가지고 질문하지 못하고 남이 조사한 것을 가지고 자기가 조산한 것처럼 꾸며서 질문하니 실감이 나는가. 역사도 가보지도 못한 옛날 이야기를 그럴 듯하게 꾸며서 하는 것이다.

내가 대학시절에 들은 역사연구발표도 그랬다. 부산 피난 시절 어느 날 역사학회 연구발표회가 열려 젊은 김철준 씨가 발표를 하는 것을 듣게 되었다. 그런데 발표 도중에 갑자기 발표자가 보이지 않고 무대에서 사라졌다. 모두가 놀라 일어서서 보니 발표자가 그날 점심식사를 하지 못해서 쓰러졌다는 것이다. 신라의 듀얼 시스템이란 아리송한 제목의 논문이었는데 필자는 그때부터 역사연구는 굶어가면서 해야 한다고 믿었고 김철준 선생을 누구보다도 존경하였다.

내가 기억하는 또 하나의 연구발표는 부산시 영도에 자리 잡았던 역사판자 집 대학 연세대학교에서 들은 젊은 이광린 씨의 발표였다. 그 때 선생은 대학 조교였다. 제목은 조선시대 수리사업水利事業에 대한 연구였는데 위트포겔의 이론을 앞에 놓고 설명하면 알아듣기 쉬운 것을 『조선왕조실록』을 하나하나 들쳐가면서 도무지 알 수 없는 설명을 늘어 넣으니 지루하기 짝이 없는 발표였다. 지금도 기억에 생생하다.

7. 우리 나름의 역사가 되기 위한 길

1) to be or not to be

역사를 "일어난 그대로(to be)"(랑케) 연구하는 랑케의 실증주의 시대는 멀리 지나갔다. 지금은 "왜 그렇게 되지 않았나."(not to be)(내미어)를 연구하여야 한다는 시대이다. 21세기 역사학은 이렇게 크게 변하고 있는데 우리는 아직도 구시대의 to be 역사학을 하고 있다. 남들은 다 not to be 역사학을 하고 있는데 우리만 구사학을 하고 있는 것이다.

지금 우리는 또 하나의 식민주의 역사학이 구식민주의 역사학을 대신하고 있는데 이름은 신사학이니 해외사니 하는 탈을 쓰고 있으니 경계할 일이다. 그러나 우리는 그것을 모르고 구사학인 실증주의에만 매달리고 있는 것이다. 우리는 19세기 말까지 우리 유교적 역사학이라는 것을 가지고 역사를 인식하고 있었다. 그러나 19세기 말 20세기 초에 들어와서는 서양 중심의 아니 일본중심의 역사학이 침략하여 우리는 그것을 새로운 역사 즉 신사학으로 알고 공부하였다. 아니 흉내 냈다. 그러나 그것은 서양인이 만든 것을 일본인이 재탕한 왜양일체倭洋一體의 제국주의 역사학이었다. 그것은 서양과 일본을 중심으로 한 저들의 역사학이었다. 일제강점하의 조선학은 우리학문이 아니라 저들의 일본학이었다. 그것은 또 랑케의 역사학과 헤겔의 역사철학 그리고 마르크스의 아시아적 생산양식론을 열심히 학습한 연습장이었다. 그것들 말고 우리 것이 없었다. 나는 최근의 한 논문에서 우리 역사학은 누구에겐가 크게 속고 있다는 것을 경고하였다. 그래서 우리는 역사 연구의 틀을 고치고 우리의 새로운 역사학을 발전시켜나가야 한다고 주장하였다. 물론 쉬운 일이 아니나 그런 방향으로 나가야 하는 것이다. 1997년 외환위기를 맞고 그 원인을 전혀 모르겠다고 대답하는 경제학자를 보았고 최근의 미국발 경제위기도 그 원인이 무엇인지를 알고 정확히 처방전을 내는 학자를 발견하지 못하고 있다. 하물며 역사학자에 있어서랴.

2) 새로운 식민사학의 극복

일본이 왜 그렇게도 집요하게 100년 전의 경술국치(한일병합)을 불법이 아니라 합법이라 주장하고 있는지를 필자는 알지 못했다. 알고 보니 일본의 배후에 일본과 이해를 같이 하는 서유럽 열강의 아시아 식민사학이 있었던 것이다. 이름 하여 해외사(Overseas History)이다.

일제강점기에 우리 한국사는 두 갈래로 분열되었다. 하나는 일제식민사학과 맥을 같이하는 조선학朝鮮學이었고 다른 하나는 항일독립운동과 맥을 같이 하는 민족사학이었다. 1945년 8·15 광복과 동시에 당연히 전자가 대학 강단에서 사라져야 하는데 계속 대학 강단을 점령하고 있다. 그 때문에 일제강점 하에 재야사학의 역할을 하던 민족 역사학은 해방 후에도 여전히 대학 강단을 차지하지 못하고 여전히 재야사학의 지배하에 있다. 따라서 대학 강단을 점령한 일제식민주의와 그 앞잡이 실증사학實證史學은 일제가 만든 조선사의 이론과 방법을 그대로 계승하는 우를 범했다. 우리나라에 들어온 일제강점기의 실증사학은 우리에게 to be의 역사학과 연구방법 그리고 일본과 서유럽중심의 역사관을 가르쳐 주었던 것이다. not to be의 역사학을 모르고 있는 것이다.

일제식민사학자들은 서유럽 중심의 역사관이 일제식민사관의 모체였다는 사실을 알고 있었으나 우리는 지금도 그것을 정확히 알지 못하고 역사를 연구하고 있는 것이다. 전통적인 우리 역사관이 죽어서 시체가 된 뒤에 또다시 조선사학이란 새 시체가 그 위에 덮친 격이다. 그런데 일본과 서유럽에서 수입된 역사학은 하나가 아닌 둘이었다. 하나는 제국주의 식민사학 다른 하나는 사회주의 역사학이었다. 일제 식민사학은 지루하고 답답한 to be 의 사실고증과 status quo (현상 유지)를 위한 설명에 열을 올릴 뿐 미래의 not to be에 대해서는 아무 말을 하지 않는다. 광복 후 피비린내 나는 좌우익 투쟁이 벌어졌다. 그 투쟁이 지난 10년 동안에 다시 불붙어 오늘에 이르고 있다.

이처럼 우리나라 역사학계는 일제하에서 식민사학과 민족주의 사학으로 갈라졌고 이어 광복 후에는 좌와 우로 갈라져서 사학계가 양분되었다. 우리 사학계의 당면과제는 무엇보다도 식민사관과 민중사관을 극복하고 우리 나름의 민족사관을 정립하는 일이다

8. 맺 는 말

이상에서 나는 나의 역사연구를 회고한다 하면서 넌지시 앞으로의 역사학이 나가야 할 방향까지 전망하여 보았다. 그러나 시종 쓸 데 없는 신변 이야기만 늘어놓다가 미래에 대해서는 횡설수설한 것뿐이었다. 한마디로 요약하면 우리나라와 같이 한 번 식민지화된 나라 역사는 재기하기 어렵다. 그것은 우리가 일제강점기에 왜곡·개찬·날조 당한 상처가 너무 깊기 때문이다. 우리 역사는 우리가 고쳐야 하고 남이 고쳐주기를 바라서는 안 되는데 능력이 없는 것이다.

우리 역사는 현재 머리와 사지가 모두 잘리어 몸뚱이만 남은 상태인데

그 몸뚱이마저도 성하지 않는 것이다. 지금의 한국사는 다산 정약용이 말한 바와 같이 남새스러운 소국사小國史다. 그럼으로 우리는 하루 속히 우리 역사를 본래의 모습으로 환원해야 한다. 그러나 한번 삭제되어 휴지통에 들어간 폴더처럼 복원하기 쉬운 것이 아니다. 우리나라에는 우리 나름의 역사와 역사학이 있었다. 나는 그 중에서 가장 중요한 가닥을 한말의 위정척사로 보고 있다. 이것이 큰 방파제가 되어 우리 역사의 든든한 버팀목이 되었다.

우리는 다시 사서삼경을 우리의 시각에서 다시 읽고 역사연구에 들어가야 한다고 생각한다. 공자는 외지 아니 동방에서 들어 온 3000권의 책을 읽고 『서경書經』을 썼다. 우리도 300권의 우리 책을 읽고 신학문을 하여야 한다. 대만이나 필리핀 그리고 인도네시아에는 구학문이 없었다. 있었다 해도 다 자기 것이 아니었다. 그러나 우리나라에는 우리의 전통적인 역사서가 있었고 그것으로 동양사학을 만들어 주었다. 그것을 찾아 새로운 시각에서 역사를 다시 연구하여야 하는 것이다.

나는 지금까지 한국의 근대화를 연구하여 왔으나 다행하게도 독립운동사라는 측면에서 한국근대사의 허실을 연구하였다. 그래서 우리 근대사를 근대화과정 즉 서구화과정으로 보아야 한다는 식민사관에 속지 말아야 한다는 것을 알았다. 발전이란 말은 후진국을 식민지화 하여 서구화한다는 말이었다. 서구화하지 않으면 너희들은 죽는다는 뜻이었다. 미국이 일본을 제2의 미국으로 만들려고 했고 우리도 그 예외가 아니다. 오늘의 근대화가 재식민지화再植民地化라는 것을 모르고 근대화의 노래를 재창삼창하고 있는 한국의 현대사가 얼마나 부끄러운 일인지를 깨달아야 한다. 우리는 지금 근대화나 선진화하고 있는 것이 아니라 1차식민지화보다도 더 심하게 재식민지화 되고 있는 것이다. 발전하고 있는 것이 아니라 퇴보하고 있는 것이다. 다시 말해서 우리가 탄 배의 행로가 잘못 가고 있는 것이다. 이것을 우리 역사가가 알려 주어야 한다.

화가는 60이 넘어서야 되고 시인은 칠십이 넘어서야 된다는 것이 너의 증조부님의 말씀이셨다. 서서히 그러나 쉬지 안고 부지런히 해야만 60 이후에 완성단계에 도달할 것이다.

이 말은 설악산 화가 김종학이 딸에게 한 말이지만 역사가에게도 해당된다.

필 자

황원구
박성봉
김운태
임동권
천혜봉
박병호
이상현
조동걸
윤병석
송병기
이성무
박성수

우리시대의 역사가 2

2014년 12월 10일 초판 인쇄
2014년 12월 17일 초판 발행

편   자 한국사학사학회(회장 : 조성을)

발 행 인 한정희
발 행 처 경인문화사
등록번호 제10-18호(1973년 11월 8일)
주   소 서울시 마포구 마포동 324-3 경인빌딩
대표전화 02-718-4831~2 팩스 02-703-9711
홈페이지 http://kyungin.mkstudy.com
이 메 일 kyunginp@chol.com

ISBN 978-89-499-1033-8 93900
값 15,000원